本书由
中央高校建设世界一流大学（学科）
和特色发展引导专项资金
资助

中南财经政法大学"双一流"建设文库

创│新│治│理│系│列

国有企业社会责任信息披露研究

罗 飞 邓启稳 杨汉明 陈 辉 等著

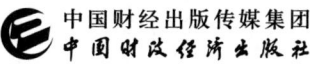

中国财经出版传媒集团
中国财政经济出版社

图书在版编目（CIP）数据

国有企业社会责任信息披露研究／罗飞等著．——北京：中国财政经济出版社，2019.12

（中南财经政法大学"双一流"建设文库．创新治理系列）

ISBN 978－7－5095－9460－5

Ⅰ．①国… Ⅱ．①罗… Ⅲ．①国有企业－企业责任－社会责任－信息管理－研究－中国 Ⅳ．①F279.241

中国版本图书馆 CIP 数据核字（2019）第 288770 号

责任编辑：潘　飞　　　　　责任校对：张　凡
封面设计：陈宇琰

国有企业社会责任信息披露研究
GUOYOU QIYE SHEHUI ZEREN XINXI PILU YANJIU
中国财政经济出版社 出版

URL：http：//www.cfeph.cn
E－mail：cfeph＠cfemg.cn
（版权所有　翻印必究）

社址：北京市海淀区阜成路甲 28 号　邮政编码：100142
营销中心电话：010－88191537
北京财经印刷厂印装　各地新华书店经销
787×1092 毫米　16 开　16.25 印张　263 000 字
2019 年 12 月第 1 版　2019 年 12 月北京第 1 次印刷
定价：73.00 元
ISBN 978－7－5095－9460－5
（图书出现印装问题，本社负责调换）
本社质量投诉电话：010－88190744
打击盗版举报热线：010－88191661　QQ：2242791300

总 序

"中南财经政法大学'双一流'建设文库"是中南财经政法大学组织出版的系列学术丛书,是学校"双一流"建设的特色项目和重要学术成果的展现。

中南财经政法大学源起于1948年以邓小平为第一书记的中共中央中原局在挺进中原、解放全中国的革命烽烟中创建的中原大学。1953年,以中原大学财经学院、政法学院为基础,荟萃中南地区多所高等院校的财经、政法系科与学术精英,成立中南财经学院和中南政法学院。之后学校历经湖北大学、湖北财经专科学校、湖北财经学院、复建中南政法学院、中南财经大学的发展时期。2000年5月26日,同根同源的中南财经大学与中南政法学院合并组建"中南财经政法大学",成为一所财经、政法"强强联合"的人文社科类高校。2005年,学校入选国家"211工程"重点建设高校;2011年,学校入选国家"985工程优势学科创新平台"项目重点建设高校;2017年,学校入选世界一流大学和一流学科(简称"双一流")建设高校。70年来,中南财经政法大学与新中国同呼吸、共命运,奋勇投身于中华民族从自强独立走向民主富强的复兴征程,参与缔造了新中国高等财经、政法教育从创立到繁荣的学科历史。

"板凳要坐十年冷,文章不写一句空",作为一所传承红色基因的人文社科大学,中南财经政法大学将范文澜和潘梓年等前贤们坚守的马克思主义革命学风和严谨务实的学术品格内化为学术文化基因。学校继承优良学术传统,深入推进师德师风建设,改革完善人才引育机制,营造风清气正的学术氛围,为人才辈出提供良好的学术环境。入选"双一流"建设高校,是党和国家对学校70年办学历史、办学成就和办学特色的充分认可。"中南大"人不忘初心,牢记使命,以立德树人为根本,以"中国特色、世界一流"为核心,坚持内涵发展,"双一流"建设取得显著进步:学科体系不断健全,人才体系初步成型,师资队伍不断壮大,研究水平和创新能力不断提高,现代大学治理体系不断完善,国际交流合作优化升级,综合实力和核心竞争力显著提升,为在2048年建校百年时,实现主干学科跻身世界一流学科行列的发展愿景打下了坚实根基。

"当代中国正经历着我国历史上最为广泛而深刻的社会变革,也正在进行着人类历史上最为宏大而独特的实践创新","这是一个需要理论而且一定能够产生理论的时代,这是一个需要思想而且一定能够产生思想的时代"①。坚持和发展中国特色社会主义,统筹推进"五位一体"总体布局和协调推进"四个全面"战略布局,实现"两个一百年"奋斗目标、实现中华民族伟大复兴的中国梦,需要构建中国特色哲学社会科学体系。市场经济就是法治经济,法学和经济学是哲学社会科学的重要支撑学科,是新时代构建中国特色哲学社会科学体系的着力点、着重点。法学与经济学交叉融合成为哲学社会科学创新发展的重要动力,也为塑造中国学术自主性提供了重大机遇。学校坚持财经政法融通的办学定位和学科学术发展战略,"双一流"建设以来,以"法与经济学科群"为引领,以构建中国特色法学和经济学学科、学术、话语体系为己任,立足新时代中国特色社会主义伟大实践,发掘中国传统经济思想、法律文化智慧,提炼中国经济发展与法治实践经验,推动马克思主义法学和经济学中国化、现代化、国际化,产出了一批高质量的研究成果,"中南财经政法大学'双一流'建设文库"即为其中部分学术成果的展现。

文库首批遴选、出版二百余册专著,以区域发展、长江经济带、"一带一路"、创新治理、中国经济发展、贸易冲突、全球治理、数字经济、文化传承、生态文明等十个主题系列呈现,通过问题导向、概念共享,探寻中华文明生生不息的内在复杂性与合理性,阐释新时代中国经济、法治成就与自信,展望人类命运共同体构建过程中所呈现的新生态体系,为解决全球经济、法治问题提供创新性思路和方案,进一步促进财经政法融合发展、范式更新。本文库的著者有德高望重的学科开拓者、奠基人,有风华正茂的学术带头人和领军人物,亦有崭露头角的青年一代,老中青学者秉持家国情怀,述学立论、建言献策,彰显"中南大"经世济民的学术底蕴和薪火相传的人才体系。放眼未来、走向世界,我们以习近平新时代中国特色社会主义思想为指导,砥砺前行,凝心聚

---

① 习近平:《在哲学社会科学工作座谈会上的讲话》,2016年5月17日。

力推进"双一流"加快建设、特色建设、高质量建设,开创"中南学派",以中国理论、中国实践引领法学和经济学研究的国际前沿,为世界经济发展、法治建设做出卓越贡献。为此,我们将积极回应社会发展出现的新问题、新趋势,不断推出新的主题系列,以增强文库的开放性和丰富性。

"中南财经政法大学'双一流'建设文库"的出版工作是一个系统工程,它的推进得到相关学院和出版单位的鼎力支持,学者们精益求精、数易其稿,付出极大辛劳。在此,我们向所有作者以及参与编纂工作的同志们致以诚挚的谢意!

因时间所囿,不妥之处还恳请广大读者和同行包涵、指正!

中南财经政法大学校长

前 言

"企业社会责任"是从20世纪后期以来世界各国关注和推动的热门话题。在国际上，联合国于2000年正式启动了"全球契约"计划，一些跨国公司纷纷发布社会责任报告或可持续发展报告，出现了企业履行社会责任的全球性趋势。我国国有企业由于其全民所有、政府管理、自主经营、独立核算的特点，其社会责任的履行和披露问题，更是重要和引人关注。本书拟通过对我国国有企业社会责任的内涵和内容的分析研究，运用会计、统计等信息披露方法手段，构建企业社会责任披露的理论和方法，并以案例研究和实证研究等方法，研究国有企业社会责任披露的有关问题，以解决企业履行社会责任的测度、信息披露问题和对企业的考核评价问题，为相关理论研究和政策制定提供依据。

与一般企业相比较，国有企业社会责任的问题要更为复杂。国有企业的社会责任是由国有企业的性质决定的，具体体现为国有企业的非经济目标和经济目标。从理论上说，微观和宏观层次的国有企业社会责任应该是统一的，而在实践中，受人们在认识上的差异的影响，两个层次的国有企业社会责任有相互背离的可能。不同的历史阶段，如计划经济体制时期和社会主义市场经济体制时期，国有企业的社会责任有其不同的特点，其社会责任的具体内容表现也有所差别。

我们基于国有企业的特点及利益相关者理论认为，现阶段国有企业的社会责任主要内容包括：(1) 政治责任；(2) 经济责任；(3) 员工责任；(4) 债权人责任；(5) 消费者责任；(6) 社区责任；(7) 资源、环境责任；(8) 科技进步责任；(9) 引导民营企业健康发展责任。企业社会责任披露会受各种因素的影响，并具有社会后果和经济后果，产生一系列的影响，包括：政治效应、决策效应、示范效应、治理效应、预警效应等。国有企业社会责任的内容和信息披露的社会后果和经济后果，对于国有企业社会责任信息披露的相关政策和法规制定，以及相关实际工作，具有重要的参考价值。

企业社会责任信息披露会受到各种因素的影响。如社会责任信息披露内容具有行业的特点，不同的行业对社会责任信息披露内容的侧重点要求不同，等等。所以，我们确定企业披露的社会责任内容，必须立足于企业实际，要考虑行业因素对社会责任信息披露内容的影响。

企业社会责任测度是将与社会责任事项相关的环境责任、员工责任、产品责任与社区责任等内容采用特定的计量方法进行量化的过程。传统的财务会计将不能货币化的信息排除在财务会计系统之外，因而，社会责任测度需要在财务会计计量模式的基础上将货币计量与非货币计量有机结合起来运用，创新社会责任的测度方法，建立相应的评价指标体系。

发达国家在企业社会责任披露方面，还是有不少做法和经验供我们借鉴。如：（1）发达国家的政府机构是以制定法规、准则的方式来强制性地推动企业社会责任信息披露；（2）不同的发达国家由于其面临的主要社会责任问题的不同，使得披露的社会责任信息内容侧重点有所差异；（3）编制独立的社会责任报告是发达国家社会责任信息披露的主要形式；（4）发达国家证券交易所等机构对企业社会责任信息披露的约束作用；（5）美国会计机构和会计学术界对企业社会责任会计问题作了系统的研究，为社会责任信息披露提供的理论支持。

本书作了国有企业履行社会责任情况和信息披露情况的案例研究及中外案例对标比较研究、国有企业社会责任信息披露影响因素的实证分析、国有企业社会责任信息披露与业绩关系的实证研究，国有企业社会责任信息披露质量综合评价及其方法研究，希望通过这些研究对相关问题和理论进行检验、揭示和有所发现。

本书关于国有企业社会责任基本理论的研究和企业社会责任信息披露基本理论的研究具有较大的学术价值，丰富了我国国有企业的相关理论，充实和完善了企业社会责任信息披露的理论体系；关于社会责任测度的研究，提出的影响国有企业社会责任信息披露因素的实证研究方法、评价国有企业社会责任信息披露综合质量的方法，以及从可持续增长研究企业社会责任与业绩关系的方法，均具有较大的创新和学术价值，丰富了相关问题的研究方法，提供了新的思路。本书的研究成果对于实际工作、对于相关政策和法规的制定，具有较大的参考价值。

本书未能研究统一的企业社会责任信息披露标准和统一的企业社会责任信

息披露质量评价标准，可作为进一步研究的方向；此外，如何将企业社会责任报告与企业财务报告等整合一起，形成企业综合报告，也是进一步研究的方向。

本书的研究和撰写是由一群学者共同完成的，包括罗飞博士（中南财经政法大学教授、博士生导师）、邓启稳博士（山西财经大学副教授）、杨汉明博士（中南财经政法大学教授、博士生导师）、陈辉博士（中南财经政法大学副教授）、李锐博士（中南财经政法大学教授、博士生导师）、赵纯祥博士（中南财经政法大学副教授）、郑玲博士（中南财经政法大学讲师）、邓凤姣同志（中国人民银行武汉分行高级会计师）。本书的出版得到了中南财经政法大学"双一流"建设文库项目、以及中国财政经济出版社樊清玉、孙琛同志的大力支持和帮助，在此致以衷心感谢！

作　者

2019 年 10 月

目 录

第一章 国有企业社会责任研究   1
 一、企业社会责任的意义   1
 二、企业社会责任概念的历史演进   13
 三、我国国有企业的性质   17
 四、我国国有企业社会责任的特殊性   19
 五、我国国有企业社会责任的基本内容   21

第二章 企业社会责任信息披露基本理论研究   29
 一、社会责任信息披露的动机   29
 二、社会责任信息披露的目标   34
 三、社会责任信息披露的内容   38
 四、社会责任测度   41
 五、社会责任信息披露原则   50
 六、社会责任信息披露效应   51

第三章 中外企业社会责任信息披露比较研究   54
 一、国外企业社会责任信息披露的历史和现状   54
 二、中国国有企业社会责任信息披露现状   76
 三、中外钢铁企业社会责任信息披露案例比较   83
 四、中外企业社会责任信息披露比较的启示   89

第四章 国有企业社会责任信息披露影响因素分析   97
 一、引言   97
 二、文献综述   97

	三、分析框架	99
	四、影响因素选择	101
	五、方法与模型	104
	六、国有企业社会责任信息披露各指标披露质量的影响因素分析	107
	七、结论	153

第五章　国有企业社会责任信息披露与业绩关系研究　159
  一、文献评述与假设　159
  二、研究设计　166
  三、实证分析　173
  四、内生性分析与稳定性检验　184
  五、研究结论与启示　190

第六章　国有企业社会责任信息披露质量综合评价研究　191
  一、引言　191
  二、文献综述　191
  三、指标体系　192
  四、评价模型　194
  五、实证分析　195

参考文献　229

第一章　国有企业社会责任研究

在企业发展的历史进程中,为什么有的企业昙花一现,而有的企业却能够经久不衰乃至成为百年老店?这背后的根本原因是什么?除了社会的、政治的、经济的、文化的因素和经营者的经营能力外,企业正确处理好与社会和利益相关者的方方面面的关系尤为重要。在企业发展的不同历史阶段,企业管理层由最初对社会责任理念的排斥到逐渐接受,再到能够主动自觉地担当起企业社会责任,这是企业管理层理性处理经济利益和社会责任利益的体现。

一、企业社会责任的意义

（一）企业社会责任是实现可持续发展的必然要求

自从人类社会从农业社会步入工业社会以来,社会生产力得到迅猛发展,物质财富得到空前丰富。正当人类陶醉于取得对自然界的胜利的喜悦之时,自然界以其自身特有之规律"惩戒"人类社会对其过分之掠夺:水土流失,土地沙漠化,自然灾害频繁,环境污染严重,资源能源日趋短缺,生态环境恶化。经济问题、社会问题与环境问题让人类社会不得不反思工业革命以来的经济发展模式。于是,一种全新的人类社会发展观——可持续发展观应运而生。

"可持续发展"这一思想观念,在 20 世纪 60 年代就已经产生。1972 年,可持续发展的概念在斯德哥尔摩举行的联合国人类环境研讨会上被正式提出、讨论。1987 年,联合国世界环境与发展委员会发表了题为《我们共同的未来》的报告,希望通过可持续发展来协调环境与人类发展问题。1992 年 6 月,联合国环境与发展大会召开,通过了《里约热内卢环境与发展宣言》《21 世纪的议程》《关于森林问题的原则声明》等重要文件。从此之后,可持续发展理论与实践的探索在世界各国普及,而且可持续发展理念也被融入国家和地方的发展规划和政策制定中，这标志着"可持续发展"由理念与理论向行动转化。①

可持续发展是个内涵极为广泛的概念。由于研究视角不同，不同的研究者从多角度、多方面对可持续发展进行了多元的定义。

1989 年，联合国环境发展会议（UNEP）通过了《关于可持续发展的声明》，专门指出可持续发展的定义和战略主要包括四个方面：一是走向国家和国际平等；二是要有一种支援性的国际环境；三是维护、合理使用并提高自然资源基础；四是要在发展计划和政策中纳入对环境的关注和考虑。②

1991 年 11 月，国际生态学联合会（INTECOL）和国际生物科学联合会（IUBS）联合举行了关于可持续发展问题的专题研讨会。该研讨会的成果之一是给出了可持续发展的定义："保护和加强环境系统的生产和更新能力。"也就是说，可持续发展是不超越环境系统更新能力的发展。这个定义主要是侧重于可持续发展概念的自然属性。

1991 年，世界自然保护同盟（INCN）、联合国环境规划署（UN – EP）和世界野生生物基金会（WWF）共同发表《保护地球：可持续生存战略》（*Caring for the Earth: A Strategy for Sustainable Living*）。在该文中，可持续发展被定义为"在生存不超出维持生态系统承载能力之情况下，改善人类的生活品质"，认为人类社会是一切可持续发展的最终归宿。这个定义主要是侧重于可持续发展概念的社会层面。

综上所述，可持续发展是一个多元化的概念，但可持续发展的基本点是相同的。可持续发展既要实现当代人的发展，又要能够维系子孙后代的发展，能够实现发展机会的代际均衡。可持续发展的核心在于发展，发展的基本要求在于可持续，可持续发展的根本目的在于实现人的生存和生活质量的稳步改善和提高。因此，有学者认为，可持续发展是指在实现社会、经济、人口、资源、环境相互协调和共同发展的基础上的一种科学发展。③

可持续发展理论的主要内容可从可持续经济、可持续生态和可持续社会三个方面进行思考。

第一，可持续发展的核心是经济可持续发展。可持续发展第一要义是经济持续增长，而不能以保护环境为由忽视经济增长。经济持续增长不仅要实现数

---

① 邓启稳：《经济转型背景下的企业绿色审计探讨》，《未来与发展》，2011 年第 3 期。
② 江新凤、邵宛芳：《论普洱茶的可持续发展》，《中国农学通报》，2010 年第 2 期。
③ 邓启稳：《经济转型背景下的企业绿色审计探讨》，《未来与发展》，2011 年第 3 期。

量的增长，还要实现质量的增长。要彻底实现经济增长方式的转变，实现经济增长方式由过去以"高投入、高消耗、高污染"为特征的粗放式经济增长方式向以"提高效益、节约资源、减少废物"为特征的集约式经济增长方式转变。

第二，经济可持续发展的前提是生态可持续发展。保护和改善生态环境应该是企业发展的前提，绝不能以环境的牺牲为代价去换取暂时的发展。也就是说，经济发展与有限的自然承载能力相协调是可持续发展的要求。这种限制要求人类的经济发展要考虑资源与环境的承载能力，必须充分保证发展行为的生态合理性，实现经济可发展与生态可持续发展的统一。

第三，可持续发展的最终归宿是社会可持续发展。也就是说，可持续发展最终强调社会的公平。如果没有社会公平，那么，就不会有社会的稳定，某些人就不会考虑对资源和环境的影响，以牺牲同代人甚至后代的经济利益为代价来满足其个人欲望，这样做的结果就是社会的公平、稳定难以得到保障。[1] 因此，实现社会的可持续发展是可持续发展的最终目的。

无论经济可持续发展、生态可持续发展还是社会可持续发展，都离不开企业的积极参与，离不开企业对可持续发展理论的认知与实践。没有企业的参与，可持续发展理论的践行是难以想象的。企业践行可持续发展观，理所当然地要履行企业社会责任。如果企业不能将履行社会责任落到实处，实现企业自身的可持续发展就将成为一句空话，实现整个社会经济可持续发展更是不可能的。因为履行社会责任是走可持续发展之路的必要条件之一，尽管履行社会责任未必能使企业走可持续发展之路。

崔浩敏、曹利军从物质保证、人力保证、社会保证与财富支持4方面分析了企业承担社会责任对企业实现可持续发展的重要性[2]：

第一，企业承担社会责任为企业可持续发展提供了物质保证。整个社会仿佛一个巨大的生态系统，企业是这个系统的"细胞"，生态系统为"细胞"提供了水分和养料；同时，"细胞"又维持"生态系统"的存在。首先，企业从社会获得原料进行生产加工，制造产品取得利润，这是社会生态系统为企业提供的营养；其次，企业也应担负起保护环境、改善环境的责任，维持社会的生存和发展，为自身的发展提供物质保证。

---

[1] 王莉华：《论可持续发展与社会责任会计》，《商业研究》，2003年第8期。
[2] 崔浩敏、曹利军：《企业社会责任与企业可持续发展》，《科技情报开发与经济》，2006年第14期，第183页。

第二，企业承担社会责任为企业可持续发展提供了人力保证。企业和社会的发展需要有知识、有文化、有创新精神的优秀人才。企业善待员工，从物质、精神上奖励员工，保持舒适的工作环境，不仅可以使员工愉快地全身心投入工作，发挥自己的创造性，带给企业巨大的经济收益与强大的竞争力，而且令他们有足够的财力投入下一代的教育中，为社会造就有用的人才；同时，又为企业的未来发展储备人力资源。

第三，企业承担社会责任为企业可持续发展提供了社会保证。如今，在许多国家，存在着贫困、失业、吸毒、犯罪等社会问题。想完全解决这些纷繁复杂的社会问题，只依靠政府的力量是不可能的。作为社会的主要成员，企业应该协同社会的其他成员一起来想办法解决这些社会问题，共同建设一个安定团结、国富民强的社会。这样，也为企业的可持续发展提供了社会保证。

第四，企业承担社会责任为企业可持续发展提供了财富支持。一是从投入上看，企业会减少资源的浪费，选择可循环使用的资源及可替代、可再生的原料，节约投入成本；二是在生产过程中，企业采取新工艺、新技术，推行清洁生产，提高效率，减少污染排放且科学处理排放物，从而节约治理污染的成本；三是从产品看，生产出绿色环保的产品，不仅树立了本企业的形象，而且满足消费者的需要，并为企业创造了经济效益；四是消费者在使用过程中，发现产品的好处就会宣传企业，从而帮企业引来更多的顾客，创造更大的效益。

总之，企业是社会经济活动的主体，也是实现社会经济可持续发展的主体。企业承担社会责任对企业的可持续发展起着推动作用。

（二）企业社会责任是提升企业竞争力的必然要求

世界经济论坛（WEF）将竞争力定义为："一个国家在人均国内生产总值（GDP）方面获得持续高增长率的能力。"[①] 瑞士国际管理发展学院（IMD）给竞争力所下的定义是："一个国家通过管理资产与经济过程、吸引力与扩张力、全球性与临近性以及通过把这些关系整合到经济和社会发展模型中去创造增加值和由此增加国民财富的能力。"[②] 美国竞争力委员会主席乔治·M.C. 菲什认为：竞争力是指企业具有较竞争对手更强的获取、创造、应用知识的能力。[③] 还有学者认为，企业竞争力是指在竞争性的市场中，一个企业所特有的能够持续地比

---

① 见 James R, Martin. World Competitiveness Reports Summary, http://www.imd.ch/wcy。
② 同上。
③ 胡大力：《企业竞争力论》，企业管理出版社 2001 年版，第 11 页。

其他竞争者获得竞争优势的能力。① 这种能力体现在销售产品与提供服务上。也就是说，有竞争力的企业是那些短期和长期都有效益和有效率的企业。

企业竞争力由企业领导管理决策能力、经济实力、科技能力、外部亲和力、内部凝聚力等组成，是各种能力的"合力"②。（1）企业领导管理决策能力影响企业的经营战略决策、企业资源的配置，关乎企业的生存与发展。（2）经济实力影响到企业的规模扩张、资本筹集能力，关乎企业在竞争市场上产品或服务是否有价格优势。（3）企业的科技能力是企业进行技术创新的能力的综合反映；企业的科技优势实质上也是企业人才优势的反映。企业的科技实力是企业开展革新工艺、开发新产品、保证产品质量使企业保持品牌优势的重要保证。（4）企业的外部亲和力在一定程度上反映了企业与外部利害关系者之间的协调能力。这种外部亲和力要求企业在经济活动中恪守信用，能够维护与各利益关系人的"双赢"关系。（5）企业的内部凝聚力是企业在竞争中获胜的重要助推力。它要求企业建立优良的内部运行机制，保持和谐的员工关系，建设独特的、优秀的企业文化等。

企业竞争力的提升使得企业有能力履行社会责任，而企业社会责任的履行又反过来促进企业竞争力的提高。

刘藏岩分析了企业进入了21世纪生存环境的新特点：一是生产要素资源的全球配置；二是因特网等现代传播技术使企业暴露在全球监管之下；三是全球社会责任运动的蓬勃兴起。他认为，在这样的情况下，企业持续获取盈利和维持自身发展的竞争力取决于企业在社会中的价值。推动社会进步、提升人类生存质量、信誉优良成为企业争相努力的目标，因为只有负责任的企业，才能在消费者心目中树立良好形象，增加产品的附加值。企业社会责任成为企业竞争力最重要的构成要素之一。③

张虹认为，公司天生的逐利目的与公司社会责任的相悖并非不可调和，两者可以辩证统一于公司利益基础之上，并相互促进。在当前的国内外环境下，我国公司通过承担社会责任提升公司的竞争力是一条可以选择的相容路径。④ 笔者认为，研究社会责任与企业竞争力关系，首先要考虑管理层对待社会问题的态度。克拉克森借鉴了沃提克和寇克兰描述企业社会责任战略的4个术语，建

---

① 方威：《"消费者剩余"是企业竞争力最本质的内涵》，《北京机械工业学院学报》，2003年第12期。
② 邓启稳：《经济转型背景下的企业绿色审计探讨》，《未来与发展》，2011年第3期。
③ 刘藏岩：《刍议企业社会责任与竞争力》，《商业时代·理论》，2005年第23期，第29页。
④ 张虹：《论公司的社会责任与竞争力》，《理论界》，2007第12期，第14页。

立了评价企业社会责任的 RDAP 模式,形成了管理层对待社会问题的 4 种战略。①

第一种战略是对抗型战略（Reactive Strategy）。对抗型战略否认企业应该承担社会责任,不愿意按照社会责任方式行动。实施这种战略的企业会尽可能地逃避社会责任或隐瞒其不负责任的行为,这会给企业造成极恶劣的影响。

第二种战略是防御型战略（Defensive Strategy）。防御战略仅仅是为了保住企业现有的位置,采取不积极的防御战略,得过且过。

第三种战略是适应型战略（Accommodative Strategy）。适应型战略是指企业比较自觉地使他们的行为与公共法则保持一致,更为重要的是尽力对公众的期望负责,以适应社会对企业的要求。

第四种战略是预见型战略（Proactive Strategy）。预见型战略是企业提前采取行动,担负起社会赋予它的责任,以防患于未然。这种战略表明,企业对待社会责任的态度应是超前的、主动积极的。

以上 4 种战略表明了企业对待社会责任的态度与行为方式及其相应结果。这体现了企业社会责任的应然性与必然性。从企业自身的长远利益角度考虑,承担社会责任是必须且应当的,企业只有以主动积极的态度对待社会责任,并对其利益相关者做出恰当的管理,才能够在当今日益激烈的市场环境下赢得持久的竞争优势。②

（三）企业社会责任是处理好企业与利益相关者关系的必然要求

20 世纪 60 年代,美国斯坦福大学研究小组将利益相关者定义为:"对企业来说存在这样一些利益群体,如果没有他们的支持,企业就无法生存。"③ 1965 年,安索夫（Ansoff）最早将利益相关者问题引入学术界,主张企业社会责任必须考虑利益相关者,"要制定出一个理想的企业目标,必须综合平衡考虑企业的诸多利益相关者之间相互冲突的索取权,他们可能包括管理人员、工人、股东、供应商以及分销商"④。1984 年,弗里曼（Freeman）在《战略管理:一种利益相关者方法》中提出:"利益相关者是能够影响一个组织目标的实现,或者受到一个组织实现其目标过程影响的所有个体和群体。"弗里曼的定义提出了一个普

---

① 田虹:《企业社会责任与核心竞争力》,《商业研究》,2006 年第 19 期,第 133 – 134 页。
② 邓启稳:《经济转型背景下的企业绿色审计探讨》,《未来与发展》,2011 年第 3 期。
③ 徐晓俊:《基于利益相关者理论的企业社会责任维度研究——消费者认知角度》,天津大学 2007 年硕士论文。
④ 田田、李传峰:《论利益相关者理论在企业社会责任研究中的作用》,《江淮论坛》,2005 年第 2 期。

遍的利益相关者概念，不仅将影响企业目标的个人和群体视为利益相关者，同时还将企业目标实现过程中受影响的个人和群体也看作利益相关者，正式将社区、政府、环境保护主义者等实体纳入利益相关者管理的研究范畴，大大扩展了利益相关者的内涵。①

弗雷德里克（Frederic）将利益相关者分为直接利益相关者和间接利益相关者，直接利益相关者与企业直接发生市场交易关系，间接利益相关者不与企业发生市场交易关系。查克汉姆（Charkham）按照是否存在交易性的合同关系，将利益相关者分为契约型利益相关者和公众型利益相关者。克拉克森（Clarkson）根据是否自愿在企业承担风险，将利益相关者分为自愿的利益相关者和非自愿的利益相关者；根据与企业联系的紧密性，将利益相关者分为首要的利益相关者和次要的利益相关者。米切尔（Mitchell）和伍德（Wood）将利益相关者分为确定性利益相关者、预期性利益相关者和潜在的利益相关者。

从20世纪末起，我国学者开始重视利益相关者理论。万建华、戴志望、陈建等把企业利益相关者分为两个层级：第一层级包括财务资本所有者（股东和债权人）、人力资本所有者（经营者与雇员）、政府、供应商和客户等；第二层级包括社会公众、所在社区、环保组织等其他利益相关者。杨瑞龙、周业安对企业利益相关者理论及其运用进行了系统研究，提出了利益相关者合作逻辑下的企业共同治理机制。李心合提出了对利益相关者构成的五种理解，即：小口径（股东）；小中口径（股东、顾客、员工）；大中口径（股东、顾客、员工、债权人、供应商）；大口径（股东、顾客、员工、债权人、供应商、政府、社区、市场中介组织、财务分析师、舆论影响者、社会公众）；特大口径（除大口径之外，还包括自然环境、人类后代、非人类物种）。王竹泉在对国内外关于利益相关者分类的研究进行了系统梳理的基础上，按是否参与集体选择将利益相关者分为企业内部利益相关者和企业外部利益相关者，并提出了"利益相关者会计"②。

总之，利益相关者理论认为，企业的利益相关者不仅包括企业的股东、债权人、雇员、消费者、供应商，也包括政府部门、本地居民和社区等，还包括自然环境、人类后代、非人物种等受到企业经营活动直接或间接影响的客体。这些利益相关者都对企业的生存和发展注入了一定的专用性投资，或承担了企

---

① 利益相关者理论，http//www.cnpre.com/cogov/infophp/index.php?modules=show&id=4802。
② 黄晓波：《企业理论的演进及其价值取向》，《珞珈管理评论》，2008年第6期。

业的经营风险，为企业经营活动作出了一定的贡献。所以，应在企业拥有相应的权益，应从企业得到相应的报酬或补偿。企业不能仅对股东负责，而应对所有利益相关者负责；企业不能仅追求利润最大化，而应承担包括经济责任、法律责任、道德责任和慈善责任在内的多项社会责任。① 20世纪80年代以来，美国29个州相继修改《公司法》，从法律上明确了利益相关者的权益并予以保护。我国证券监督管理委员会、国家经济贸易委员会2002年发布的《上市公司治理准则》第81条规定："上市公司应尊重银行及其他债权人、职工、消费者、供应商、社区等利益相关者的合法权利。"② 研究企业社会责任问题，一般都离不开利益相关者利益理论的研究。③ 沈洪涛认为，利益相关者理论是从公司角度看待公司与其他相关利益者之间的关系，公司社会责任则是从社会出发考虑公司行为对社会的影响，关心的是公司与社会的关系，两者不可等同。但利益相关者理论可以为公司社会责任的研究提供理论基础，而公司社会责任的研究可以为利益相关者理论提供实证检验的方法，两者可以在相互结合中共同发展。④

陈留彬从如下三个方面对利益相关者理论与社会责任研究进行比较⑤：

一是利益相关者理论为"企业社会责任"提供了一种理论框架。以Friedman为代表持股东至上理论的人认为，企业存在的唯一目的就是最大限度地盈利并实现股东利润的最大化。而利益相关者理论却主张：（1）所有受企业影响的利益相关者都有参加企业决策的权利；（2）管理者负有服务于所有利益相关者利益的信托责任；（3）企业的目标应该是促进所有相关人的而不仅仅是股东的利益。利益相关者理论认为：企业是由多个相关利益者所构成的"契约联合体"。企业的出资不仅仅来自于股东，而且也来自企业的雇员、供应商和债权人等；股东提供的是物质资本，其他的相关利益者提供的既有物质资本更有人力资本。在知识经济时代，人力资本的作用在某种程度上甚至超过了物质资本。企业已不再是简单的实物资本的"集合物"，而是一种"治理与管理专业化投资的制度安排"，本质上是各种契约形式的集合。企业的风险不是由股东全部承担，其他的相关利益者也在承担着企业的风险。因此，企业的所有者不能仅仅

---

① 邓启稳：《经济转型背景下的企业绿色审计探讨》，《未来与发展》，2011年第3期。
② 中国证券监督管理委员会、国家经济贸易委员会2002年1月7日发布。见中国证监会《关于发布〈上市公司治理准则〉的通知》（证监发〔2002〕1号）。
③ 黄晓波：《基于社会公正的财务会计理论创新》，《中国会计学会2007年学术年会论文集（上册）》，2007年10月。
④ 沈洪涛、沈艺峰：《公司社会责任思想起源与演变》，上海人民出版社2007年版，"前言"，第5页。
⑤ 陈留彬：《我国企业社会责任理论与实证研究》，2006年山东大学博士学位论文，第84-87页。

局限于股东，所有的利益相关者都是企业的所有人。利益相关者之间的权利是独立的、平等的，他们共同拥有企业的所有权。利益相关者理论在向"股东至上"原则挑战的同时，在某种程度上也为企业社会责任理论的发展扫清了障碍。

二是利益相关者理论为研究企业社会责任与经济绩效关系提供了一个框架。Ruf and Bernadette 等①认为，对于企业社会绩效与企业经济绩效之间关系的研究，利益相关者理论可以提供一个框架。他们研究了在这一框架内企业社会绩效与其用会计方法来计算的企业经济绩效之间变化的关系。结果发现，当企业的管理满足不同的利益相关者的需要时，股东的经济绩效将会有所提高。企业社会绩效的变化不仅与企业当期的销售额之间呈正相关关系，而且企业以后年份的销售利润与其社会绩效的变化之间也有明显的正相关关系，这表明，企业社会绩效的提高对其长期的经济绩效有利。这样的话，无疑会使很多企业愿意主动地去承担社会责任，对于在全社会最终形成企业争相承担社会责任的好局面起到了极大的推动作用。②

三是利益相关者理论为衡量企业承担社会责任状况提供了可操作方法。由于企业社会责任研究在一些基本概念上的含糊不清，以及对企业应当承担的社会责任对象范围的界定不明等原因，使得当人们仅仅从企业社会责任研究本身出发时，对如何衡量企业承担社会责任就难以找到一个客观、可操作的方法。早期相继出现过两种试图衡量企业社会责任状况的方法。③"KLD 指数法"用 8 个与企业社会绩效相关的变量去评价企业与其利益相关者之间的关系，为衡量企业承担社会责任状况提供了可操作方法。

笔者认为，企业的利益相关者为企业的生存发展提供关系资源、人力资源、生态资源与货币资源。④ 所谓关系资源，是指与企业存在一定关系的行为主体，主要包括顾客、供应商、政府部门、社会公众、媒体等；所谓人力资源，是指向企业投入人力资本的主体，主要包括管理者和员工；所谓生态资源，是指企业生存与发展的自然环境、后代子孙、非人类物种；所谓货币资源，是指货币资本的持有者，主要包括投资者和债权人向企业提供的货币资本。正因为企业

---

① Ruf, Bernadette M, Muralidhar Krishnamurty, et al. An Empirical Investigation of the Relationship Between Change in Corporate Social Performance and Financial Performance: A Stakeholder Theory Perspective. Journal of Business Ethics, 2001, 32: 143.
② 田雪、李传峰：《论利益相关者理论在企业社会责任研究中的作用》，《江淮论坛》，2005 年第 2 期。
③ 同上。
④ 邓启稳：《经济转型背景下的企业绿色审计探讨》，《未来与发展》，2011 年第 3 期。

利益相关者能够为企业提供上述资源，所以，企业对利益相关者承担社会责任既是正当的也是合理的。①

（四）企业社会责任是构建和谐社会的必然要求

构建和谐社会是全体中国人民的共同心声，也是好几代中国人为之奋斗的目标。国际经验表明，一个国家人均 GDP 进入 1000 美元到 3000 美元的时期将是黄金发展期与矛盾凸显期并存的历史时期。中国经过 40 多年的改革开放和快速发展，我国党和政府为了巩固来之不易的发展成果，继续推进改革开放和社会经济可持续发展，适时提出了构建和谐社会的战略目标。2002 年 11 月，党的十六大报告第一次将"社会更加和谐"作为全面建设小康社会目标之一提了出来。2004 年 9 月，中共十六届四中全会明确提出了构建社会主义和谐社会的重大战略任务，把提高构建社会主义和谐社会的能力确定为加强党的执政能力建设的重要内容，并提出了构建社会主义和谐社会的基本要求。② 2005 年 2 月，胡锦涛总书记在省部级主要领导干部专题研讨班发表重要讲话，提出社会主义和谐社会应该是民主法治、公平正义、诚信友爱、充满活力、安定有序、人与自然和谐相处的社会。③ 2005 年 10 月，中共十六届五中全会把构建社会主义和谐社会确定为贯彻落实科学发展观必须抓好的一项重大任务，并提出了工作要求和政策措施。④ 2006 年 10 月，中共十六届六中全会审核通过了《中共中央关于构建社会主义和谐社会若干重大问题的决定》。本次全会认为，社会和谐是中国特色社会主义的本质属性，是国家富强、民族振兴、人民幸福的重要保证，是中国共产党不懈奋斗的目标；本次全会同时提出了构建社会主义和谐社会的指导思想、目标任务和原则等。可见，构建社会主义和谐社会是建设中国特色社会主义的应有之义，是中国共产党根据马克思主义基本原理和我国社会主义建设的实践经验，根据新世纪新阶段我国经济社会发展的新要求和我国社会出现的新趋势新特点领导全体中国各族人民建设的理想社会。⑤

企业是社会经济系统的"细胞"，是经济活动的主体，也是构建和谐社会的主体。企业是经济组织，追求经济收益是企业存在和发展的动力。但企业又是

---

① 邓启稳：《经济转型背景下的企业绿色审计探讨》，《未来与发展》，2011 年第 3 期。
② 胡锦涛：《切实做好构建社会主义和谐社会的各项工作 把中国特色社会主义伟大事业推向前进》，《求是》，2007 年第 1 期。
③ 李继武、洪民富：《人与自然和谐相处的理论底蕴》，《理论建设》，2005 年第 6 期。
④ 胡建岳：《学习贯彻党的十七大精神 争做实践社会主义核心价值体系的模范》，《宁波通讯》，2008 年第 10 期。
⑤ 李继武、洪民富：《人与自然和谐相处的理论底蕴》，《理论建设》，2005 年第 6 期。

社会的组成部分，因为企业依存社会而存在。没有社会，就无所谓企业。笔者认为，企业不仅要创造经济收益，更要在创造经济收益的过程中承担社会责任。企业如果不能创造经济收益，企业在经营过程中所耗用的料、工、费等社会资源，对社会而言，则是社会资源的浪费，企业在激烈的市场竞争中只能被淘汰出局。如果企业除了追求经济利润以外无所作为，那么，企业只能是短视的企业，无法得到社会的认可和支持。所以，企业应该正确处理好经济收益与社会收益的关系，在谋求经济收益最大化的过程中承担社会责任，在承担社会责任过程中实现经济收益最大化。就是说，企业要充分重视自身在构建和谐社会中的作用，认识到和谐社会建设和企业社会责任的关系，自觉地担当起应该承担的社会责任。①

（五）企业社会责任是适应国际社会责任运动的必然要求

20世纪80年代，在欧美出现了以劳工运动、人权运动、消费者运动、环保运动的高涨为背景的"企业社会责任运动"②。社会责任运动随着经济全球化的浪潮于20世纪90年代中期波及我国。③ 社会责任运动是良是莠、是好是坏、是"正"是"负"，取决于社会责任运动的内容及对我国经济的冲击与影响。社会责任运动的过程是发达国家与发展中国家以及不同利益集团围绕经济利益"博弈"的动态过程。社会责任运动的内容随着社会责任运动过程而渐次演进：从"社会条款"之争到"体面劳动"，再到"全球协议"的提出。④

其一，"社会条款"之争。所谓"社会条款"，是指发达国家主张的在国际贸易与投资协议中加入保护人权、劳工权益和环境等专门条款。一旦缔约方违反该条款，其他缔约国有权予以贸易制裁。社会条款的基本内容是劳工的四项基本权利，即：结社自由并有效承认集体谈判权，消除一切形式的强迫劳动，有效废除童工，消除就业歧视。社会条款的本质是将劳工标准与国际贸易挂钩。"社会条款"之争关键在于两个方面：一是发展中国家的劳动力低成本究竟是劳动力倾销还是比较优势？二是将劳工标准与国际贸易挂钩的本质，究竟是贸易

---

① 陈宏：《跨国公司社会责任研究》，西南财经大学2009年博士论文。
② 魏锡华、黄兰芳：《国际企业社会责任运动对我国外贸行政管理的影响及其对策》，《特区经济》，2007年第6期，第220页。
③ 劳动和社会保障部劳动科学研究所课题组：《企业社会责任运动应对策略研究》，《经济研究参考》，2004年第3期。
④ 该部分参照中国劳动科学研究所课题组：《企业社会责任运动应对策略研究》，《中国劳动》，2004年第9期。

保护主义还是改善劳工状况?

其二,体面劳动的提出。1999年6月,国际劳工组织新任局长索马维亚在第87届国际劳工大会上首次提出了"体面的劳动"新概念,明确指出:所谓"体面的劳动",意味着生产性的劳动,包括劳动者的权利得到保护,有足够的收入、充分的社会保护和足够的工作岗位。为了保证"体面劳动"这一战略目标的实现,必须从整体上平衡而统一地推进"促进工作中的权利""就业""社会保护""社会对话"等四个目标。

其三,全球协议的倡导。在1999年1月召开的达沃斯世界经济论坛上,时任联合国秘书长科菲·安南提出了"全球契约"计划,并于2000年7月正式启动。"全球契约"计划的目的是要"在人权、劳动权和环境方面通过、坚持和实施一整套必要的社会规则","使得各企业与联合国各机构、国际劳工组织、非政府组织以及其他有关各方一起结成合作伙伴关系,以建立一个更加广泛和平等的世界市场"。"全球契约"的核心是要求企业在各自的影响范围内遵守、支持以及实施一套在人权、劳工标准及环境3个方面的9项基本原则:一是人权方面:企业应该尊重和维护国际公认的各项人权;绝不参与任何漠视和践踏人权的行为。二是劳工标准方面:企业应该维护结社自由,承认劳资结社谈判的权利;彻底消除各种形式的强迫劳动;废除童工劳动;杜绝在就业和职业方面的任何歧视行为。三是环境保护方面:企业应对环境挑战未雨绸缪;主动增加对环保所承担的责任;鼓励无害环境技术的发展与推广。9项原则分别来源于《世界人权宣言》《国际劳工组织关于工作中的基本原则和权利宣言》以及关于环境和发展的《里约原则》。[①]

国际社会的社会责任运动对我国企业的影响是客观存在的。以深圳市为例,跨国公司对供应商的企业社会责任审核越来越严。[②] 2002年,经沃尔玛查厂的我国企业约有5000家(深圳约有1000家),部分企业因查厂不过关而失去订单,甚至倒闭。可以说,社会责任运动是我国经济走向世界的门槛。我国经济要走向世界,必须正视社会责任劳工权益保护问题,迎接社会责任运动的挑战,实现社会责任运动本地化,为实现"走出去"战略而不懈努力。

---

① 《企业社会责任运动对就业的影响》,网址:http://www.china.com.cn/chinese/zhuanti/jybg/1006321。
② 参照深圳市劳动保障局、深圳市委政研室:《深圳应推进企业履行社会责任——全球企业社会责任运动对深圳影响与对策》,《经济前沿》,2006年Z1期。

二、企业社会责任概念的历史演进

企业社会责任概念在欧美发达国家发展的进程，可分为 3 个阶段。①

第一阶段，企业社会责任概念的个别探究阶段（20 世纪 20 年代—60 年代）。在该阶段，学者们对社会责任进行了个别研究。一般认为，"企业社会责任"概念由英国学者欧利文·谢尔顿于 1924 年率先提出。② 他把公司社会责任与公司经营者满足产业内外各种人的需要的责任联系起来，并认为公司社会责任含有道德因素在内。鲍恩在 1955 年指出："如果商人能够认识到他们的行为的社会后果并能够自愿地按照社会的利益行事，那么就可以避免滥用自由经济，也可以免除政府管制的危险。③" 被誉为"社会良心的维护者和社会问题解决者"的美国管理学家安得鲁斯认为，利润最大化是公司的第二位目标，而不是第一位目标，公司第一位目标是保证自身的生存。④ 企业的目标是生存、发展与获利。企业如果不能生存，更无法谈及其他。而决定企业能否生存的因素，不光是股东或投资者，更离不开其他利益相关者。管理学大师彼得·F. 德鲁克认为，企业的目的必须在企业本身之外，事实上，企业的目的必须在社会之中，因为工商企业是社会的一种器官。⑤ 德鲁克认为，管理者有三大任务：一是履行特定目标和使命；二是使员工取得成就；三是对社会产生积极影响，并承担社会责任。⑥ 美国学者戴维斯就企业为何承担社会责任以及怎样承担社会责任问题提出了"戴维斯模型"，其要点如下：其一，企业的社会责任来源于它的社会权力。由于企业对诸如少数民族平等就业和环境保护等重大社会问题的解决有重大的影响力，因此，社会就必然要求企业运用这种影响力来解决这些社会问题。其二，企业应该是一个双向开放系统，即开放地接受社会信息，也要让社会公开地了解它的经营。为了保证整个社会的稳定和进步，企业和社会之间必须保持连续、诚实和公开的信息沟通。其三，企业的每项活动、产品和服务，都必

---

① 参见国务院国有资产监督管理委员会研究室编：《探索与研究：国有资产监管和国有企业改革研究报告（2007）》，中国经济出版社 2008 年版，第 85—87 页。
② Oliver Sheldon. The Philosophy of Management. London, Sir Isaac Pitman and Sons Ltd., first published 1924, reprinted 1965: 70–79.
③ 王雄文：《企业社会责任概念诸说及评析》，《理论月刊》，2007 年第 11 期。
④ 陈留彬：《企业社会责任理论研究综述》，《山东社会科学》，2006 年第 2 期。
⑤ 彼得·F. 德鲁克：《管理——任务、责任、实践》，中国社会科学出版社 1987 年版，第 96 页。
⑥ 沈洪涛：《公司社会责任与公司财务业绩关系研究》，厦门大学 2005 年博士学位论文，第 31 页。

须在考虑经济效益的同时，考虑社会成本和效益。也就是说，企业的经营决策不能只建立在技术可行性和经济收益之上，还要考虑决策对社会的长期和短期的影响。其四，与每一活动、产品和服务相联系的社会成本应该最终转移到消费者身上。社会不能期望企业完全用自己的资金、人力去从事那些只对社会有利的事情。其五，企业作为法人，应该和其他自然人一样参与解决一些超出自己正常能力范围之外的社会问题。因为整个社会条件的改善和进步，最终会给社会每一位成员（包括作为法人的企业）带来好处。① 斯通认为，企业社会责任是一个模糊的字眼，但正是缘于这种模糊，才使得该词获得了广泛的支持。哈罗德·孔茨认为，公司应当承担社会责任，就是要认真考虑公司的一举一动对社会的影响。② 1960年，科斯发表了《社会成本问题》一文，将交易费用理论引进企业性质的研究中。在科斯看来，企业之所以出现是因为通过企业组织生产比通过市场组织生产更能节约交易费用。"企业真正的权力来源于由利益相关者组成的所有各方，这种由利益相关者组成的'企业'交易费用是最节省的，而惟利润最大化是从的'市场机制'并不可能存在。"③ 因此，企业必须重视除股东之外的其他利益相关者的利益，勇于承担相应的社会责任。将企业社会责任纳入经济、法律义务环境中去理解的是 McGuire，他在1963年提出了一种新观点："社会责任的思想认为企业不仅具有经济和法律的义务，而且还具有超出这些义务之上的对社会的义务。"然而，这个定义并没有明确说明超出经济和法律以外的义务是什么。

第二阶段，企业社会责任概念的理论集成阶段（20世纪70年代—21世纪初）。在该阶段，陆续形成了"三个同心圆""金字塔""三重底线"等有代表性的社会责任概念理论。

1. 三个同心圆理论。1971年，美国经济发展委员会（Committee for Economic Development，CED）在出版的《商业公司的社会责任》报告中将公司社会责任定义为三个"同心圆"：最内层包括范围清晰的有效履行经济职能的基本责任，比如产品、就业以及经济增长等。中间层包括在执行这些经济职能时对社会价值观和优先权的变化采取一个积极态度的责任，比如尊重环境保护、雇用以及与雇员之间的关系，以及消费者希望得到更多的信息、公平对待、避免受

---

① 企业社会责任，网址：http://wiki.21cbr.com/index.php?doc-view-10.html。
② 陈留彬：《企业社会责任理论研究综述》，《山东社会科学》，2006年第2期。
③ 伍山林：《企业性质解释——节约交易费用与利用社会生产力》，上海财经大学出版社2001年版，第10页。

到伤害等。① 最外圈包括新出现的不明确的责任，要求公司更广泛地积极参与改善社会环境的活动中。② 美国经济发展委员会的三个同心圆理论反映了大公司的高层管理人员对 20 世纪 60 年代出现的社会问题的关注和态度。③ 三个同心圆理论考虑到了企业社会责任的全面性、丰富性和历史条件等因素，具有一定的借鉴意义和价值。④

2. 金字塔理论。1979 年，美国佐治亚大学管理学教授、企业社会责任的研究专家卡罗尔在《公司绩效的三维概念模型》一文中将社会责任定义为：企业社会责任意指某一特定时期社会对组织所寄托的经济、法律、伦理和自由决定（慈善）的期望，用公式表示为：企业所有的社会责任 = 经济责任 + 法律责任 + 伦理责任 + 慈善责任。⑤ 其中，经济责任是指公司负有为社会和消费者提供有价值的商品和服务，并使所有者或投资者获得利润；法律责任是指公司所有的经营活动都必须在遵循法律法规的前提下进行；伦理责任是指尽管没有上升到法律规范层面，但公司还应该履行的义务。比如，企业的一些行为规范、标准尽管不是法律，但企业的行为活动应该遵循这些规范和标准。因为这些行为规范、标准反映了公司对利益相关者渴望的正义价值观的全面关注，也反映了尊重和维护相关利益者权利的道德精神；慈善责任是指公司以自身拥有的资源参与非强制或者非法律和伦理所要求的社会活动的义务，旨在使企业成为社会所期望的"企业公民"。1991 年，卡罗尔用"社会责任金字塔"（the pyramid of social responsibility）来反映社会责任强制程度的高低。按强制程度从高到低的排列，社会责任的排列顺序为：经济责任、法律责任、伦理责任和慈善责任（见图 1 – 1）。⑥

3. 三重底线理论。1980 年，英国学者约翰·埃尔金顿（John Elkington）提出了"三重底线"（Triple Bottom Line）理论。这一理论认为，企业行为要遵守经济底线、社会底线与环境底线。就是说，企业要承担最基本的经济责任、社会责任和环境责任。经济责任也就是传统的企业责任，主要体现为提高利润、纳税责任和对股东投资者的分红；环境责任就是环境保护；社会责任就是对于

---

① 屈晓华：《企业社会责任演进与企业良性行为反应的互动研究》，《管理现代化》，2003 年第 10 期。
② Committee for Economic Development. Social Responsibilities of Business Corporations. NewYork Committee for Economic Development，1971：15.
③ 沈洪涛、沈艺蜂：《公司社会责任思想起源与演变》，上海人民出版社 2007 年版，第 61 页。
④ 张国庆：《企业社会责任与中国市场经济前景：公共管理的决策与作用》，北京大学出版社 2009 年版，第 37 页。
⑤ 蔡向阳：《成品油销售企业社会责任研究》，西南石油大学 2007 年硕士论文。
⑥ 陈留彬：《企业社会责任理论研究综述》，《山东社会科学》，2006 年第 2 期。

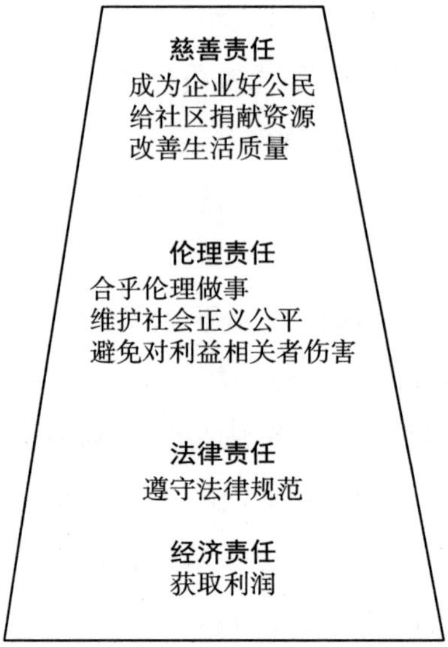

```
        慈善责任
        成为企业好公民
        给社区捐献资源
        改善生活质量


        伦理责任
        合乎伦理做事
        维护社会正义公平
        避免对利益相关者伤害


        法律责任
        遵守法律规范

        经济责任
        获取利润
```

图 1-1　企业社会责任金字塔结构图

资料来源：Carroll，1991，pp. 39-48。

社会其他利益相关方的责任。企业在进行企业社会责任实践时必须履行上述三个领域的责任，这就是企业社会责任相关的三重底线理论。这一理论进一步认为，满足三重底线，不仅是衡量和报告企业的经济、社会和环境业绩，而且包括一系列的价值观、问题和过程，企业要考虑利益相关方与社会的期望，控制业务活动对社会和环境可能产生的不良影响，追求经济、社会和环境价值的基本平衡。[①]

第三阶段，企业社会责任概念的全球发展阶段（21世纪初至今）。随着经济全球化以及世界范围内的企业社会责任运动的影响，履行社会责任成为全球企业的义务、挑战和共识。进入21世纪，企业公民的责任理念受到企业界的遵从以及非政府组织和学术界的关注。2002年1月，在纽约召开的世界经济论坛上，由34个全球最大的跨国公司的CEO联合签署了一份《全球企业公民——CEO与董事的领导挑战》文件，认为企业公民包括4个方面内容：一是好的公司治理和道德价值，主要包括遵守法律、现存规则以及国际标准，防范腐败贿赂，包括道德行为准则问题以及商业原则问题；二是对人的责任，主要包括员工安全计划，就业机会均等、反对歧视、薪酬公平等；三是对环境的责任主要包括

---

① 国家电网公司"企业社会责任指标体系研究"课题组编：《企业社会责任指标体系研究》，中国电力出版社2009年版，第39-40页。

维护环境质量，使用清洁能源，共同应对气候变化和保护生物多样性等；四是对社会发展的广义贡献，主要指广义的对社会和经济福利的贡献，比如，传播国际标准，向贫困社区提供要素产品和服务，如水、能源、医药、教育和信息技术等，这些贡献在某些行业可能成为企业核心战略的一部分，成为企业社会投资、慈善或者社区服务行动的一部分。世界经济论坛把企业公民概念从美国推广到全球范围，不仅强调公司对所处社区的责任，而且强调在全球化背景下，公司必须要承担一种全球性的社会责任。① 美国波士顿学院将企业公民定义为："企业公民是指一个公司将社会基本价值与日常商业实践、运作和政策相整合的行为方式。一个企业公民认为公司的成功与社会的健康和福利密切相关，因此，它会全面考虑公司对所有利益相关人的影响，包括雇员、客户、社区、供应商和自然环境。"英国的"企业公民社会"认为企业公民包括下列四个要点：企业是社会的一个主要部分；企业是国家的公民之一；企业有权利，也有责任；企业有责任为社会的一般发展作出贡献。②

三、我国国有企业的性质

（一）中华人民共和国国有企业的建立

科斯在探究企业起源问题时认为，企业与市场是两种可以相互替代的资源配置机制。当市场在配置资源时发生诸如搜寻信息、谈判、签约和履约等活动的交易成本大于企业配置资源的组织成本，企业这种组织形式便将产生。这是一般企业出现的原因。而我国国有企业的建立有别于一般企业的形成。

中华人民共和国成立初期，建立和发展国有企业是在特定历史条件下有效集中资源，尽快实现工业化的唯一选择。③ 1949 年，全国工农业总产值只有 466 亿元，人均国民收入为 66.1 元。在工农业产值比例上，农业总产值为 70%，工业总产值为 30%，重工业产值占工农业产值的比重仅为 7.9%。④ 而在国际上形成了以美国为首的资本主义阵营和以苏联为代表的社会主义阵营的尖锐对立。为了打破西方列强对我国政治上孤立、经济上封锁、军事上包围，确保新生革

---

① 刘新东：《上市公司社会责任信息披露研究》，吉林大学 2010 年博士学位论文，第 30 页。
② 陈宏：《跨国公司社会责任研究》，西南财经大学 2009 年博士论文。
③ 《论新中国国有企业与资本主义国有企业的区别》，百度文库，网址：http://wenku.baidu.com/link? url = Jgam7VPYOZH22jYlDMaJCVNdrlIQWKmAeOz。
④ 黄晓鹏：《企业社会责任：理论与中国实践》，社会科学文献出版社 2009 年版，第 166 页。

命政权不在摇篮中被扼杀，中华人民共和国领导人及党和政府选择直接控制企业，实施高度的国有化政策，优先发展重工业，以尽快摆脱贫穷落后的局面。因此，国有企业取代私有企业可认为是战时政策的延续和国家战略目标的需要。① 我国国有企业是通过四条渠道形成的：一是中华人民共和国成立前在边区和解放区建立的公营企业；二是中华人民共和国成立前后没收的官僚资本主义企业；三是 20 世纪 50 年代中期，在对资本主义工商业社会主义改造中通过公私合营形成的国有企业；四是中华人民共和国成立后新建的大批国有企业。② 据 1978 年数据显示，全国国有工业企业单位总数有 84000 个，占全国工业企业单位个数 348000 的 24.14%③；国有工业总产值按 1970 年不变价格计算达到 3416 亿元，是 1949 年的 42.8 倍；国有独立核算工业企业年底固定资产原值达到 3193 亿元，资本总额 3273 亿元，分别为 1952 年底的 21.5 倍和 22.3 倍。至此，我国已建立起了一个以国有大中型企业为骨干、门类齐全的工业化体系和国有企业群体；国有工业企业产值占全国工业总产值的比重高达 80% 以上，在中国经济中占有绝对的优势地位。④

（二）我国国有企业的性质与特点

我国的国有企业本质是全民所有制企业，是生产资料归全体人民共同所有的企业。全民所有制企业是社会主义生产关系的一种主要具体体现形式，国家所有是其具体实现形式。因此，我国国有企业的性质是具体由国家管理的全民所有制企业。

1992 年前，全民所有制企业被称为"国营企业"。在 1992 年 10 月党的十四大报告中，首次将全民所有制企业由过去的"国营企业"改称为"国有企业"，并在 1993 年 3 月 29 日第八届全国人大第一次会议通过的《中华人民共和国宪法修正案》中，正式将"国有企业"的称谓以法律形式固定下来。

中外都有国有企业，但不同的社会制度下的国有企业本质不同，使命也不同。我国的国有企业的主要使命是为保证国家繁荣、稳定、安全和发展提供坚实的物质基础，解放生产力，发展生产力，为提高全体人民的物质文化生活水平、实现共同富裕提供物质保障，即国有企业不仅是一个经济体，也负有政治任务，也是政府实施政策的工具和助力。

---

① 黄晓鹏：《企业社会责任：理论与中国实践》，社会科学文献出版社 2009 年版，第 167 页。
② 王冀宁、黄澜：《中国国有产权交易的演化与变迁》，经济管理出版社 2009 年版，第 27 页。
③ 张卓元、郑海航：《中国国有企业改革 30 年回顾与展望》，人民出版社 2008 年版，第 101 页。
④ 杨德才：《中国经济史新论》（1949—2009）（下册），经济科学出版社 2009 年 9 月版，第 448 页。

我们认为，现阶段，我国国有企业的特点为：全民所有、政府管理、自主经营、独立核算。国有企业的特点决定了国有企业社会责任信息披露的必要性和重要性。

社会主义全民所有制企业是社会经济生产的基本单位，是社会物质财富的主要创造者。在计划经济体制下，全民企业是社会经济恢复和工业化的主要力量，是社会主义现代化建设的主要力量，为我国生产力的发展作出了巨大贡献。

从根本上说，全民企业是为了消灭剥削而设立的，在企业内部，劳动和生产资料是直接结合在一起的。虽然我国处于社会主义初级阶段发展多种所有制经济，不可避免地存在剥削，但是，由于我国是社会主义国家，拥有社会主义性质的全民企业，因此，能够在全民企业的范围内消灭剥削，维护劳动者利益。社会主义要向更高阶段发展，必须通过大力发展全民企业使消灭剥削的范围不断扩大。因此，全民企业不但在现实层面上进行生产、参与竞争，而且在理想层面上还有消灭剥削、为实现社会发展创造条件的崇高使命。

四、我国国有企业社会责任的特殊性

国有企业的社会责任，是社会对国有企业行为的客观期望，它由国有企业的性质所决定，具体体现为国有企业的非经济目标和经济目标。关于国有企业的社会责任有两种常见的认识倾向。一种倾向认为，只有国有企业才有社会责任。因为有了社会责任，国有企业的市场化能力与动力会被大大降低。另一种倾向是把国有企业等同为一般企业或其他非企业组织，以衡量一般企业是否履行社会责任的标准来判断国有企业是否履行社会责任。[①] 我们认为，这两种认识都是不全面的。

（一）一般企业社会责任

按照卡罗尔的定义，企业社会责任是某一特定时期社会对企业组织所寄托的经济、法律、伦理和自由决定（慈善）的期望。这个定义所界定的企业社会责任，更侧重于微观层次的企业社会责任。当企业自然成长到规模足够大的时候，它的行为关系到社会的许多方面，此时，该企业对社会的责任问题就会凸

---

① 黄速建、余菁：《国有企业的性质、目标与社会责任》，《中国工业经济》，2006 年第 2 期。

显出来。全社会对这个企业的非经济性期望,应该被相应地纳入它的目标体系之中。

塔尔科特·帕森对组织制度合法性(legitimacy)的定义,可以更好地反映宏观层次的企业社会责任。帕森认为,组织是否合法,在很大程度上取决于这些组织的活动是否与这些组织所在的社会体制的目标和价值一致。企业作为一种组织制度形式,它的合法性和有效性在于受这种制度约束的企业及相关行为主体的行为方式是否符合客观上的社会规范。

我们需要把握好以下 3 点:一是企业的性质是追求经济目标的组织,企业的首要目标(很多情况下是唯一目标)是经济目标,企业的社会责任正是在企业经济目标实现的过程中衍生出来的。二是企业的社会责任中包含了追求经济目标的内容,任何一个企业在履行微观层面的社会责任时,都不可避免地要依附于企业的经济目标。三是无论在理论上还是实践中,微观层次和宏观层次的一般企业的社会责任,都是统一的。①

(二)国有企业社会责任的特殊性

与一般企业相比较,国有企业社会责任的问题要更为复杂。

从宏观层面看,国有企业的社会责任是由国有企业的性质决定的,具体体现为国有企业的非经济目标和经济目标。国有性质是理解国有企业制度内涵的起始点,也是定义国有企业非经济目标和经济目标的原点。用帕森的语义来阐释,即一个国家的社会经济体制,从根本上决定了国有企业的历史使命、存在意义和应尽的社会承诺。②

从微观层面看,根据前文的阐述,第一种认识混淆了社会责任与非经济目标这两个概念;它容易带来一种错觉,即竞争性领域的国有企业不应该有社会责任,有社会责任的国有企业难以参与竞争。第二种认识容易引导人们将国有企业社会责任的关注点,放在国有企业如何在实现经济目标的前提下来实现非经济目标这一问题上。对于竞争性行业及专注于经营性活动的国有企业而言,这种微观层次的国有企业社会责任有可能与宏观层次的、客观的国有企业的社会责任相一致;而对于垄断性行业及专注于非经营性活动的国有企业而言,这种微观层次的国有企业社会责任在很多情况下则是与之偏离甚至背离的。

---

① 黄速建、余菁:《国有企业的性质、目标与社会责任》,《中国工业经济》,2006 年第 2 期。
② 同上。

从理论上说，微观和宏观层次的国有企业社会责任应该是统一的，而在实践中，受人们在认识上的差异的影响，两个层次的国有企业社会责任有相互背离的可能。

五、我国国有企业社会责任的基本内容

（一）计划经济时期的国有企业社会责任

以 1992 年中国共产党第十四次全国代表大会召开为界，可将我国经济体制分为计划经济体制时期和建立社会主义市场经济体制时期。其中，1949 年 10 月中华人民共和国成立后，经过前三年的国民经济恢复时期，到党的十四大的胜利召开的历史期间属于计划经济时期（1952—1992 年）。在整个计划经济时期，以党的十一届三中全会为界限，又可分为改革开放前的计划经济时期和改革开放后的计划经济时期两大阶段。

1978 年改革开放前的计划经济时期，传统国有企业完全是政府的"附属物"，国有企业被称为国营企业。国营企业的行为更多体现国家意志和政府的权威。国营企业体制具有 6 个方面的特点：（1）在管理体制方面，国家对国营企业实行"统一领导，分级管理"；（2）在计划管理方面，国家制订指令性计划，决定国营企业的各项经济活动；（3）在投资管理方面，国家对国营企业基本建设的投资权高度集中；（4）在财务管理方面，国家对国营企业实行"统收统支"和"大锅饭"的财务收支管理制度；（5）在产品进入流通方面，国家对国营企业产品和原材料"统购包销"进行分配和定价的统一管理；（6）在劳动工资管理方面，国家对国营企业用工进行统一分配。[①]

在上述国有企业体制下，国有企业社会责任主要表现在如下几个方面：

第一，对国家和政府的责任。首先，企业要在遵守国家的方针政策和法令的基础上，以承担并完成国家的统一计划为前提从事生产经营活动。其次，替政府提供大量公共物品和准公共物品。这些公共物品和准公共物品投资额巨大、回收期长、风险高而且利润微薄，而这些物品与服务本来是由政府来提供的。再次，维持过度就业责任。政府为减少失业、维持社会稳定，不惜以牺牲效率为代价让国有企业雇用过多的员工，导致国有企业积累起了过多的富余人员。[②]

---

① 张卓元、郑海航：《中国国有企业改革 30 年回顾与展望》，人民出版社 2008 年版，第 22 – 24 页。
② 廖国民：《转型时期的中国软预算约束问题研究》，复旦大学 2004 博士学位论文，第 63 页。

最后，企业要按照所占用的资金数量为社会创造和提供相应数量的利润和税收。

第二，对劳动者的责任。对劳动者的责任表现在两个方面：一是为单位员工提供（准）终身就业，即通常所说的"铁饭碗"；二是为员工提供社会服务，即通常所说的"企业办社会"。①所谓"企业办社会"，是指企业建立和兴办了一些与企业生产、再生产没有直接联系的组织机构和设施，承担了产前、产后服务和职工生活、福利、社会保障等社会职能。"企业办社会"对国有企业的发展产生了3个方面不利的后果：一是加重了企业负担，削弱了企业的盈利能力；二是使企业组织对市场变化反应迟钝，削弱了市场竞争力；三是分散企业领导能力，不利于企业强化战略管理。②

第三，企业文化责任。中华人民共和国成立以后制定的第一个企业管理法规"鞍钢宪法"是当时企业文化的集中体现。"鞍钢宪法"规定了工人阶级在企业中的权利和义务；企业要坚持党的领导，也就是工人阶级的领导；要实行"两参一改三结"，干部参加劳动，工人参加管理；改革不合理的规章制度；实行领导干部、技术人员与工人三结合的企业管理原则。③从20世纪50年代到80年代初，国营企业中先后涌现出孟泰、王进喜、王亚忱、倪志福等一大批先进人物、劳动模范和技改能手，体现了工人阶级建设社会主义的高度主人翁意识和无私奉献精神，形成了国营企业独特的企业文化。

1978年12月，党的十一届三中全会召开，揭开了我国改革开放的序幕，确立了把党的工作重心转移到社会主义现代化建设上的战略决策。从1978年到1992年，国有企业改革属于初步探索时期，期间经历了1978—1981年扩权让利阶段、1981—1983年经济责任制阶段、1983—1987年两步利改税阶段和1987—1992年承包经营责任制阶段。国有企业的上述改革扩大了企业自主权，调动了企业自身的积极性，强化了企业作为经济组织的经济责任。根据统计资料，1992年全国国有企业个数达103300个，国有职工人数10889万人，国有企业工业总产值达17824.2亿元，而改革开放之初1978年全国国有企业个数为83700个，国有职工人数7451万人，国有企业工业总产值为3289.2亿元。工业总产值指数1952为100，那么1978年指数为1657.6，1992年则为11778.1。④

但在此阶段，国有企业在强化经济责任的同时，却忽略了企业社会职能的

---

① 黄晓鹏：《企业社会责任：理论与中国实践》，社会科学文献出版社2009年版，第167页。
② 同上，第352页。
③ 杨沛英、张嗣兴：《企业最高经营哲学：不战而胜》，陕西人民出版社1996年版，第104页。
④ 《新中国五十五年统计资料汇编（1949—2004）》，中国统计出版社2005年版，第8、48页。

存在，导致社会责任的缺失。比如，企业把利润装入腰包，包袱甩给社会，责任由社会承担。改革开放以后，我国由计划经济向市场经济转型，实行"政企分开"，国有企业逐渐建立起现代企业制度。市场经济条件下的企业感受到了竞争的甜头与残酷，体会到没有盈利就没有生存的基础，实现最大限度的盈利是企业唯一的追求，通过各种手段降低成本是企业管理的关键。这一阶段是企业原始资本积累的阶段，追求的是暂时的生存和短期的利益，当时不完善的市场秩序、竞争环境、企业经营者素质都使企业行为表现出很强的短期性。①

（二）社会主义市场经济体制下的国有企业社会责任

党的十四大明确了我国经济体制改革目标是建立社会主义市场经济体制。在全面建立社会主义市场经济体制的背景下，我国国有企业改革进入建立现代企业制度的新的历史时期。

1993 年 11 月，党的十四届三中全会通过了《中共中央关于建立社会主义市场经济体制若干问题的决定》，明确提出我国国有企业改革的目标是建立"产权清晰、权责明确、政企分开、管理科学"的现代企业制度，要求通过建立现代企业制度，使企业成为自主经营、自负盈亏、自我发展、自我约束的法人实体和市场竞争主体。② 从 1994 年起，国有企业改革从过去的放权让利、政策调整进入转换机制、制度创新的新阶段。国务院和各地先后选择 2700 多家国有企业进行建立现代国有企业试点，为建立现代企业制度作出了有益探索。③ 在我国经济体制由计划经济向市场经济转型的过程中，由于存在着严重的内部人控制现象，企业的管理者作为企业的实际控制者，竭尽所能地采取各种手段从企业中谋取自身的利益，导致企业利益相关者如股东、员工、债权银行等的利益受到极大侵害。在这一时期，国有企业社会责任缺失主要表现在两方面：一是企业尽可能地推卸掉应当承担的社会基础责任，大量发生逃税、造假账、通过证券市场圈钱、侵吞国有资产等现象，企业管理层对企业不负责任的管理导致国有企业效益下滑，众多企业无法正常运营，大量职工下岗失业；二是企业的短期行为，即对经营过程中的外部性问题毫无顾忌，大肆污染环境，无节制地使用不可再生资源。④

---

① 刘玲：《国有企业社会责任研究》，《理论界》，2007 年第 9 期。
② 《中共中央关于建立社会主义市场经济体制若干问题的决定》，http://www.eol.cn/guojia_3489/20060323/t20060323_49502.shtml。
③ 见 http://cpc.people.com.cn/GB/49154/49155/8057946.html。
④ 田虹：《企业社会责任及其推进机制》，经济管理出版社 2008 年版，第 28 - 29 页。

1997年9月党的十五大召开，会议明确加快推进国有企业改革的相关精神①：

一是国有企业是我国国民经济的支柱。搞好国有企业改革，对建立社会主义市场经济体制和巩固社会主义制度，具有极为重要的意义。二是建立现代企业制度是国有企业改革的方向。要按照"产权清晰、权责明确、政企分开、管理科学"的要求，对国有大中型企业实行规范的公司制改革，使企业成为适应市场的法人实体和竞争主体。进一步明确国家和企业的权利和责任。国家按投入企业的资本额享有所有者权益，对企业的债务承担有限责任；企业依法自主经营，自负盈亏。政府不能直接干预企业经营活动，企业也不能不受所有者约束，损害所有者权益。要采取多种方式，包括直接融资，充实企业资本金。培育和发展多元化投资主体，推动政企分开和企业转换经营机制。三是把国有企业改革同改组、改造、加强管理结合起来。要着眼于搞好整个国有经济，抓好大的，放活小的，对国有企业实施战略性改组。以资本为纽带，通过市场形成具有较强竞争力的跨地区、跨行业、跨所有制和跨国经营的大企业集团。采取改组、联合、兼并、租赁、承包经营和股份合作制、出售等形式，加快放开搞活国有小型企业的步伐。要推进企业技术进步，鼓励、引导企业和社会的资金投向技术改造，形成面向市场的新产品开发和技术创新机制。要加强科学管理，探索符合市场经济规律和我国国情的企业领导体制和组织管理制度，建立决策、执行和监督体系，形成有效的激励和制约机制。要建设好企业领导班子，发挥企业党组织的政治核心作用，坚持全心全意依靠工人阶级的方针。四是实行鼓励兼并、规范破产、下岗分流、减员增效和再就业工程，形成企业优胜劣汰的竞争机制。随着企业改革深化、技术进步和经济结构调整，人员流动和职工下岗是难以避免的。这会给一部分职工带来暂时的困难，但从根本上说，有利于经济发展，符合工人阶级的长远利益。党和政府要采取积极措施，依靠社会各方面的力量，关心和安排好下岗职工的生活，搞好职业培训，拓宽就业门路，推进再就业工程。广大职工要转变就业观念，提高自身素质，努力适应改革和发展的新要求。五是积极推进各项配套改革。建立有效的国有资产管理、监督和营运机制，保证国有资产的保值增值，防止国有资产流失。建立社会保障体系，实行社会统筹和个人账户相结合的养老、医疗保险制度，完善失业保险和

---

① 江泽民：《高举邓小平理论伟大旗帜，把建设有中国特色社会主义事业全面推向二十一世纪——在中国共产党第十五次全国代表大会上的报告》，《前线》，1997年第10期。

社会救济制度，提供最基本的社会保障。建立城镇住房公积金，加快改革住房制度。

党的十五大以后，大中型国有企业进入"脱困建制"建立现代企业制度和国有企业战略性改组的阶段。在该阶段，中央政府提出"三年搞活国有企业"，除了少数有资源垄断优势的大型企业之外，其余数以十万计的企业被"关停并转"，超过两千万的产业工人被要求下岗。大批工人"下岗"或"买断工龄"，虽然达到"减员增效"目的，但是，国有企业职工的权益没有得到保障，导致国有企业下岗职工的聚众上访事件时有发生，影响了当地社会的安全稳定。

2002年11月，党的十六大报告中提出了深化国有体制改革的重大任务，明确要求中央和省、直辖市、自治区两级政府设立国有资产管理机构，成立专门的国有资产管理机构，改变部门分割行使国有资产所有者职能。[①] 2003年3月，中央和地方国有资产监督管理委员会分别成立，统一了管人、管事和管资产的权力。

随着国有企业公司化改制的不断深入，社会对于国有企业的期望与要求越来越高、越来越全面，国有企业进入不仅要承担经济性的社会责任，也要承担非经济性的社会责任的时代。[②] 2005年10月27日修订的《中华人民共和国公司法》第五条明确要求："公司从事经营活动，必须遵守法律、行政法规，遵守社会公德、商业道德，诚实守信，接受政府和社会公众的监督，履行社会责任。" 2008年1月4日，国务院国有资产管理监督委员会发布了《关于中央企业履行社会责任指导意见》（以下简称《指导意见》）。[③]《指导意见》明确指出中央企业应从八个方面履行社会责任的主要内容：一是坚持依法经营诚实守信。模范遵守法律法规和社会公德、商业道德以及行业规则，及时足额纳税，维护投资者和债权人权益，保护知识产权，忠实履行合同，恪守商业信用，反对不正当竞争，杜绝商业活动中的腐败行为。二是不断提高持续盈利能力。完善公司治理，科学民主决策。优化发展战略，突出做强主业，缩短管理链条，合理配置资源。强化企业管理，提高管控能力，降低经营成本，加强风险防范，提高投入产出水平，增强市场竞争能力。三是切实提高产品质量和服务水平。保证产品和服务的安全性，改善产品性能，完善服务体系，努力为社会提供优质、安

[①] 潘宇晴：《中国国有企业的改革历程》，百度文库，http://wenku.baidu.com/link？。
[②] 冯梅、陈志楣、王再文：《中国国有企业社会责任论——基于和谐社会的思考》，经济科学出版社2009年版，第43页。
[③] 国务院国有资产管理委员会文件《关于中央企业履行社会责任指导意见》（国资发研究〔2008〕1号）。

全、健康的产品和服务，最大限度地满足消费者的需求。保护消费者权益，妥善处理消费者提出的投诉和建议，努力为消费者创造更大的价值，取得广大消费者的信赖与认同。四是加强资源节约和环境保护。认真落实节能减排责任，带头完成节能减排任务。发展节能产业，开发节能产品，发展循环经济，提高资源综合利用效率。增加环保投入，改进工艺流程，降低污染物排放，实施清洁生产，坚持走低投入、低消耗、低排放和高效率的发展道路。五是推进自主创新和技术进步。建立和完善技术创新机制，加大研究开发投入，提高自主创新能力。加快高新技术开发和传统产业改造，着力突破产业和行业关键技术，增加技术创新储备。强化知识产权意识，实施知识产权战略，实现技术创新与知识产权的良性互动，形成一批拥有自主知识产权的核心技术和知名品牌，发挥对产业升级、结构优化的带动作用。六是保障生产安全。建立健全应急管理体系，不断提高应急管理水平和应对突发事件能力。为职工提供安全、健康、卫生的工作条件和生活环境，保障职工职业健康，预防和减少职业病和其他疾病对职工的危害。七是维护职工合法权益。依法与职工签订并履行劳动合同，坚持按劳分配、同工同酬，建立工资正常增长机制，按时足额缴纳社会保险。尊重职工人格，公平对待职工，杜绝性别、民族、宗教、年龄等各种歧视。加强职业教育培训，创造平等发展机会。加强"职代会"制度建设，深化厂务公开，推进民主管理。关心职工生活，切实为职工排忧解难。八是参与社会公益事业。积极参与社区建设，鼓励职工志愿服务社会。热心参与慈善、捐助等社会公益事业，关心支持教育、文化、卫生等公共福利事业。在发生重大自然灾害和突发事件的情况下，积极提供财力、物力和人力等方面的支持和援助。

  在社会和企业自身发展的压力下，国有企业开始重新审视企业行为与社会发展的关系，充分认识到不仅要承担社会责任，而且要在承担社会责任方面起到良好的表率作用。它们纷纷发布企业社会责任报告或可持续发展报告，以实际行动践行社会责任。在企业积极履行社会责任的同时，一大批学者从各自角度研究企业社会责任的相关问题，其中，涉及企业社会责任内容的文献众多。比如，有的学者基于和谐社会建设角度将我国国有企业承担的社会责任的基本内涵界定为依法经营、诚实守信、节约资源、保护环境、关注公益、回馈社会。[①] 有的学者对中央企业履行社会责任调查后认为，中央企业社会责任包含 7

[①] 冯梅、陈志楣、王再文：《中国国有企业社会责任论——基于和谐社会的思考》，经济科学出版社 2009 年版，第 31 页。

个方面的内容：一是自觉服从、服务国家大局，发挥国家经济栋梁作用。二是向社会提供优质安全放心的产品和服务，发挥依法经营、诚实守信的表率作用。三是积极履行可持续发展责任，发挥节约资源、保护环境的表率作用。四是切实维护职工合法权益，发挥以人为本、构建和谐企业的表率作用。五是积极投身社会公益事业，发挥关爱他人、奉献社会的表率作用。六是履行跨国经营责任，在"走出去"战略中树立负责任大国形象。七是积极推动，促进中央企业社会责任工作更上一个新台阶。[①] 有的学者基于国有企业性质分析国有企业社会责任。研究认为，国有企业除了当前所有企业所承担的环保、社会保障等一般性社会责任外，还应该承担下列社会责任：第一，担负中国工业化升级的历史使命。第二，承担中国民族精神塑造的责任。第三，承担创建中国自主品牌的责任。第四，国有企业还承担引领民营资本健康发展的责任。[②] 有的学者从基本社会责任、中级社会责任和高级社会责任三方面探究企业社会责任的内容，其中：基本社会责任包括对股东负责、善待员工；中级社会责任包括对消费者负责、服从政府领导、搞好与社区关系、保护环境；高级社会责任是指积极慈善捐助、热心公益事业。[③]

我们基于国有企业的性质及利益相关者理论认为，国有企业要在履行企业社会责任中起到表率作用。为此，现阶段国有企业应该履行如下社会责任：

一是政治责任。国有企业政治责任是指国有企业担负着巩固和发展社会主义基本经济制度、执行国家宏观调控政策、加快转变经济发展方式、维护国家经济利益以及维护社会和谐稳定的责任。

二是经济责任。国有企业经济责任是指国有企业担负实现国有资产保值增值、实现经济状况根本好转、不断提高自身持续盈利能力、依法纳税和可持续发展的责任。

三是员工责任。国有企业要对员工承担安全责任、健康责任、避免歧视的平等责任、薪酬福利支付责任、教育培训与提拔责任。

四是债权人责任。国有企业要依照债务合同的约定，按期地还本付息，保障债权人提供借贷资金安全的责任。

五是消费者责任。国有企业要尊重消费者的人格与文化习俗，保障消费者

---

① 周维先、高兆刚、杨煌，等：《中央企业履行社会责任调查：忠于祖国 服务人民》，《求是——红旗文稿》，2011年5月25日。
② 张春敏、刘文纪：《从国有企业的性质看国有企业社会责任》，《前沿》，2008年第12期，第84页。
③ 吴照云、刘灵：《我国国有企业社会责任的层级模型和制度共生》，《经济管理》，2008年第9期，第27页。

享有对其需求的产品与服务的知情权，保障消费者享有自主选择产品或服务的权利，确保消费者在购买、使用产品和接受服务时享有人身健康安全和财产安全，保障消费者因购买、使用产品或接受服务受到人身、财产损害时享有依法获得赔偿的权利，以及履行售后服务承诺的责任。

六是社区责任。国有企业要积极参与并资助社区社会慈善事业、公益事业，为当地居民提供就业机会，增加居民收入，协调好企业的发展与社区资源的合理利用关系的责任。

七是资源、环境责任。国有企业要遵规守法，尽可能合理地利用资源、减少对环境的污染程度，并且承担治理由企业所造成的资源浪费和环境污染的相关费用。

八是科技进步责任。国有企业特别是大型国有企业拥有资金实力和研发优势，承担国家重大科研攻关项目，承担自主创新和技术进步责任。

九是引导民营企业健康发展责任。国有企业要在遵守国家法律法规、诚实守信经营、关爱员工和消费者利益、依法纳税、保护环境等方面起到表率作用，引导民营企业健康、可持续发展。

第二章 企业社会责任信息披露基本理论研究

欲使企业社会责任信息披露有条不紊地进行,研究社会责任信息披露的基本理论甚为必要。因为理论的意义在于指导实践,而没有理论指导的实践是盲目的实践。本章研究社会责任信息披露的基本理论,旨在能够更好地运用理论来指导社会责任信息披露的实践。

一、社会责任信息披露的动机

研究社会责任信息披露动机,旨在从理论上解决企业为什么要进行社会责任信息披露问题。只有解决好这个问题,才能谈得上社会责任信息披露的内容、原则及其他问题的研究。

Mathews 运用市场假说、合规性假说、社会假说三种理论阐述企业社会责任信息披露。市场假说认为,披露社会责任信息会产生积极的市场反应。合规性假说认为,社会责任信息披露是组织合规性管理的一种方式。社会假说认为,基于企业与社会之间的合约关系,自愿披露社会责任信息代表了企业对道德责任的认同。

(一)市场动机

社会责任信息披露有助于提升企业声誉和在激烈竞争中的竞争优势。Teece 将企业声誉看作企业为了回应外部角色而塑造的企业形象。在信息不对称的条件下,企业把社会责任披露作为一个"信号发送"手段,利益相关者依据这些信号来评估企业声誉。因此,社会责任披露在增强企业社会责任的声誉效应上起着尤为重要的作用。Hooghiemstra 认为,社会责任披露是企业塑造形象或增强声誉的沟通桥梁,能协助企业创造竞争优势,因为"一个正面的良好形象意味着人们将会准备大规模与企业交易、购买商品"。信息披露被视为"一种公关工具",用于影响人们对企业的看法。在没有信息披露的情况下,企业通过投资社会责任活动和塑造正面声誉要实现声誉的价值是十分困难的。Toms 实证研究表明,披露战略对创造环境声誉有着重要的贡献。他的追随者 Hasseldine 提出,管理者应该做的就是通过增强企业声誉而不是千方百计地回避(如政治成本),创造多种多样的资源以保持企业的竞争优势。作为对 Toms 的补充和扩展,Hasseldine 等学者认为,环境披露的定性本质更有可能增强企业的声誉。这些学者利用更新的数据,肯定了 Toms 的研究结果,同时也表明,环境披露的质量而不仅仅是数量,对于在利益相关者群体中建立环境声誉有着更强的影响。[1] 吴清认为,声誉管理策略是企业自愿披露社会责任信息的内在动机。声誉好的公司的股票更容易吸引投资者进行购买,从而使得公司能获得更高的股票溢价、更低的融资成本;同时,好的声誉也能为企业在消费者中建立良好的形象,从而有利于企业产品的销售;此外,好的声誉也能促进企业与政府部门良好关系的建立,这些最终都会形成企业的竞争优势。在企业的声誉管理策略中,社会责任信息报告被认为是一种能建立和维护好声誉必不可少的手段。因此,为构建企业的良好声誉,企业会进行慈善捐款等社会责任活动,而且为了让投资者、消费者等了解企业的这些活动,企业就拥有强烈的动机进行社会责任信息的披露。当企业存在外部冲突时,社会责任的履行和相关信息的披露也能起到缓解或解决的作用。因此,企业的声誉管理策略是企业自愿披露社会责任信息的内在动机。[2]

(二)合规动机

Gray 等认为,合法理论能解释组织披露有关环境和社会信息的行为。合法理论的核心观点是社会契约,含义是公司的存活依赖于公司在社会边界和遵守相关规则的程度。[3] 由于社会边界和规则是随着时间变化的,因此,组织通常以社会责任信息报告的形式来不断证明它的行为是合法的,它的行为表现出了一个好企业公民的形象。Deegan,Colleagues 和 Patten 的研究表明,当组织或者组织所在行业面对环境污染、违反人权、法律诉讼等困境时,环境和社会信息披露的数量更多。公司对这样的公众压力和负面的媒体关注的反应,包括增加以自我赞美式为主的信息披露的数量,主要目的在于减少公司在社会和政治环境

---

[1] 田志伟、葛遵峰:《企业社会责任的竞争优势观》,《贵州社会科学》,2007 年 11 期,第 115 - 116 页。
[2] 吴清:《社会责任信息披露的理论分析》,《中国乡镇企业会计》,2008 年第 7 期,第 11 页。
[3] Gray R R, Kouhy, Lavers S. Corporate social and environmental reporting: a review of the literature and a longitudinal study of Uk disclosure accounting, *Auditing and Accountability* Journal, 1995, 8 (2): 47 - 77.

中的曝光。Mark J. Epstein 和 Martin Freedman 认为，遵守信息披露法规是公司进行社会信息披露的主要原因之一。然而，相同的法定披露环境下的不同社会信息披露问题，可能由于股东对不同的公司有不同的社会责任信息要求所致。在法律法规的监管下，企业为了证明自己是好"企业公民"，会自愿披露更多的有关环境、社会等方面的社会责任信息。

沈洪涛等的论文《公司治理、合规性与社会责任信息披露》[①]，详细、系统地分析了合规性假说在社会责任信息披露中的应用。她认为，在西方思想史上，明确地对合规性进行系统研究，并使其成为现代政治学和社会学核心概念与主流范式的，是社会学家马克思·韦伯。韦伯认为，任何一种真正的统治关系都包含着一种特定的最低限度的服从愿望，任何统治都企图唤起并维持对它的"合规性"的信仰。这种信仰构成了统治的可靠基础。"合规性意味着接受这个权力体制及权力支持者，并给予肯定的评价"。后来，Suchman 等学者借助韦伯的合规性概念研究组织合规性问题。Suchman 认为，"合规性是在社会所形成的规范、价值、信仰和观念体系下，对企业的行动是否合乎期望，是否恰当以及是否合适的一般认识和假设"。组织合规性研究将合规性看作一个组织的价值体系与其所在的社会制度之间的一致性。一个组织如果看上去不是信奉社会所认同的目标、方法和结果的话，那么，这个组织是不可能成功，甚至是无法存在下去的。合规性理论与相关利益者理论颇为接近，两者常常互为补充。一方面，相关利益者构成了组织的环境，另一方面，相关利益者理论中识别相关利益者的标准之一就是合规性。最早将组织合规性理论运用于社会责任会计研究的是 Ramanathan。他提出，社会责任会计的目标之一就是"决定公司那些直接影响资源以及个人、社区、社会各部分权力的战略和实践，是否一方面与广泛认同的社会重点相一致，另一方面与公司的合规性目标相一致"。无论是发生合规性危机后的事后补救还是树立良好社会形象的主动预防，社会责任信息披露成为公司合规性管理的一种方式。从事前管理的角度，Parker 指出，社会责任信息披露是对即将发生的增加披露的合规性压力的提早反应，也是对可能的政府干预或外部利益团体压力的反应。从事后管理的角度，Dowling and Pfeffer 指出，当组织面临合规性危机时，管理者可以采取 3 种办法：一是改变目标、方法和结果；二是通过沟通改变社会对组织的印象；三

---

① 沈宏涛、杨熠、吴奕彬：《公司治理、合规性与社会责任信息披露》，载于《中国会计学会 2008 年学术年会论文集》，第 675 页。

是通过沟通与合法的标志、价值观和制度取得一致。后两种方法都是与信息披露有关，而第一种做法也需要社会获悉这种改变才能奏效。所以，"影响合规性的是公司的信息披露而不是（未披露的）公司行为的改变"。甚至有学者认为，合规性就是一种披露。基于合规性理论的社会责任信息披露研究断言，公司会继续现有的自愿披露或者进行更多的自愿披露以确保公司的合规性不受损害。

（三）代理的动机

社会责任信息披露有助于降低企业与利益相关者之间的信息不对称程度。在完全竞争市场的条件下，交易双方拥有的信息是完全对称的。然而，在现实的市场经济条件下，完全的竞争市场仅仅是一种理想状态。也就是说，交易双方信息不对称是一种常态，表现在他们所拥有的信息无论在种类上还是在数量上，都是参差不齐的。从公司的角度来观察，经营者拥有完全的信息优势，而其他利益相关者缺乏这种完全信息优势。在这种信息不对称的前提下，公司的经营者在经营中有可能产生道德风险问题和逆向选择行为，使得其他利益相关者的利益有可能受损。当其他利益相关者利益受损超过一定限度以后，势必有可能导致政府和其他相关部门或组织的干预甚至监管，最终影响到企业经营行为的选择与决策。因此，要降低信息不对称的负面效应，就需要借助信息披露这种方式，如实、公允地将企业信息包括社会责任信息传递给广大的利益相关者。利益相关者不仅关心企业的财务信息，还关心企业社会责任的履行状况。比如，企业周边的居民以及环境管理部门希望了解企业治理环境污染的支出，以判断企业是否在减轻环境污染方面有所作为；而迫于社会公众的压力，同时也为消除潜在的外部冲突或缓解现存的外部冲突，维持良好的社区关系，企业也会披露相关的社会责任信息。社会责任信息披露是企业与利益相关者进行沟通的手段，利益相关者对社会责任信息的需求推动了企业对社会责任信息的披露。[①]

（四）节约交易费用的动机

企业可以通过担负企业社会责任来降低企业与利益相关者之间的交易费用。企业社会责任会计信息披露，把企业的社会责任投入和绩效信息传递给相关利害关系人，消除市场上由于信息受到阻隔而带来的负外部效应，这无疑应成为

---

① 吴清：《社会责任信息披露的理论分析》，《中国乡镇企业会计》，2008年第7期。

企业主动披露社会责任会计信息的根本动力。制度经济学家康芒斯把交易看成人类经济活动的基本单位。那么，企业的各种经济活动除了企业与供应商、消费者发生交易外，企业与雇员、股东、债权人以及环境等之间都时刻发生着交易行为。科斯指出，交易费用是"为了执行一项交易，有必要发现和谁交易、告诉人们自己愿意交易以及交易的条件是什么，要进行谈判、讨价还价、拟订契约、实施监督以保证契约的条款得以履行"。交易费用越低，交易就越容易进行，而"交易费用过高会使交易无从发生"。从微观经济理论来看，企业承担社会责任的行为具有外部性，同时，当这种行为不能充分地为利益相关者所了解时，就具有信息不对称性。外部性和信息不对称都将导致市场失灵，外部性使企业不愿意承担社会责任或承担社会责任的行为过少；而信息不对称使利益相关者不能及时发现交易对象（即交易费用过高），甚至出现"劣币驱逐良币"的"柠檬市场"。如果企业的环保行为受到消费者和投资者的肯定，那么，消费者就愿意购买企业的产品，投资者就能够放心对企业继续投资；企业尊重雇员的权利、提供较好的待遇和职业发展机会，就能激发雇员的工作热情，保持队伍稳定；企业尊重供应商的利益，追求双赢的发展战略使企业能够持续稳定发展等。然而，所有这些信息不仅要让当前的投资者、消费者、雇员等利益相关者知晓，企业发展就必须要将这些信息传递给潜在的投资者、消费者、雇员等利益相关者。企业社会责任会计信息披露，把企业的社会责任投入和绩效信息传递给相关利害关系人，消除信息的不对称性，减少政府和企业利益相关者获取这种信息而支付的成本，争取到他们的信任，换取投资者的投资、政府的扶持和公众的回报，从而引发一系列的良性连锁反应，促进企业发展；同时，也解决了企业在社会责任行为方面的逆向选择问题和道德风险问题。①

（五）管理工具的动机

社会责任信息披露的目的之一在于影响人们对公司的感知。为了做到这一点，管理者愿意报告"好消息"而不愿意披露"坏消息"，这就意味着社会和环境信息披露很大程度上是一种自我赞美行为。根据合法理论，企业社会责任报告的目的在于提供证明公司行为合法化的信息来影响利益相关者及整个社会对公司的感知，这样一来，公司就可以被认为是一个好的企业公民，并且，这种自愿披露社会责任信息的行为也给予企业持续存在的正当理由。从这方面来

---

① 刘立燕：《企业社会责任会计：内涵、目标与计量》，《财会通讯·学术版》，2006年第7期，第67页。

看,企业社会责任信息披露是一种影响人们感知的公共关系工具。这种观点得到了 Elkington 的认可,他认为,大部分从事社会责任信息披露的公司都将他们的报告看成进行公共关系管理的工具,用于建立良好的企业形象。Lindblom 也认为,企业的社会责任信息披露是企业的一种战略行为,具有战略目的。他指出,企业社会责任信息披露具有 4 个主要的用于应对不同法律威胁的战略目的:告知利益相关者有关业绩的改善信息;改变利益相关者对事件的感知;转移问题的注意力;改变外界对绩效的期望。Gray,Owen and Adams 进一步评价说,许多主要的公司社会责任行为,包括社会责任信息披露,都可以追溯到以上一个或者多个战略目的。合理的(信息披露)战略就是为了避免更多的股价折扣,这样就需要向投资者披露更多的信息来暗示公司价值。Maignan and Ferrell 认为,公司社会责任信息披露是增加收入的市场营销战略之一。Deegan 等指出,社会信息责任披露的增加代表着改变公众对组织合法性感知的战略。[①]

二、社会责任信息披露的目标

(一)研究社会责任信息披露目标的意义[②]

信息披露目标在于满足信息用户的需要。会计信息用户分为政府与民众两方面。政府通过社会责任信息披露维护政府利益,而民众则维护自身利益。

1. 社会责任信息应该披露什么,能够披露什么及怎样披露都取决于服务于社会责任信息披露的目标。因为社会责任信息披露目标决定了社会责任信息披露的范围与边界。研究社会责任信息披露的理论体系,应该以社会责任信息披露目标为逻辑起点。只有以社会责任信息披露目标为逻辑起点,才有可能构建比较科学的社会责任信息披露的理论体系。

2. 社会责任信息披露的目标是随着社会经济环境的变化而动态调整的。计划经济时期,企业是政府的附属物,企业承担的责任乃是政府的行政责任。所以,计划时期社会责任信息披露的目标服务于计划经济时期社会经济发展的要求。而在社会主义市场经济体制下,企业已不再是政府的附属物,社会责任信息披露目标要为实现社会公平与效率服务。

---

① 赵颖、马连福:《海外企业社会责任信息披露研究综述及启示》,《证券市场导报》,2007 年 8 月号,第 17 页。
② 邓启稳:《上市公司社会责任信息披露目标研究》,《会计论坛》,2009 年第 2 期。

3. 社会责任信息披露目标是社会责任信息披露理论体系的最高层次，它决定着社会责任披露的原则、披露的方法、披露的模式。也就是说，社会责任披露的原则、方法、模式等要为社会责任披露目标的最终实现服务。不同的社会责任信息披露目标必然会有不同的社会责任信息披露的原则、方法、模式与之相匹配。

4. 社会责任信息披露目标是社会责任信息披露系统运行的导向，是社会责任信息披露系统运行的起点与终点。

（二）社会责任信息披露目标的研究

社会责任信息披露目标是社会责任信息披露所要达到的目的与要求。美国会计学会早在 1966 年发表的《基本会计理论说明书》（ASOBAT）中曾经提出了会计目标的 4 个方面：（1）作出关于有限利用的决策，包括确定重要的决策，并确定目的与目标；（2）有效地管理与控制一个组织内的人力与物力资源；（3）保护资源，并报告其管理情况；（4）有利于履行社会职能和社会控制。

1974 年 2 月，美国全国会计师协会的企业社会行动委员会在《管理会计》杂志发表包括"目标及程序说明"和"企业社会领域"两部分的研究报告。其中，将社会责任的会计目标分为内部目标和外部目标两部分。内部目标包括："（1）通过以下工作改进决策程序：第一，协助企业设定目标及规划运用资金、人力、物力等各种资源的优先次序；第二，教育及鼓励管理人员，使他们能考虑所有决策的社会效果。（2）提供企业内部不断评估社会行动的基础。"外部目标包括："（1）为公司提供一致而合理的标准，以衡量社会行动，并将衡量结果公诸社会公众；（2）提供一个独立证明企业社会行动的基础。"[①]

我国学者对社会责任会计目标进行研究开始于 20 世纪 90 年代。宋献中认为，社会责任会计有两大目标：基本目标——提高社会效益；具体目标——提供社会责任信息。

阳秋林将企业社会责任会计信息披露的目标概括为："计量和报告企业各项社会责任的履行情况，使会计可以同时为各有关社会部门提供有用的会计信息。"

白世秀、章金霞认为，社会责任会计的目标由 3 个方面构成：一是为谁提供社会责任会计信息，即要明确社会责任会计信息的使用主体。二是提供哪些社

---

① 宋献中：《论社会责任会计的目标》，《财会通讯》，1997 年第 7 期，第 14 页。

会责任会计信息,即要明确会计信息的使用者需要什么样的社会责任会计信息。三是会计如何提供这些社会责任会计信息,作为一种主观愿望的社会责任会计目标,其实现范围和程度,取决于会计信息使用者的需求和会计信息的质量。她们认为,社会责任会计目标包括基本目标和具体目标两个层次。社会责任会计的基本目标是提高社会效益。社会责任会计的具体目标是计量和报告企业各项社会责任的履行情况,向所有与企业经营活动有利益关系的社会集团提供有用的会计信息。①

为谁提供社会责任信息?一般认为,社会责任信息使用主体是企业的利益相关者。美国学者的研究表明②,顾客和投资者们要求越来越多的企业社会责任信息,这类信息强烈地影响购买和投资决策。而且,几乎 3/4 的美国投资者在做投资决策时都会考虑到社会责任。Epstein and Freedman 发现,个人投资者需要更多的企业社会责任信息。在有关个人投资者对社会信息需求的研究中,Mark J. Epstein and Martin Freedman 对个人投资者的调查表明,非机构投资者对社会信息也很感兴趣,并且他们对有关产品安全、质量以及企业环境信息有更加强烈的需求。Barry H. Spicer 发现,越来越多的道德投资者认为他们不应该投资于某些公司,例如,造成社会危害或者环境污染等类型的公司。同样,1996 年,美国一项全国性的消费者调查显示,近 80% 的购买者表示不购买在血汗工厂(指工人劳动条件差、工作时间长、工资低的工厂)里生产出来的衣服,而投资者在做投资决策时也会大量地使用企业社会责任信息。机构投资者对社会责任信息的需求也是很明显的,很多实证研究主要以机构投资者为研究对象。Buzby and Falk 较早地对共同基金经理进行了调查,结果发现,绝大部分的基金经理在做投资决策时会考虑一些社会信息,但他们也承认并非所有的社会责任信息都同等重要。Rockness and Williams 对社会责任共同基金主管的调查结论与 Buzby and Falk 的结论类似;此外,Rockness and Williams 还发现,企业年报是各种重要信息来源的一种。而 Simon Knox 也强调,最近这些年非政府组织变得越来越强大,他们要求公司解释有关公平贸易、人权、工人权利、环境影响、财务健康及公司治理领域的政策。

社会公众对企业社会责任的关注状况如何?2008 年 11 月下旬,中国青年报

---

① 白世秀、章金霞:《社会责任会计目标的探讨》,《商业研究》,2007 年第 10 期,第 103 – 104 页。
② 赵颖、马连福:《海外企业社会责任信息披露研究综述及启示》,《证券市场导报》,2007 年 8 月号,第 15 – 16 页。

社会调查中心通过新浪网新闻中心进行了一项有 2605 人参加的有关社会公众对企业社会责任问题认知程度的在线调查。调查内容包括社会公众对企业社会责任的满意度、如何提高企业的公民意识、如何判断一个企业的社会责任感三项内容。①

调查结果显示，31.6%的人认为我国企业的企业公民意识较过去有所进步，但仍有 53.4%的人认为我国企业在这方面做得很差。调查还显示：74.5%的人认为，我国缺少"企业公民"的原因是相关法律法规对企业的监管力度还不够；74.0%的人认为，原因是社会上对企业的监督和制衡的力量都很弱；44.8%的人认为是我国缺少"企业公民"的生长土壤；40.4%的人表示，这是由于我国企业处于早期发展阶段，尚未形成"企业公民"意识。

关于如何提高企业的公民意识？77.9%的人认为，整个社会应对企业形成有效的监督和制衡；69.4%的人认为，应该加强对企业的规范和监管，防止企业的违规操作；54.4%的人表示应该让企业意识到，做一个合格的"企业公民"有利于企业的长远发展。

如何判断一个企业的社会责任感？85.9%的人更看重企业是否为消费者提供安全、可靠的产品；77.2%的人更看重企业是否关注环境和社会公益事业；69.7%的人表示，企业应明确制定并执行严格的商业道德规则；51.9%的人认为，企业应拥有系统的员工生涯规划；49.5%的人认为"为社会创造就业机会"更重要。

（三）我国社会责任信息披露的目标

我们认为，我国企业社会责任信息披露的目标应包括 4 个方面内容：

其一，社会责任信息披露要有利于社会职能的履行和社会评价，这是社会责任信息披露目标的直接体现。

其二，有利于相关决策的制定。在市场经济条件下，信息使用者要进行决策，其决策的依据是什么？决策依据只能是公允、透明的信息。信息包括财务信息与非财务信息。其中，非财务信息中的一个重要组成部分就是社会责任信息。而且，一个公司或企业有无未来前景，一个重要的方面不是看现在的盈利多少，而是看未来的价值所在。一个没有社会责任感的公司是很难有好的发展

---

① 肖舒楠：《逾 8 成受调查者认为中国企业应加强社会责任》，https://www.baidu.com/link?url=8K352-OAhI1DeJcN5oCsBvjnGqL2xutgcOh1ZMKqSbtIj98ColCR8plRrx8d78akTOoLhsMQe5FPyLGgfLHGXOmMIacdPRg3S−DXlOzKQUHC&wd=&eqid=8c776116000c651a000000035dc3d35。

前景的。因此,社会责任信息披露的目标同样要有利于作出科学合理的决策,从而引导资源的合理流动与配置。

其三,有利于有效地管理与控制一个组织内的人力与物力资源。社会责任信息披露要有利于维护员工的合法正当权益,要有利于改善员工的生产、生活质量,有利于调动员工的积极性与创造性,进而培养员工对公司的忠诚度。

其四,有利于保护资源,并报告其管理情况。社会责任信息披露要有利于保护环境,有利于节能降耗,有利于资源节约型、环境友好型社会的生态文明建设。

三、社会责任信息披露的内容

关于企业社会责任信息披露的内容尚没有统一的定论。1995年,我国财政部公布的评价企业十大经济效益指标中有两个与企业履行社会责任有关:其一,社会贡献率=企业社会贡献总额/平均资产总额;其二,社会积累率=上缴国家财政总额/企业社会贡献总额。企业社会贡献总额包括工资、劳保退休统筹及其他社会福利支出、利息净支出额、应交增值税、营业税、消费税、所得税等各种税金及附加费和上缴净利润等。① 但这些仅仅是企业履行社会责任的一部分。

Carroll表示,企业的社会责任具有不同层次:经济的、法律的、道德的和公司绩效等类型,企业领导人必须确定他们在哪个层次上经营企业。企业社会责任信息应该能够反映出企业对待利益相关者的态度。对于采矿业来说,具有社会责任的企业应该在满足不同的信息需求者对企业信息的需求和遵守法律法规的前提下赚取利润。企业社会责任要求企业不仅关注股东,还要从人权、员工福利和环境等方面来关注其他的利益相关者,包括员工、顾客、受影响的社区、公众。Gray R.,Kouhy R. and Lavers S. 认为,企业社会责任信息披露应分为环境信息和社会信息。环境信息披露指披露自然环境、环境保护和资源使用方面的信息;社会信息披露指披露公司与社区、员工和社会等方面关系的信息。企业社会责任信息披露有以下作用:一是能够评估企业活动对社会和环境造成的影响;二是衡量企业社会和环境计划的有效性;三是报告企业承担的社会和环境责任;四是有助于内外部对企业资源和可持续发展的全面评估。Mark

---

① 《1995年财政部公布的企业经济效益评价指标》,http://wenku.baidu.com/link?。

J. Epstein and Martin Freedman 将社会信息披露广泛地理解为由公司与利益相关者的关系组成，其中，利益相关者包括投资者、债权人、员工、供应商、顾客、政府和社区。他们还把社会信息归纳为：（1）公司对环境影响（污染）的数据信息；（2）与消费者的关系；（3）人力资源（例如，平等的工作机会）；（4）能源保护；（5）工人安全和健康；（6）产品安全（包括生产的危险或者不健康产品）；（7）受政府强迫的交易信息。Stephen Brammer and Stephen Pavelin 对英国 134 家大公司的实证研究中，由于数据获取难度较大，将英国"道德投资研究服务"（Ethical Investment Research Service，EIRIS）对社会信息的界定缩减为 3 项内容，即员工、环境和社区。[1]

Gray R. H.，Kouhy R. and Lavers S. 回顾了 Trotman K. T.，Guthrie and Mathews 等研究者对企业社会责任信息所做的分类之后，认为企业社会责任信息包括以下 15 个大类：环境问题类、消费者问题类、能源问题类、社区问题类、慈善和政治捐赠问题类、与雇员相关的数据类、养老金的数据类、向雇员咨询类、在南非的雇用问题类、雇用残疾人的问题类、增值表类、健康与安全类、雇用持股计划类、其他的雇用问题类、其他类。Trotman and Bradley 则使用了以下 6 个大类的指标：环境信息、能源、人力资源、产品、社区参与、其他，这 6 大类指标共包括 36 个小类。美国的全国会计师协会（NAA）在 1974 年发表研究报告，认为企业社会责任信息的主要领域包括社区参与、人力资源、自然资源和环境、产品与服务等 4 个大类，共包括 21 个小类。国际会计公司 Ernst & Ernst 从 1971 年开始发布"财富 500 强"企业的社会责任信息披露的年度评价报告，在该领域有广泛的影响；Ernst & Ernst 认为，企业社会责任信息包括环境、能源、公平雇用实务、人力资源、社区参与、产品、其他等 7 个大类，这 7 个大类共包括 27 个小类。[2]

葛家澍、林志军认为，企业除了应提供正常经营活动的报告之外，外界利益集团、政府机构和社会公众都需要会计人员提供有关企业"社会责任"的更多信息，诸如企业与环境保护、就业、雇员培训、反种族歧视、医疗劳保、与社区之间的联系或所作贡献的信息资料。[3]

---

[1] 赵颖、马连福：《海外企业社会责任信息披露研究综述及启示》，《证券市场导报》，2007 年 8 月号，第 19 页。
[2] 李正、向锐：《我国企业社会责任信息披露的内容界定、计量方法和现状研究》，《会计研究》，2007 年第 7 期，第 3－11 页。
[3] 同上。

阳秋林认为，我国企业应履行社会责任并披露其信息的内容，包括以下几个方面：改善生态环境的贡献（处理废水、废气、废渣，降低能源消耗，减少稀有资源耗用，以及对社会性环境治理提供的产品和服务）；对社会福利的贡献（为发展公共交通、医疗保健服务、市政建设、娱乐设施等方面提供的人、财、物的支持；对文化、教育、体育及公益活动的捐赠；提供平等就业机会，特别是对失业者、妇女、残疾人等就业方面提供的便利；按规定及时缴纳税款）；人力资源方面的贡献（企业在发展人力资源方面的工作包括对员工的招募录用和技术培训，也包括提高工薪水平、改进职工福利、改善劳动条件、美化企业环境以及增进劳资双方的相互信任等）；提供产品和维修服务的贡献（包括向公众报告企业产品的使用效能、产品的耐用年数、产品的安全性和售后服务等信息，以及顾客对本企业产品的满意程度等）；诚实信用的商业道德；企业收益方面的贡献。①

杨忠英认为，我国企业应履行的社会责任至少应包括五方面内容：企业收益方面的贡献（首要的社会责任内容）、人力资源方面的贡献（员工改善职工福利及劳动条件以及劳资双方的相互信任等）、生态环境方面的贡献（合理利用自然资源、保护和改善环境）、社会福利方面的贡献（发展的招聘录用人数、技术培训、职务轮换、确定合理的工薪水平、公共交通、医疗卫生、社会保险、市政建设、环境美化等公共事业；对文化、教育、体育以及慈善事业的捐赠与资助；提供平等就业机会，并对失业者、少数民族、妇女、残疾人等就业提供服务和咨询；缴纳税金、教育费附加和其他社会费用等）、产品和服务方面的贡献（提供令顾客满意的产品或服务，包括产品的使用效能、产品的安全性、产品咨询服务、售后服务、广告的忠实程度等）。②

李正认为，我国企业社会责任信息披露应包括 6 大类共包含 17 小类活动：环境问题类（污染控制、环境恢复、节约能源、废旧原料回收、有利于环保的产品、其他环境披露）、员工问题类（员工的健康和安全、培训员工、员工的业绩考核、失业员工的安置、员工其他福利）、社区问题类（考虑企业所在社区的利益）、一般社会问题类（考虑弱势群体的利益、关注犯罪或公共安全或教育等、公益或其他捐赠）、消费者类（产品质量提高）、其他类（例如，考虑银行

---

① 阳秋林：《我国社会责任会计信息披露的指标分析体系》，《审计与经济研究》，2005 年第 2 期，第 61 页。
② 杨忠英、邹双梅：《关于我国企业社会责任会计信息披露的思考》，《齐鲁珠坛》，2006 年第 1 期，第 20 - 21 页。

或债权人的利益)。①

张明认为，行业特征对于企业社会责任的影响不言而喻。对于不同的行业，公众对其社会责任的期望也不尽相同。② 例如，对服装、纺织类的企业，人们更多关心其劳工的劳动保护和劳动待遇问题；对化工、印染、造纸等类企业，人们关心更多的是其环境保护的问题；生物工程、新材料等高新科技类企业，其知识产权问题往往备受关注；上市公司、会计师、律师行业，人们对其诚信问题更感兴趣。因此，行业特征对 CSR 具有重要影响。基于对社会责任问题的敏感性考量，将企业进行细分，如劳动密集型企业更容易引发劳工权益的保障问题，环境敏感型企业容易带来环境责任的苛刻要求，诚信敏感型企业诚信问题尤受关注等。

总之，社会责任信息披露内容具有行业的特点。不同的行业对社会责任信息披露内容的侧重点要求不同。所以，我们认为，确定企业披露的社会责任内容，必须立足于企业实际，要考虑行业因素对社会责任信息披露内容的影响。由于每个行业所面临的社会压力不同，其社会责任披露内容应有所侧重③，既要突出重点，又要简练实用。陈政依据行业分析发现，污染较为严重行业（如制造业、电力供应）的公司，其环境信息披露较多。与消费类公司相比，它们的行业竞争不是很激烈，来自客户方面的压力较为缓和，因此，客户方面的社会责任信息披露较少。④ 因此，我们认为，如果不考虑行业种类与特点，要求所有企业披露同样的社会责任信息内容是不科学的。

四、社会责任测度

(一) 社会责任测度的意义

社会责任测度就是将与社会责任事项相关的环境责任、员工责任、产品责任与社区责任等内容采用特定的计量方法进行量化的过程。

传统的财务会计核算对象是资金运动，披露的是价值信息。该种计量模式

---

① 李正、向锐：《我国企业社会责任信息披露的内容界定、计量方法和现状研究》，《会计研究》，2007 年第 7 期，第 3 - 11 页。
② 张明：《入世后我国企业社会责任研究——基于和谐的观点》，复旦大学 2007 年博士学位论文，第 76 页。
③ Archie B, Carroll. A commentary and an overview of key questions on corporate social performance. Business and Society, 2000, 39: 466 - 478.
④ 陈政：《上市公司社会责任报告解读与完善建议》，《证券市场导报》，2007 年 8 月号，第 30 页。

立足披露以交易价格为主的会计事项,力求信息准确,将不能货币化的信息排除在财务会计系统之外。社会责任测度不能照搬财务会计计量模式,需要在财务会计计量模式的基础上将货币计量与非货币计量有机结合起来运用,创新社会责任的测度方法。

(二) 基于因子分析法社会责任测度——以农业公司为例

我国农业上市公司社会责任事关农业投资者权益保障、食品质量安全、员工权益维护、环境保护、社会公益事业和美好乡村建设。我们采用因子分析法对2013年度农业上市公司社会责任进行测度,以此判断农业上市公司社会责任的优劣。

1. 样本选取。我们所选取的农业上市公司是指依据中信证券行业分类并且在上海证券交易所和深圳证券交易所上市的包括农、林、牧、渔各业的A股上市公司。剔除样本所需指标数据不全以及被特殊处理(ST)的上市公司后,得到2013年77家农业上市公司的有效样本进行社会责任测度。我们所进行社会责任测度的样本资料来自万得(Wind)金融数据库,使用的统计分析工具为SPSS19.0及EXCEL。

2. 建立社会责任评价指标体系。有学者从直接利益群体责任、政府责任、弱势与公益群体责任和环境责任4个层面构建农业上市公司社会责任会计信息披露指标体系。[①] 其中,直接利益群体责任是指对供应商、员工和消费者、投资者的责任。政府责任是指合法经营、照章纳税的责任。弱势与公益群体责任是指参与社会公益事业的责任。环境责任是指保护环境、节能减排的责任。有学者按照利益相关者向企业投入资本的形态不同,将利益相关者划分为货币资本利益相关者、人力资本利益相关者、社会资本利益相关者、生态资本利益相关者。[②] 为此,社会责任评价指标体系可由对货币资本利益相关者的责任、对人力资本利益相关者的责任、对社会资本利益相关者的责任、对生态资本利益相关者的责任组成。由于对生态资本利益相关者责任数据难以获取,所以,表2-1在构建农业上市公司社会责任评价指标体系时没有考虑对生态资本利益相关者的责任。

---

① 董淑兰、王永德:《农业上市公司社会责任会计信息披露评价研究》《商业研究》,2012年第期。
② 温素彬、方苑:《企业社会责任与财务绩效关系的实证研究——利益相关者视角的面板数据分析》,《中国工业经济》,2008年第10期。

表 2-1　　　　　　农业上市公司社会责任评价指标体系

一级责任	二级责任	责任指标	计算公式
对货币资本利益相关者的责任	对投资者的责任	每股收益	净利润/普通股股数
		每股净资产	股东权益总额/普通股股数
		净资产收益率	净利润/股东权益平均余额
		总资产报酬率	(利润总额+利息支出)/平均总资产
	对债权人的责任	资产负债率	负债总额/资产总额
		流动比率	流动资产/流动负债
		速动比率	(流动资产-存货)/流动负债
对人力资本利益相关者的责任	对员工的责任	人力投入回报率	[营业收入-(营业收入-人力成本)]/人力成本
		薪酬支付率	支付给员工及为员工支付的现金/营业收入总额
对社会资本利益相关者的责任	对供应商的责任	应付账款周转率	年采购成本/营业收入净额
	对消费者的责任	销售成本率	营业成本/营业收入净额
		存货周转率	营业成本/平均存货
	对政府的责任	税费支付率	(支付的各项税费-收到的税费返还)/营业收入总额

3. 运用因子分析法计算各农业上市公司社会责任得分值。

(1) 对原始数据进行标准化处理。为了消除由于量纲的差异和数量级的不同可能带来的一些不合理的影响，在进行因子分析前，须先对数据进行标准化处理，使标准化后变量的均值为0，方差为1。

(2) KMO 与 Bartlett 球体检验。KMO 主要检验数据变量间的偏相关的大小，KMO 越接近于1，就越适合做主成分分析；Bartlett 球度检验用来检验相关矩阵是否为单位矩阵，如果为单位矩阵则认为主成分分析模型不适合。一个大的检验值通常意味着检验结果的显著性，可以进行主成分分析。表 2-2 给出了 KMO 检验统计量与 Bartlett 球体检验的结果。KMO 检验统计量等于 0.609，Bartlett 球体检验的 P 值为 0.000。因此，两项指标都表明适合进行因子分析。

表 2-2　　　　　　KMO 和 Bartlett 的检验

取样足够度的 Kaiser-Meyer-Olkin 度量。		0.609
Bartlett 的球形度检验	近似卡方	692.377
	df	78
	Sig.	0.000

（3）因子分析对应的特征值、方差贡献率以及累计方差贡献率。表2-3给出了因子分析对应的特征值、方差贡献率以及累计方差贡献率的结果。按照特征根大于1的惯例，选入4个公共因子，其累计方差贡献率为73.927%，这说明，所选的4个公共因子已经包含了原先13个社会责任指标的信息73.927%，能够较好地替代13个指标对社会责任进行描述。

表2-3　　　　特征值与方差贡献表及累计方差贡献率

成分	初始特征值			提取平方和载入			旋转平方和载入		
	合计	方差的%	累积%	合计	方差的%	累积%	合计	方差的%	累积%
1	4.223	32.482	32.482	4.223	32.482	32.482	3.734	28.723	28.723
2	2.322	17.862	50.344	2.322	17.862	50.344	2.458	18.910	47.633
3	2.041	15.700	66.044	2.041	15.700	66.044	2.068	15.907	63.540
4	1.025	7.883	73.927	1.025	7.883	73.927	1.350	10.387	73.927
5	0.864	6.645	80.572						
6	0.664	5.105	85.677						
7	0.509	3.917	89.594						
8	0.421	3.236	92.830						
9	0.400	3.079	95.909						
10	0.285	2.189	98.098						
11	0.177	1.361	99.459						
12	0.046	0.354	99.812						
13	0.024	0.188	100.000						

提取方法：主成分分析。

表2-4、表2-5分别给出旋转前公共因子成分矩阵和旋转成分矩阵。表2-4通过载荷系数大小可以分析不同公共因子所反映的主要指标的区别。从结果看，大部分因子解释性较好，但有少部分指标解释能力较差。为此，采用因子旋转方法使得因子载荷系数向0或1两级分化，使大的载荷更大，小的载荷更小，使得结果更具可解释性。从表2-5可以看出，每股收益、总资产报酬率这两个指标在因子F1上的载荷均在0.85以上，它们代表着对公司投资者的责任。因此，因子F1可以作为对投资者的责任因子。流动比率、速动比率和资产负债率这三个指标在因子F2上的载荷分别为0.967、0.974和-0.678，它们代表着公司对债权人的责任。因此，因子F2可以作为对债权人的责任因子。销售成本率、存货周转率、应付账款周转率、税费支付率在因子F3上的载荷分别为

0.665、0.812、0.673、-0.600，它们代表着对消费者的责任、对供应商的责任和对政府的责任。因此，因子 F3 可以作为对社会责任利益相关者的责任因子。人力投入回报率、薪酬支付率在因子 F4 上的载荷分别为 0.492、-0.771，它们代表着公司对员工的责任。因此，因子 F4 可以作为对员工的责任因子。

表 2-4　　　　　　　　　　　　成分矩阵

	成分			
	1	2	3	4
每股收益	0.852	0.313	-0.024	0.115
每股净资产	0.592	0.121	-0.140	0.300
净资产收益率	0.716	0.261	0.217	0.179
总资产报酬率	0.878	0.297	0.044	0.010
销售成本率	-0.665	0.165	0.500	0.071
存货周转率	-0.078	0.277	0.635	0.466
资产负债率	-0.489	0.517	-0.319	-0.404
流动比率	0.348	-0.767	0.422	-0.255
速动比率	0.393	-0.781	0.407	-0.163
应付账款周转率	-0.051	0.278	0.758	-0.150
人力投入回报率	0.773	0.305	0.012	-0.314
薪酬支付率	-0.221	-0.468	-0.335	0.538
税费支付率	0.500	-0.306	-0.432	-0.039

提取方法：主成分。

注：已提取了 4 个成分。

表 2-5　　　　　　　　　　　旋转成分矩阵

	成分			
	1	2	3	4
每股收益	0.902	0.018	-0.092	0.122
每股净资产	0.656	0.000	-0.114	-0.179
净资产收益率	0.783	0.121	0.149	0.098
总资产报酬率	0.891	0.088	-0.088	0.230
销售成本率	-0.513	-0.128	0.665	0.060
存货周转率	0.164	-0.002	0.812	-0.126
资产负债率	-0.377	-0.678	-0.122	0.393
流动比率	-0.023	0.967	-0.090	0.096

续表

	成分			
	1	2	3	4
速动比率	0.038	0.974	-0.083	0.013
应付账款周转率	0.014	0.150	0.673	0.449
人力投入回报率	0.706	0.072	-0.208	0.492
薪酬支付率	-0.208	0.060	-0.169	-0.771
税费支付率	0.327	0.211	-0.600	-0.144

提取方法：主成分。旋转法：具有 Kaiser 标准化的正交旋转法。

注：旋转在 6 次迭代后收敛。

（4）运用回归方法得到成分得分系数矩阵。根据表 2-6 中成分得分系数和原始变量的标准化值就可以计算各农业上市公司社会责任得分值（见表 2-7）。

表 2-6　　　　　　　　成分得分系数矩阵

	成分			
	1	2	3	4
每股收益	0.259	-0.058	0.025	-0.023
每股净资产	0.227	-0.066	0.036	-0.237
净资产收益率	0.241	-0.003	0.148	-0.057
总资产报酬率	0.233	-0.020	0.010	0.073
资产负债率	-0.141	-0.239	-0.176	0.367
流动比率	-0.110	0.424	-0.054	0.161
速动比率	-0.077	0.417	-0.030	0.080
人力投入回报率	0.121	0.003	-0.116	0.342
薪酬支付率	0.032	-0.008	0.012	-0.587
应付账款周转率	-0.008	0.101	0.293	0.278
销售成本率	-0.094	-0.001	0.292	0.017
存货周转率	0.157	-0.012	0.474	-0.262
税费支付率	0.048	0.048	-0.263	-0.063

提取方法：主成分。旋转法：具有 Kaiser 标准化的正交旋转法。

根据表 2-6 中内容可得出公共因子 F1、F2、F3、F4 得分函数表达式：

F1 = 0.259X1 + 0.227X2 + 0.241X3 + 0.233X4 - 0.141X5 - 0.110X6
　　- 0.077X7 + 0.121X8 + 0.032X9 - 0.008X10 - 0.094X11

$$+ 0.157X12 + 0.048X13$$

$$F2 = -0.058X1 - 0.066X2 - 0.003X3 - 0.020X4 - 0.239X5 + 0.424X6$$
$$+ 0.417X7 + 0.003X8 - 0.008X9 + 0.101X10 - 0.001X11$$
$$- 0.012X12 + 0.048X13$$

$$F3 = 0.025X1 + 0.036X2 + 0.148X3 + 0.010X4 - 0.176X5 - 0.054X6$$
$$- 0.030X7 - 0.116X8 + 0.012X9 + 0.293X10 + 0.292X11$$
$$+ 0.474X12 - 0.263X13$$

$$F4 = -0.023X1 - 0.237X2 - 0.057X3 + 0.073X4 + 0.367X5 + 0.161X6$$
$$+ 0.080X7 + 0.342X8 - 0.587X9 + 0.278X10 + 0.017X11$$
$$- 0.262X12 - 0.063X13$$

综合因子 F 以各因子的方差贡献率占 4 个因子总方差贡献率的比重作为权重,对 F1、F2、F3、F4 进行加权汇总得到:

$$F = (0.28723 \times F1 + 0.18910 \times F2 + 0.15907 \times F3 + 0.10387 \times F4)/0.73927$$

表 2 - 7　　　　　　　　　　　因子得分值

公司代码	公司名称	F1	F2	F3	F4	F
000048	康达尔	-0.69796	-0.56553	0.17897	0.47542	-0.3105
000592	平潭发展	-0.43196	0.40988	-0.38300	0.48686	-0.0770
000639	西王食品	1.57270	0.08651	0.91605	-0.37785	0.7772
000663	永安林业	-0.58599	-0.63876	-1.01004	0.71348	-0.5082
000702	正虹科技	-0.55360	-0.28662	1.13219	-0.03544	-0.0498
000713	丰乐种业	-0.03071	-0.15083	-0.02184	-0.02768	-0.0591
000735	罗牛山	-0.59111	-0.30040	-0.29943	0.39648	-0.3152
000798	中水渔业	-0.27243	1.63893	0.29406	-2.15703	0.0736
000860	顺鑫农业	0.40640	-0.75518	-1.33936	0.59894	-0.2393
000876	新希望	1.71148	-0.56216	2.45797	-0.36082	0.9994
000893	东凌粮油	0.14180	-0.59510	1.32292	2.11349	0.4845
000910	大亚科技	0.12680	-0.62872	-0.72728	0.23251	-0.2354
000911	南宁糖业	0.10555	-0.65708	0.14204	-0.07802	-0.1075
000930	中粮生化	-0.23858	-0.44018	0.54643	0.49316	-0.0184
000972	新中基	-3.83085	-0.99330	-2.08813	0.76472	-2.0844
000998	隆平高科	0.36007	-0.54194	-0.82092	0.52611	-0.1014
002041	登海种业	1.52919	0.21570	-1.09077	0.89155	0.5399

续表

公司代码	公司名称	F1	F2	F3	F4	F
002069	獐子岛	-0.26245	-0.51839	-0.51849	-0.14026	-0.3658
002086	东方海洋	0.21551	-0.52936	-0.43963	-0.65720	-0.2386
002100	天康生物	0.36650	-0.30188	0.41917	0.39156	0.2104
002124	天邦股份	0.08000	-0.54304	0.38378	0.79030	0.0858
002157	正邦科技	-0.45806	-0.69960	1.28494	0.67192	0.0140
002200	云投生态	-0.52809	-0.74035	-1.14179	0.84770	-0.5211
002220	天宝股份	0.11876	-0.11727	0.41295	1.28930	0.2862
002286	保龄宝	0.65447	0.60845	0.52723	-0.71703	0.4226
002299	圣农发展	-0.76244	-0.63659	0.45676	-0.03143	-0.3652
002311	海大集团	0.46415	-0.21111	1.73495	0.30961	0.5431
002321	华英农业	-0.96163	-0.48624	0.05991	-0.22128	-0.5162
002385	大北农	0.75251	-0.19805	0.99953	-0.04653	0.4502
002447	壹桥苗业	0.80020	-0.50475	-0.86919	1.10086	0.1494
002458	益生股份	-2.21636	-0.53767	1.21755	-2.09492	-1.0310
002477	雏鹰农牧	-0.43346	-0.68207	-0.59849	0.60649	-0.3864
002505	大康牧业	-0.37888	0.70482	1.85470	1.37944	0.6260
002548	金新农	0.56178	0.42044	1.59207	-0.58755	0.5858
002567	唐人神	0.55994	-0.15494	1.99339	-0.00279	0.6064
002604	龙力生物	0.76039	0.12725	-0.56816	-0.48278	0.1379
002631	德尔家居	1.15787	0.60192	-0.93547	-0.41136	0.3448
002679	福建金森	0.50704	0.11915	-2.22984	0.06625	-0.2430
002714	牧原股份	1.45758	-0.91955	0.12075	0.67611	0.4521
300087	荃银高科	0.01357	-0.00253	-0.59720	-0.34200	-0.1719
300094	国联水产	-0.10435	-0.09058	0.14390	0.19586	-0.0052
300106	西部牧业	0.08569	-0.57447	-0.32248	-0.16699	-0.2065
300119	瑞普生物	1.38122	0.83548	-1.24159	-1.45039	0.2794
300149	量子高科	-0.17797	3.38226	-0.78708	-0.37293	0.5743
300175	朗源股份	-0.55790	-0.11198	-0.16126	0.71781	-0.1793
300186	大华农	0.53806	2.08461	-1.03150	-0.50586	0.4493
300189	神农大丰	-0.06963	0.92603	-0.38649	-0.39601	0.0710
300268	万福生科	-3.47202	-0.01943	0.14575	-1.64271	-1.5534
300313	天山生物	-0.03365	0.28427	-0.79241	-1.60612	-0.3365

续表

公司代码	公司名称	F1	F2	F3	F4	F
300381	溢多利	2.51860	0.23149	-0.94412	-0.80777	0.7211
600097	开创国际	0.58039	-0.38856	0.43283	-0.71584	0.1187
600108	亚盛集团	0.13113	0.02617	0.02619	0.82107	0.1786
600127	金健米业	-0.48213	0.10818	0.48184	0.57613	0.0250
600189	吉林森工	0.00837	-0.44253	-0.48807	-0.79738	-0.3270
600191	华资实业	-0.40001	0.14496	0.65392	-0.73203	-0.0805
600195	中牧股份	0.95575	0.17860	0.32895	-0.84422	0.3692
600201	金宇集团	1.62760	0.29565	-2.38824	-0.49270	0.1249
600251	冠农股份	0.86033	-0.61599	-0.10036	0.59239	0.2383
600257	大湖股份	0.42905	-0.25197	-0.27729	0.44927	0.1057
600275	武昌鱼	-1.23175	-0.31843	0.88490	-4.72644	-1.0337
600298	安琪酵母	0.77264	-0.71500	-0.77206	-0.69222	-0.1461
600313	农发种业	0.05591	0.70618	2.26597	1.04130	0.8362
600354	敦煌种业	-0.34174	-0.48923	-1.00795	0.84634	-0.3559
600359	新农开发	-0.79294	-0.80382	-0.81910	0.66191	-0.5969
600371	万向德农	-1.13272	-0.48906	-0.53501	0.25850	-0.6440
600438	通威股份	0.51473	-0.46186	1.77176	0.30018	0.5053
600467	好当家	0.05202	-0.26089	-0.39295	-1.17076	-0.2956
600506	香梨股份	-1.62078	6.22019	0.12463	2.11544	1.2854
600540	新赛股份	-0.91029	-0.60453	-0.03953	0.60915	-0.4312
600695	大江股份	1.08561	1.01477	0.69478	-0.44976	0.7677
600737	中粮屯河	-0.36459	-0.38937	0.02639	0.29671	-0.1939
600962	国投中鲁	-1.00080	-0.32429	-0.27358	0.42556	-0.4709
600965	福成五丰	0.33031	0.08609	-0.63583	-0.66958	-0.0805
600975	新五丰	-0.57442	0.10682	1.20164	1.45857	0.2676
600978	宜华木业	0.46992	-0.43187	-0.77954	0.80228	0.0171
601118	海南橡胶	-0.31861	0.25994	1.11162	-0.85494	0.0618
601996	丰林集团	-0.00067	0.85835	-0.48787	-0.12411	0.0969

在表2-7的社会责任得分中，有部分公司的得分为负数，但这并不意味这些公司的社会责任就为负。这里的正、负仅仅表示该公司社会责任与平均水平的位置关系，公司社会责任的平均水平算作零点，这是在整个过程中将数据标

准化的结果。

从表 2-7 可看到，社会责任最好的公司是香梨股份（代码为 600506），其次是新希望（代码为 000876），再次是农发种业（代码为 600313）和西王食品（代码为 000639），最差的公司是新中基（代码为 000972）。

我们认为以上方法应该是企业社会责任信息测度的有效方法之一。

五、社会责任信息披露原则

社会责任信息披露的原则是指开展社会责任信息披露所应遵循的准则。综观学界对社会责任信息披露原则的研究，社会责任信息披露一般要遵循全面系统原则、客观性原则、重要性原则、强制性披露与自愿性披露相结合的原则。[1]

（一）全面系统原则

系统是由若干个相互作用、相互依存的部分有机组合而成的整体。一个企业是由多个子系统组成的集合体，如人力资源子系统、技术状况子系统、顾客关系子系统、劳资关系子系统等。从社会的角度看，企业是社会的一分子，企业与方方面面有着千丝万缕的联系，企业社会责任信息披露不仅要反映经济责任，还要反映对员工责任、消费者责任和环境保护责任、污染治理责任等其他社会责任信息。就是说，披露的社会责任信息充分体现企业的经济责任、法律责任和伦理责任和慈善责任，充分体现可持续发展的思想内涵。

（二）客观性原则

社会责任信息的客观性是指所披露的信息能够真实地反映企业社会责任履行情况。社会责任信息不含有虚假或伪造的信息，既没有夸大其词，也没有报喜不报忧的成分。社会责任信息要具有可验证性，即不同的独立的两个会计人员对同一社会责任事项的反映应该能够披露大致相同的信息。客观性原则要求社会责任信息披露者要站在中立的立场，披露相关的社会责任信息；同时，披露的信息能够经得起审计人员的审计。

（三）重要性原则

社会责任信息披露重要性原则是指在对所有与社会责任有关的信息进行全面披露的基础上，对于重要的社会责任信息应该详细披露。判断社会责任信息

---

[1] 田昆儒：《中国社会责任会计问题研究综述》，《会计之友》，2007 年第 12 期上。

是否重要，首先要考虑社会责任信息对信息用户决策的影响。如果某项社会责任信息不披露，影响到信息用户的决策，则该信息重要。否则，就是不重要的信息。其次，要根据行业的特点，判断社会责任信息的重要程度。对于劳动密集型企业，信息用户关注劳动者权益维护的社会责任信息。对于污染比较严重的企业，信息用户关注企业环境责任信息。对于服务密集型企业，信息用户更加关注企业的商业道德的社会责任信息。所以，判断社会责任信息的重要性要结合行业的特点来考虑。

（四）强制性披露与自愿性披露相结合的原则

社会责任信息公共品性质决定社会责任信息的强制性披露。一旦社会责任信息披露成本大于社会责任信息披露收益，作为社会责任信息供给方一般是不愿意披露社会责任信息的。在此种情况下就需要由政府出面以法律、法规的形式对披露社会责任信息的内容和方式作出规定。此外，在企业外部利益关系人对某个公司的社会责任信息的真实状况缺乏足够了解的前提下，如果没有社会责任信息的强制性披露规定，公司就有可能出现虚假披露。一旦该情形形成气候，就有可能产生"逆向选择"问题，导致资源配置的低效率。在管理层那里，有可能产生"道德风险"问题。所以，为了维护资本市场的公平，促使资源配置的高效率，有必要对社会责任信息实施强制性披露。

社会责任信息自愿性披露是指在没有法律、法规强制要求的前提下，由企业管理层决定是否对外披露社会责任信息的行为。社会责任自愿性披露有助于企业管理层降低代理成本。Jesen and Meckling 提出的代理理论认为，资源的持有者将资源委托给受托人。委托人为了监督受托人有效执行双方之间达成的契约，需要对受托人进行监督。代理成本（监督成本、担保成本和剩余损失等）一般由受托人承担。受托人为了降低代理成本，便自愿披露社会责任信息。

六、社会责任信息披露效应

社会责任信息披露效应为：政治效应、决策效应、示范效应、治理效应和预警效应。

（一）政治效应

社会责任信息披露对社会而言具有政治后果。政府借助社会责任信息披露，关注政府的政策是否能够在企业层面上得以落实，强化法规或政策的执行，实现社会公平与正义。社会通过社会责任信息披露，借助社会责任的社会评价，可以了解社会期望是否实现，给企业以动力或压力，促使企业承担社会人的责任，进而产生社会责任信息披露的政治效应。

（二）决策效应

决策有用观的会计目标对社会责任信息披露同样适用。一个有远见的投资者，不仅关注企业的短期收益，更关注企业的未来收益。而企业未来收益取决于经营者的战略决策，取决于是否履行企业社会责任。所以，投资者通过社会责任信息披露，关注企业运营过程中的全部社会责任风险和收益，以此作出投资决策。所以，社会责任信息披露承担各利益关系者决策相关的后果。

（三）示范效应

社会责任信息披露具有"示范"效应。例如，2008年年初，中钢集团公司公布了《中钢集团公司可持续发展报告（2005—2007）》。透过该报告可以看到，中钢集团公司基于全球公民责任感意识，经营理念正在从单一财务底线拓展为经济、社会与环境三重底线，将履行社会责任纳入公司治理，融入企业发展战略，落实到生产经营所有各个环节。报告从"经济、环境、社会、全球公民"等四个维度，展现了中钢集团公司落实社会责任的图景。[①] 社会责任信息披露正激励越来越多的企业勇于承担社会责任。

（四）治理效应

首先，社会责任信息披露是公司治理结构发挥实效的重要监督保障机制。公司社会责任的信息披露则是公司利益相关人了解、知悉这种利益配置情况的基本途径。只有在知情的情况下，公司利益相关人才谈得上对公司经营管理层的有效监督和对自身利益的切实维护。其次，社会责任信息披露有助于公司治理结构的优化。社会责任理念下的公众公司治理，是"利益相关人的共同治理"。利益相关人对公司治理结构的参与只能通过选派代表的方式而得以实现。这些利益代表是否忠实地履行其应有职责，直接关系到其所代表的利益集团的利益维护。而社会责任信息披露则成了验证这些利益代表人的工作效绩，决定其任免，防止其被收买、同化而偏离其代表之利益的有效手段。同时，公司经营管理者作为公司所有利益相关人的"受信人"，其所负"信义义务"——公司社会责任的承担情况，也主要是通过信息披露的方式而为公司利益相关人所知

---

① 《中钢集团公司可持续发展报告（2005—2007）》。

悉的。公司承担社会责任的良好记录通过披露方式向社会公开后,不仅会使公司获得良好的社会评价,成为公司的无形资产,而且也是对公司治理参与者工作效绩的一种肯定和激励,进而推动公司治理结构的优化。从另一个角度来讲,随着公司社会责任信息披露的逐渐规范化、制度化、法制化,该种披露的可信度会得到不断的强化,进而成为对公司治理能够产生有效控制作用的公司治理机制的重要组成部分。①

(五)预警效应

社会责任信息披露的过程也是建立预警机制的过程,即针对供应链、社区、监管机构以及声誉和商标管理过程中存在的问题以及未曾预测的机遇提供警示。② 就是说,社会责任信息披露能够使得管理层保持清醒的意识,对危害企业可持续发展及一切不利于企业发展的事件始终保持高度警惕,让一切危机消灭在萌芽状态。

---

① 刘舵:《社会责任下公众公司治理结构与信息披露的互动调适》,《河南商业高等专科学校学报》,2003年第1期,第48页。
② 郑若娟:《社会责任:扎根中国的土壤》,企业社会责任中国网,http://www.csr-china.net/a/zixun/shujufenxi/yanjiubaogao/20140902/1596.html。

第三章　中外企业社会责任信息披露比较研究

一、国外企业社会责任信息披露的历史和现状

（一）美国企业的社会责任信息披露

1. 制度背景与基本情况概览。美国是企业社会责任学说的发祥地。20世纪30年代，美国陷入历史上罕见的经济大萧条，大批企业破产倒闭，工人失业率急剧上升，社会问题空前严重，从而引发了对企业履行社会责任的讨论。一些组织和个人开始呼吁企业承担社会责任，强调企业作为社会一分子承担社会责任的必要性。

20世纪50年代以后，美国社会涌现消费者维权运动、环保运动，联邦政府和各个州政府设立了消费者保护机构以及大量的环境保护机构和组织。20世纪60—70年代的环保运动使大量环境立法和机构被通过和设立，环境保护组织大量涌现。1989年，全美消费者同盟成立，美国首个全国性消费者权益组织诞生。同时，政府也加大了立法力度。1962年肯尼迪总统和1969年尼克松总统先后提出了消费者的5项权利。20世纪60—70年代，美国联邦政府和议会先后制定和通过了环境保护及相关法案数十部，并加大了环境立法和执法的力度。

频繁的企业并购、破产等事件导致的短期获利行为与企业可持续发展的目标是相违背的，并且很多社会问题由此产生，美国社会开始密切关注债权人、员工等非股东的利益相关方。宾夕法尼亚州1989年率先对公司法进行修订，明确规定管理层的服务对象不仅包括股东，也包括利益相关方。

20世纪末期，美国劳工及人权组织发动成衣业和制鞋业工人，开展了"反血汗工厂运动"，直接促成了全美首份公司生产守则的诞生，并且逐步演变为美国全社会"企业生产守则运动"。由于劳工组织和人权组织等的持续努力，生产

守则运动逐步由跨国公司的"自我约束"转变为"社会约束",进一步演变为第三方的社会监督和组织认证。随后,美国很多州陆续出台了对公司利益相关方权利进行保护的法律。到 20 世纪末,全美已有 29 个州颁布了相关的法律法规。与此同时,美国联邦政府也出台了法律,希望保障员工的培训权利,提高员工的劳动能力和劳动质量。

21 世纪初,美国企业丑闻接连不断地发生,这引起了公众进一步反思企业的社会责任,这次企业社会责任运动的焦点主要关注"诚信"等方面。2002 年颁布的《萨班斯-奥克斯利法案》,体现了美国立法要求企业商业活动必须秉持信任、独立、责任和正直精神。美国社会监督机构加大力度审计企业社会责任,力图全面、广泛地调查企业履行社会责任的情况。在此背景下,主动发布企业社会责任报告或者可持续发展报告的美国公司越来越多。

在有关社会责任信息披露方面,美国企业受到了政府部门、企业内部以及社会大众等各方面的压力。其中,最为主要的压力是来自美国诸多法律对此的相关规定,这些现行的法律有:1991 年修订的《公民权利法》强调企业有义务保证劳工的合法权益;2004 年修订的《职业健康与安全法》旨在促进企业雇主以及雇员能够更多地参与工作场所健康与安全事宜;1987 年修订的《清洁水法》为各地区污染问题给出了更有效的预防措施;1996 年修订的《安全饮用水法》针对各地差异考虑资源的稀缺性;1990 年修订的《空气清洁法》以及 2008 年修订的《消费者产品安全法》等都对相关社会责任信息的披露提出了一些要求。[①]

另外,还有来自企业公民自身的道德压力以及社会媒体的舆论压力。企业的雇员也同样需要了解所在企业有关社会责任履行方面的信息,社会责任信息的披露也为企业做内部决策提供了良好、可靠的依据;并且,企业的消费者、供货商等也需要通过企业的社会责任信息来进一步了解企业的可持续发展状况。

2. 美国企业社会责任披露内容。根据相关法规,美国企业社会责任信息披露的内容包括环境、经济和社会责任等多方面。

(1) 环境披露。有关环境信息方面的披露,美国政府出台了很多相关法律法规。1934 年,美国颁布了证券法的 S-K 管制规则,规则强调上市公司须披露其重要信息,包括环境负债、环境成本、相关环境未决法律、任何会影响利润

---

① Williams, C. A. The securities and exchange commission and corporate social transparency, 1999 (112): 1197-1311.

的因素等财务信息或非财务信息。1969年的美国《国家环境政策法》是第一部为保护人们生存环境而建立国家框架的法律，其基本方针是保证所有政府部门在官方做出任何对环境有显著影响的行动前都必须给予适当考虑，包括考虑选择合理行为，并编制行动方案来揭露对环境的影响，尽可能地减轻对环境的影响。

1971年6月，美国经济发展委员会发表《企业的社会责任》（Social Responsibilities of Business Corporations），列举了10个方面58种旨在要求企业促进社会进步的行为。其中，第六方面专门针对污染防治，要求企业安置污染控制装置，发展循环利用项目。第七方面涉及资源保护与再生、保护生态、恢复已减少的耕地。

美国会计学会（AAA）下设的公司社会绩效委员会1972年发布的研究报告认为，公司承担社会责任的内容之一是保护环境，合理利用稀缺资源，维护消费者权益，如保证产品标签和包装的清晰、完整。

1986年，美国通过了紧急规划与社区知情权法案，其中，包括了3项强制性报告。这3项强制报告为《企业行为准则草案》《全国温室效应气体盘查及登记法案》以及《儿童环境保护法案》，主要就海外公民雇工的人权、气体排放、有害物质释放对儿童影响等方面做了详细规定。

1989年成立的环境责任经济联合会发表了《VALDZ准则》，要求企业对与环境保护相关的问题进行承诺，该准则得到了许多美国公司的认可。

2001年制定的《全国温室效应气体盘查及登记法案》（National Greenhouse Gas Emissions Inventory and Registry Act），规定企业必须进行盘查及注册，以便有效地达到减量的目标。

2001年5月颁布的《儿童环境保护法案（草）》（Children' Envirnomental Protection Act），也就是EPCRA目前的修正案，规定企业必须特别针对其所释放的有害物质对儿童造成的影响而提出报告。

美国证券交易委员会（SEC）就上市公司对经营活动所产生的环境影响的披露提出了相应管制，其中，包括要求企业对相关人权与环境方面的重要经营事项进行披露，也就是披露会影响到企业内部的盈余管理和资本需求的经营活动；还包括了要求企业披露其消除污染活动产生的经济以及环境方面的影响。

美国环境保护机构同样要求企业列出有毒物质排放清单，并须由专人负责管理披露。

(2) 雇员、产品质量和其他社会责任信息披露。根据公法 88-352 的授权以及 1964 年民权法案第六部分的规定，美国平等就业机会委员会（Equal Employment Opportunity Commission）必须每年开展雇主平等就业机会信息调查（EEO-1 Survey）。所有拥有 15 名或以上雇员的雇主必须保存美国平等就业机会委员会条例所规定的雇用记录，向美国平等就业机会委员会与美国劳工部联邦合同遵守项目办公室（Office of Federal Contract Compliance Programs of the US Department of Labor）共同组建的联合委员会提交标准表格 100（standard form 100）。这是法律强制要求的，平等就业机会委员会可以申请美国地区法院签发命令来强制雇主提交该表格。该表格中包含了雇用资料，这些雇用资料必须包括所有全职和兼职雇员的资料。

1971 年 6 月，美国经济发展委员会发表《企业的社会责任》（Social Responsibilities of Business Corporations），列举了 10 个方面企业社会责任行为：①经济增长与效率：提高生产率；与政府合作。②教育：给予学校和大学资助；在学校管理方面给予协助。③雇用和培训：培训后进员工；培训被替换的员工。④人权与社会平等：保证平等的工作机会；都市建设计划。⑤城市改进与开发：建设低收入者公寓；改进交通系统。⑥污染防治：安置污染控制装置；发展循环利用项目。⑦资源保护与再生：保护生态；恢复已减少的耕地。⑧文化与艺术：资助社会健康计划。⑨开发低成本医疗项目。⑩政府：改进政府管理；政府重组和管理现代化。

公司社会绩效委员会 1972 年发布的研究报告认为，公司承担的社会责任包括 4 个方面的内容：①社区贡献如参加慈善活动、协助社区交通建设、资助社区教育、美化社区生活环境。②职工就业、福利，如保障职工就业（包括吸收少数民族、妇女、残疾人就业），实行合理的薪金和福利待遇，健全培训和晋升制度，改善职工工作环境和条件，丰富职工生活，协调人际关系等。③保护环境，合理利用稀缺资源，维护消费者权益，如保证产品标签和包装的清晰、完整。④积极对待消费者意见，提高产品售后服务水平，对消费者进行教育和指导等。

美国注册会计师协会（AICPA）在 1973 年提出财务报告目标时认为："财务报表的目的之一，就是报道那些影响社会而又能被确认、描述、衡量，并对企业在其社会环境中所扮演的角色至关重要的企业活动。"

美国会计学会（AAA）在 1975 年的年度报告中认为，社会责任会计应该包括以下内容：①企业社会责任成效的会计核算及评价；②人力资源会计；③企业社会费用;④企业活动对社会的影响;⑤社会报告;⑥执行政府项目的会计等。美国会计组织的研究成果为社会责任信息披露提供了理论指导。

美国法律协会在1993年推出了《公司治理准则——分析与建议》规定,在立法没有特别规定的情况下,以营利为目的的公司适用的基本规则为:"即便公司盈利和股东收益没有得到提升,公司在从事其经营行为时:①承担与自然人同等的、在法律设定的框架下行为的义务;②可以考虑可合理被视为与负责任的经营行为相适应的道德因素;③可以把合理的资源投入公共利益、人权、教育和慈善事业。"

2001年8月施行的《企业行为准则草案》(Corporate Code of Conduct Act)规定,凡是雇用海外公民的美国企业,必须公布它们的人权、劳工权利及环境的信息。

美国会计准则的制定先后经历3个阶段,即会计程序委员会、会计原则委员会和财务会计准则委员会制定的会计准则都对社会责任会计信息披露进行了规范。其中,财务会计准则委员会颁布执行的《财务会计准则公告》中,涉及社会责任问题的准则达几十项之多。例如SFAS NO.112(雇主对雇用后福利的会计处理)、SFAS NO.74(对雇员支付特殊终止津贴的会计处理)、SFAS NO.116(捐赠收入和捐赠支出的会计处理)、SFAS NO.132(雇主对养老金以及其他退休后福利的披露)等。美国会计学会也要求企业须在其年度报告中对其社会业绩、人力资源、社会费用以及社会影响等主要信息做相应披露。但是,美国证券交易委员会(SEC)则对环境信息之外的其他社会责任信息方面的披露没有做出强制性的管制,其认为除非这些信息能够实质性的产生经济后果,才会考虑披露。

3. 美国对社会责任信息披露的形式。美国的企业社会责任报告可以分为7大类,分别为:①对内报告主要是企业为自身内部决策提供的相关社会责任报告,大部分美国企业一般都会编制相关内部决策方面的社会责任报告,但这些报告往往不会对外公开披露。②对外报告则是主要针对与企业相关联的外部信息使用者的需求来进行系统编制的,其主要就外部使用者所关注的相关部分对社会责任信息进行披露。③描述性报告是对企业相关社会责任履行活动做描述性披露,因为基本很少涉及定量的信息,所以,一般就企业社会责任的相关定性信息做图表文字等简单概括性地披露。④定量内容报告则是采用可计量、比较的数字来直观阐述企业社会责任的履行情况,例如,披露雇员的工作时间以及污染物日排放量等信息。⑤货币性报告主要采用货币这一计量手段对企业社会责任信息进行披露，这样便于对不同企业进行比较，但是，并不是企业所有的社会责任信息都可以用货币来计量表达的，所以，其存在一定的局限性，也有不少专家对此种报告形式持怀疑态度。⑥部分社会责任会计报告只针对企业社会责任某一个或某几个内容而非全部进行披露，因为针对性很强，所以，往往针对一个或几个方面的披露会比较详细。⑦全面社会责任会计报告则是对企业对社会的影响以及履行社会责任的情况做出全面披露。但是，美国企业中有一些社会责任报告则采用了较为复杂的表述方式。例如，Abt 联合公司在 20 世纪 70 年代编制的社会资产负债表以及社会利润表中除了对社会资产、负债、成本及收益采用货币形式计量外，还运用了 40 个报表附注来详细阐述如此编制报表的理由。当今，美国大部分企业倾向于选择描述性社会责任报告的形式对其社会责任信息进行披露。

目前，虽然还有一些企业只是在其年度报告中穿插一部分对相关社会责任信息的披露，但越来越多的美国企业则选择以独立报告的形式发布其社会责任报告，例如，美国的可口可乐公司就发布了大篇幅的关于其社会责任信息的独立报告；另外，在其官网上发布一份十分详尽全面的企业社会责任电子报告也是美国企业通常的做法。可以看出，企业的可持续发展十分依赖企业社会责任信息的披露；并且，不同企业也在报告内容和格式等方面相互进行比较，尽量保持统一协调。

4. 美国社会责任信息披露的推动力量。美国政府机构对企业社会责任信息的披露起到了一定的推动作用。如美国联邦贸易委员会（FTC）以及环境保护局（EPA）等政府部门都对企业某些方面的社会责任履行情况提出了要求。美国在 1989 年就成立了环境责任经济联合会，发表了《VALDZ 准则》指出，企业须对环境保护等相关问题做出一定的承诺，此举得到了业内的大力支持。1971 年，美国经济发展委员会发布的《企业的社会责任》报告就教育、雇用培训、人权、城市改进开发、污染防治、资源保护与再生、文化艺术、低成本医疗项目开发以及政府管理改进等 10 个方面对企业促进社会进步行为提出了一系列的要求。

美国注册会计师协会（AICPA）、美国会计学会（AAA）和全国会计师协会（NAA）这 3 个美国会计组织在为企业社会责任信息的披露方面也提供了相应的理论指导。1975 年，美国会计学会（AAA）在其年度报告中对企业社会责任会计的内容进行了归纳，也先后成立了社会成本计量委员会、社会成本委员会以及社会业绩委员会。1970年，美国注册会计师协会（AICPA）便成立了社会计量委员会以及自然环境委员会，于1977年发布了研究报告《企业社会业绩》，在这份报告中，他们提出先初步建立企业社会业绩的计量体系，用来计量企业的环境、产品等方面的社会业绩，并将结果提供给相关信息使用者，待各方面条件成熟以后再考虑完善成为一个全面的社会业绩计量体系。1973年，美国注册会计师协会又对财务报告的目标做了进一步的要求，其认为若企业某些关系到其社会环境的经营活动的报道对社会活动产生影响而又可以被确认计量的，那么，其相关信息的披露就应当作为财务报表的目标之一。1972年，全国会计师协会（NAA）建立了企业社会业绩会计委员会，也发表了相应的研究报告。

（二）英国的企业社会责任信息披露

1. 制度背景与基本情况概览。英国企业在社会责任信息披露方面也处于全球领先地位，从20世纪70年代开始，英国部分大公司开始在年报中自愿对社会和环境方面的信息进行披露。英国社会责任信息披露的特点为：一是政府进行鼓励与约束，实行自愿披露为主与强制披露为辅相结合。如英国会计准则委员会（ASSC）1980年出版了《公司报告》一书，鼓励企业编制社会责任报告。二是披露形式多样，如通过编制增值表和社会责任报告等多种形式披露社会责任信息。

英国在法律上要求各公司在社会报告中应当披露有关环境保护、人力资源、职工福利、慈善活动等信息。《公司法》作为英国会计信息管制的立法基础，主要涉及雇员信息以及政治捐赠等方面的披露。此外，还有1970年颁布执行的《平等工资法》、1975年颁布执行的《性别歧视法案》、1976年颁布执行的《种族关系法案》、2006年的颁布执行《公司法》等法律都对企业社会责任信息披露的问题进行了相关规定。2007年，《查尔斯王子可持续性项目会计》（The Prince's Accounting for Sustainability Project，A4S）第一次提到了信息报告的框架结构，这个框架体系要求企业披露管理层、职员、环境保护等方面的可持续发展信息，并且被大部分的英国企业所接受并予以发展。在2008年6月，2010年6月由英国财务报告理事会（Financial reporting council）编写的《公司治理联合法典》（The Combined Code of Corporate Governance）和《大不列颠公司治理法典》（The UK Corporate Governance Code）都对企业社会责任信息的披露做出了要求。

Mark J. Epstein and Martin Freedman 将社会信息披露广泛地理解为由公司与利益相关者的关系组成,其中,利益相关者包括投资者、债权人、员工、供应商、顾客、政府和社区。他们还把社会信息归纳为:①公司对环境影响(污染)的数据信息;②与消费者的关系;③人力资源(例如,平等的工作机会);④能源保护;⑤工人安全和健康;⑥产品安全(包括生产的危险或者不健康产品);⑦受政府强迫的交易信息。

在英国,强制披露的范围包括:慈善活动、政治捐赠、雇员咨询、员工持股情况、雇用残疾员工以及员工养老金问题等。自愿披露范围包括:关于环境活动的披露(环境、能源、健康与安全)、关于社区问题披露(社区、慈善、性别问题)以及顾客披露等。

Gray R. H., Kouhy R. and Lavers S. 认为,企业社会责任信息披露应分为环境信息和社会信息。环境信息披露指披露自然环境、环境保护和资源使用方面的信息;社会信息披露指披露公司与社区、员工和社会等方面关系的信息。根据他们的研究发现,英国20世纪70年代末的企业社会责任信息披露基本上是简单的雇员相关披露加上慈善活动以及捐赠的披露。历经20世纪80年代的10年,披露社会责任信息的英国企业增长了4倍,信息披露总量中雇员相关信息披露从90%降低到了78%,而关于社区和环境的信息披露从10%增加到32%,关于客户方面的披露保持在最低的水平,下降最明显的是增值表的披露。

Stephen Brammer and Stephen Pavelin 对英国134家大公司的实证研究中,由于数据获取难度较大,将英国"道德投资研究服务"(the Ethical Investment Research Service, EIRIS)机构对社会信息的界定缩减为3项内容,即员工、环境和社区。

(1)雇员信息。英国1976年的《公司法》就要求企业在董事会报告中披露雇员相关的信息,包括:①雇员的平均数,以及他们得到的包括红利在内的报酬总额;②公司在本年度中支付的政治和慈善捐款额,若两者合在一起总额超过50英镑者,应分别列出每类捐款的总额。对每笔超过50英镑的政治捐款,报告必须详细说明公司所支持的捐款接受者和政党。

根据1985年《公司法》的要求,企业需要在利润表或者附注中披露如下内容:①该财政年度平均雇用的员工数目,并且依据董事会确定的雇员种类,分类披露雇员人数;②已经支付给员工的和将要支付的员工工资总额,以及社会保障金和养老金成本。

2006年修订的《公司法》提供了最新的规范框架以反映现代企业环境。根据该法规定，除小公司外，所有公司必须拟订一份《企业评论》作为董事年度报告的一部分，从2007年底起，上市公司必须披露环境、雇员、社会社区问题的信息，在2009—2013年的过渡期内，员工人数超过250名的企业还必须接受男女薪酬是否平等方面的强制审计；2014年之后，因男女薪酬是否平等引起的纠纷可以通过法律诉讼来解决。这将会提高报告述评的质量，促进企业负责任的商业行为，同时没有给企业过多压力。

（2）环境披露。1989年英国政府颁布的《绿色经济计划》，要求企业必须每年披露所耗用的能源数额，以及对生态环境产生影响的污染物数额。

1989年英国《公司法》的修正案要求对企业污染控制措施进行解释，并且对任何由于污染导致的罚款或罚金详细披露。1990年的《环境保护法案》要求，凡是产生污染的企业必须在报告中对其针对环境保护而采取的措施进行说明，并对外报告其有关环境方面的绩效。1996年10月，英格兰和威尔士特许会计师协会提出一份讨论文件——《财务报告中的环境问题》，其中，详细述及环境成本和负债的核算、对资产损害进行复原和披露有关信息等问题。

英国标准协会（BSI）于1992年正式颁布执行了"环境管理制度"（BS7750），它是世界上第一部正式颁布、实施的企业环境管理和报告方面的规定。但是，由于缺乏共同接受的编制和披露环境信息的专业标准，而且，在环境会计信息及环境审计方面也有待发展。于是，英国政府的环境保护部门在1997年2月颁布了《环境报告与财务部门：走向良好实务》，它对企业的环境报告标准做出了指导性的规定，对企业环境信息披露起到了一定的规范作用。英国政府于2001年要求企业必须依照环境条例，公布其内部遵循之状况。

1995年颁布的英国《年金法》将CSR问题认定为影响投资决策的重要因素。《年金法》中明确规定，企业年金基金必须在投资政策中表明投资的选择、持有、转让是否已对相关的社会、环境和道德问题（Social, Environmental and Ethical is sues, SEE）进行考虑。

1997年，英国特许注册会计师协会（ACCA）公开发布了《环境报告和能源报告编制指南》。Julia Clarke and Monica Gibson – Sweet对英国前100家公司年报的环境信息披露研究表明，在石油、燃气及核行业中，只有一家在年报中没有披露环境信息；而在共10家的水和电行业中，只有两家没有披露环境信息；而所有两家化工公司和唯一一家矿山公司及所有的4家提供建材和服务的公司都披露了环境信息。

（3）其他信息。社区信息是自愿披露企业认为十分重要的事项。与政治和慈善有关的捐赠属于强制披露，在1985年英国《公司法》的"目录"中的"第7部分"，要求企业必须在董事会报告中使用单独篇幅，对慈善捐款与政治捐款的金额进行披露。

2005年5月10日，英国ASB正式颁布了"报告准则"（Reporting Standard - 1，RS1），规定从2005年4月1日之后开始的财年实行经营与财务评述（Operating and financial review，OFR）的法定披露。RS1给出了OFR中应作披露的各项要点的框架，除了雇员与环境问题外，必须披露的内容还包括：①对业务、目标和战略的描述；②对业绩和未来业务的分析；③现有的资源、面临的风险和不确定性以及与公司利益相关者的关系；④对财务状况的分析，包括对现在和未来的政策、资本结构、财务政策、现金流和流动性相关方面进行讨论；⑤其他内容有：社区问题、公司供应链上的劳动力和原材料供应等因素、股份的发放和回购等。

2. 英国的企业社会责任信息披露形式。英国企业的社会责任信息披露大都以描述性内容为主，但在20世纪80年代也有相当数量的企业使用增值表。这些披露的内容既可以作为年度报告中一个部分，也可以是年度报告外独立的企业社会责任报告，但无论哪种方式，信息披露的内容基本相同。

（1）年度报告之外的单独披露形式。年度报告之外的单独披露企业社会责任信息是英国企业社会责任信息披露的主要形式之一，许多大型企业专门编制披露社会责任信息的报告，不但有定性描述，而且有定量分析，以便清楚地反映其企业活动对雇员、环境、社会的影响。例如，英国石油公司是世界上最大的石油和石化公司之一，它的企业社会责任报告是年度报告之外单独披露的可持续性发展报告。

英国石油公司《2010年可持续性发展回顾》（*Sustainability Review* 2010）以描述性报告为主，共50页。该报告主要包括几部分：①关键绩效指标；②首席执行官的信；③BP公司正如何改变；④墨西哥湾漏油事件；⑤BP公司是如何经营的；⑥能源未来；⑦安全；⑧环境；⑨社会；⑩BP公司报告的途径及对BP公司管理的独立保证声明。

该报告主要从安全、环境、雇员3方面披露了公司2006年至2010年的关键数字指标。其中，安全方面包括员工伤亡数目、工作量、远离工作频率等；环境方面包括漏油量、温室气体排放量、环境罚款等；雇员方面包括雇员数目，管理层中女性的数量及比率，管理层中来自英、美少数民族人员的数量，员工流动率以及员工薪酬、福利、保险、养老金等。

报告详细描述了墨西哥湾漏油事件发生、调查的过程，披露了该事故漏油的波及范围以及 BP 公司的补偿措施、后期清洁措施等。同时，BP 公司描述了未来全球能源的新挑战以及本公司未来发展新能源和低碳经济的策略。

（2）增值表披露。1975 年 8 月，英国会计准则指导委员会发布了《公司报告》，该《报告》涉及重新构造企业对外财务报告的设想，建议将增值表加入财务报表体系中，以从社会效益的角度解释企业的社会责任。1977 年，英国的会计准则指导委员会发布了一份报告——《公司报告的未来》，其中，提出了一项具有法律效力的建议——编制增值表。此后，越来越多的英国公司开始编制增值表。据统计，截至 1985 年，英联邦国家中 1/3 以上的较大规模公司都主动在基本财务报表体系中加入了增值表。增值表的简表见表 3 - 1。

表 3 - 1　　　　　　　　　　增值表的简表

增值额计算过程		增值额如何分配	
项目	金额	项目	金额
销售收入		1. 应付职工薪酬	
减：外购物资和劳务		2. 资金供应者所得	
增值毛利		银行：代替利息	
减：折旧		股东：股利	
		3. 政府所得	
		4. 留存收益	
增值净额合计		增值额分配合计	

但是，尽管增值表有很强的应用意义，但由于没有准则规范，很多公司就不披露，编制的公司变得越来越少。Gray R. H. , Kouhy R. and Lavers S. 发现，披露增值表的公司从 1980 年的 40% 降低到 1991 年的 6%，描述性方式披露的社会责任报告上升为社会责任信息披露的主要方式。

（3）经营与财务评述。随年度报告呈报的 OFR 成为英国披露社会责任信息的一大亮点。根据英国贸易部（DTI）的计算，英国对 OFR 加以编制、揭示义务的上市公司有 1290 家，已经有大约 60% 的上市公司按照现行的 ASB 的意见稿自发披露社会责任信息。

3. 英国企业社会责任信息披露的推动力量。英国企业社会责任信息披露的推动力量主要来自以下几个方面：

（1）英国政府。2000年，英国贸易和工业部内专门增加设立管理企业社会责任事务的大臣，统一主管、协调政府背景的企业社会责任工作。2005年，该职位地位得到提升，升级为国务大臣。

2001年3月，英国政府第一次制定了关于政府企业社会责任工作计划，包括推动企业履行社会责任、扩大企业履行社会责任的范围，尤其是国有企业履行社会责任的范围，促进企业社会责任国际化，并通过政府来协调企业的社会政策。英国政府于2001年开展了3项调查研究，重点调查公共组织、民营组织和非营利组织等的社会责任，希望提高企业社会责任产生的经济增加值，推动中小企业更加积极地关注社区和社会问题。

2001年10月，为了指导企业发布环境报告，英国政府专门颁布实施了企业环境报告指导方针。

2002年，英国政府设立了公司社会责任指数，并且纳入企业管理衡量手段，希望促使公司对社会和环境的影响进行改善。该指数能够显示企业管理社区活动、环境保护、销售市场和工作场所等关键领域的工作范围，以及将企业战略转化成负责任行为的情况。

2004年7月，英国贸易工业部专门设立了英国企业社会责任学院，负责培养企业经理人的社会责任管理技能。

2005年，英国贸易工业部制定了英国国际战略框架，以及可持续性战略，这些都成为直接促进企业履行社会责任的措施。

（2）英国特许公认会计师公会（ACCA）。英国特许公认会计师公会为鼓励企业发布全面、完整的详细报告体系，提高经营活动的透明度，1991年首次设立"环境报告奖"。此后，英国政府进一步将该奖推广至全球，也就是现在的"可持续发展报告奖"。ACCA在英国设立"可持续报告奖"的目的是：承认这些发布报告的组织及其披露的环境、社会或全部可持续发展信息；鼓励企业发布环境、社会和可持续报告；增进对公司信息透明度的认识。

ACCA"可持续发展报告奖"设立以来，诸多很有实力的企业参与了这一奖项的角逐。如2007年英国电信公司（British Telecom）获得了"可持续发展报告奖"的第一名，联合利华（Unilever）则获得第二名。众多企业的积极参与说明可持续发展报告如果应用得当，非财务报告同样可以帮助企业抑制弱点、规避道德风险。

（3）证券市场。2002年，英国约翰内斯堡证券交易所规定，在该所上市的所有公司详细披露可持续发展报告，该报告要求参考全球报告倡议组织（GRI）的可持续发展指南，要求做到可靠、相关、可复核、可比、及时、清楚。

伦敦证券交易所根据2006年最新修订的英国《公司法》，要求在该所上市的所有企业必须每年发布有关环境、雇员、社区等方面的非财务信息。对这些信息的发布，必须达到"能够完整反映公司的运营情况"的标准。

（三）德国的企业社会责任信息披露

1. 制度背景与基本情况概览。企业履行社会责任是德国企业经营活动的重要内容。企业社会责任的概念于20世纪70年代由美国传入德国，其侧重点主要是企业在生态方面的影响。从20世纪90年代起，企业社会责任逐渐被纳入大型企业的经营战略，很多企业逐步向社会公开发布其社会责任报告。

德国企业十分详细地披露社会责任履行情况。一些法律强制要求企业就环境信息向政府披露。针对股东的社会责任信息披露在德国企业的年度报告中，这不是强制披露的，而是企业可以自愿选择进行。除了资产负债表、利润表以及审计报告，德国企业的年度报告还有一个股东报告。该报告包括两个部分：一个部分报告企业内部和企业外部在报告期间内所发生的重大事件；另一个部分是"社会报告"，报告雇员信息、环境报告等信息。Dierks M. 发表了一份调查报告，研究了14家大型德国企业在年度报告中所披露的社会责任信息。

以下概述了不同种类的德国企业社会责任信息披露情况：

（1）雇员报告。德国以法律的形式规定管理者必须向雇员代表披露雇员信息。20世纪50年代，法律要求在采掘、钢铁、煤炭等行业中，董事会成员中至少有一位是工人。

1965年德国《公司法》第90段和110段要求：在企业的监督委员会中也要有雇员代表，除了董事会的日常报告之外，雇员代表可以不定期向董事会要求获得相关的信息。①

1972年德国《工作章程法》第43段规定：至少每年一次，企业管理层要向雇员代表报告企业的雇员政策、社会政策、经济状况以及公司前景展望。不过，如果涉及企业机密，可以不披露相关信息。该法的第90、92、97段要求雇员代

---

① 王凌飞、陈亚楠：《德国企业社会责任信息披露制度及对我国的启示》，《中国集体经济》，2009年第10期。

表或者雇员委员会要了解雇员计划以及培训情况。该法第 110 段还要求，企业管理层应该向雇员经济委员会报告关于经济状况和公司前景的更加详细的信息。①

Brockhoff K. 使用 1973 年的 296 家德国公司作为样本，研究了德国公司的社会责任信息披露情况。研究发现，样本公司中有 278 家公司披露了雇员信息，主要包括：员工数目、工龄、工资水平、本土和国外雇员数目、男女雇员比例、养老金、退休福利等。

（2）环境信息。德国的政府强制要求企业必须报告环境信息。涉及的最基本的法律是《工商业管理条例》的第 16 段，其内容部分被 1973 年的《环境保护法》所取代。

德国 1994 年通过了《环境信息法》，这是一部关于环境信息披露的专门性法律。它将涉及环境的所有文字、图像以及应用其他媒体记载的数据资料定义为环境信息，要求企业必须披露。这些信息包括：①水域、空气、土壤、动植物群落以及自然栖息物的现状；②企业从事的活动给环境带来的压力，以及需要采取什么措施来减少对环境造成的危害；③企业为保护环境而采取的措施。②

（3）其他信息的披露。在德国，除了雇员报告和环境信息的披露是强制的，其他信息的披露是自愿的。Brockhoff K. 研究使用的 296 家样本公司中，110 家公司报告了研究与开发活动，但只有 7 家公司报告了慈善捐赠的情况。

2. 德国企业社会责任信息披露形式。德国企业一般采取以下 3 种披露企业社会责任信息的形式：

（1）社会责任报表。Dierkes M. 描述的德国企业 STAEG 公司所披露的社会责任报告中，采用社会责任报表的形式对社会资产、社会负债分别进行了计量和披露。然而，近些年来，采用社会责任报表形式披露企业社会责任信息的德国公司基本上没有了，主要是因为对社会福利如何计量、指标如何选取一直没有找到大家公认的方法。

（2）描述性报告。当前，德国企业最经常采用的企业社会责任信息披露形式是描述性报告，即以描述性的方法编制社会报告对外披露。

该披露形式对雇员信息的披露最为充分。虽然企业社会责任报告正逐渐地增加有关企业社会责任其他方面的信息，但这个形式仍然有无法弥补的缺陷。

---

① 王凌飞、陈亚楠：《德国企业社会责任信息披露制度及对我国的启示》，《中国集体经济》，2009 年第 10 期。
② 韩利琳、张力：《环境信息披露制度研究》，《安全与环境工程》，2006 年第 3 期。

它只是提供企业可以收集到的尽可能多的社会责任信息，而没有考虑到报告使用者的需求。

（3）目标社会责任报告。"目标社会责任报告"是在对企业所从事的社会责任活动进行详细披露之外，详细列示企业未来的社会责任目标的一种披露形式。例如，德国 Metro 公司在其发布的 2006 年社会责任报告中除了详细描述公司在环境、社会问题、雇员等方面的贡献之外，还详细提出公司在未来几年的社会责任目标。

3. 德国企业社会责任信息披露的推动力量。1976 年，德国的 7 家大型公司共同设立的一个研究小组探讨了企业社会责任报告的标准化问题，并于 1977 年 4 月发布了社会责任报告指南，提出了企业社会责任报告应该使用的术语、指标和形式的相关建议。不过，由于权威性问题，这个指南并没有得到德国企业的广泛使用。

在与其他职能部门进行了长达 2 年的协商后，德国联邦劳动与社会保障部于 2009 年 1 月发起成立了 CSR 论坛工作委员会。这个委员会设立的目的是为德国联邦政府制定国家企业社会责任战略提供支持。此委员会的成立标志着德国政府开始正式以国家行政力量推动企业社会责任。

2010 年 6 月 10 日，德国联邦内阁通过了国家参与战略（National Engagement Strategy）和 CSR 行动计划（Action Plan for CSR）。[①] 德国政府的意图是，通过加强公民参与企业社会责任行动，营造一个有利于企业履行社会责任的社会氛围，从而促成社会责任信息披露框架的建立。

（四）法国社会责任信息披露

1. 制度背景与基本情况概览。法国是全球第一个对企业社会会计和报告进行法律规范的国家。法国在政治上具有高度集权的传统，法国企业社会责任信息披露属于政府主导型模式。不同于非营利组织主导型的美国模式和非政府机构主导型的英、德模式，通过制定和推行有关法律和政府规定，法国政府强制推行企业社会责任信息披露，企业社会责任信息披露的责任被明确界定并划分清楚，有法规规定的社会责任披露内容形式规范，而对于没有法规规定的披露项目，企业可以自愿披露，形式上也存在差异。法国企业社会责任信息披露具有如下特点：一是政府主导型社会责任披露模式；二是拥有完整的社会责任会

---

① 本刊编辑部：《2010 年国际社会责任十大事件》，《WTO 经济导刊》，2011 年第 1 期。

计信息披露框架;三是披露内容侧重于职工利益方面的信息;四是社会责任信息披露处在领先地位,为其他国家发展社会责任信息披露提供了有益经验。①

2. 法国企业社会责任信息披露内容。

(1) 雇员信息。1975 年,法国政府颁布《关于公司法改革的报告》。该报告以雇用和工作问题为核心,是政府对公众意见作出反馈的一个产物。1977 年 7 月,该报告提出的建议被以法规的形式强制实施:规定所有职工人数达到或者超过 750 人的工业企业、商业企业、专门职业、市政和公共组织(1982 年,法令修订为超过 300 名雇员的上述组织)必须在 1979 年开始编制社会资产负债表,该表从 7 个方面用财务数据反映企业执行社会责任的情况,这 7 个方面包括:员工情况、职工的工资和相关的成本、职工的健康与安全情况、职工的工作时间和其他工作条件、职工培训、工作的组织进行、行业关系以及企业内部其他生活条件等。对于这 7 个方面,每一个方面又规定了具体的指标,强制披露其中的 94 个指标;并且要求自 1984 年起,所有企业编制的社会资产负债表必须要列示该企业最近 3 年的数据,并分别按照整个公司和所属符合标准的行业进行编制。法国政府的这项法令倾向于要求披露关于员工的信息,法令内容比较具体详细,体现了法国社会的福利主义倾向。该法令为企业披露社会责任信息建立了法律保障,影响较为深远。从该法令在实际中的执行情况来看,企业在披露的种类方面倾向于比要求的内容更为广泛,这是因为企业顾虑法律会扩大披露的范围。事实证明的确如此:法国政府为预防企业破产损害雇员利益,1985 年补充修订的《企业破产法》要求凡是雇员超过 100 人的法国企业每年都须编制年度财务预测报告,并接受有关部门审计。

(2) 环境信息。从历史上看,法国的政府部门一直敦促企业注意改善生态环境。例如,1975 年,法国政府发布的《关于公司法改革的报告》提出了与社会环境信息披露相关的规定,例如,对废水、废渣、废气的治理,减少对稀有资源的耗用,以及提倡企业对社会环境治理提供服务和捐赠等。不过,在 2001 年之前,法国企业对环境信息的披露大多是自愿的,并没有过多地制定一些硬性的法律法规。有 32 家法国公司于 1991 年签署了《可持续发展宪章》,该宪章是由国际商业和行业立法机关(International Chamber of Commerce and Industry)制定的。另外,法国在 1998 年加入了欧洲环境报告奖励计划;20 多家法国公司

---

① 邓启稳:《西方社会责任信息披露特点、规则和实践研究——基于法国、美国、英国的经验》,《生态经济》,2010 年第 11 期。

于加入了欧洲环境管理和审计项目。这些措施加速了法国政府将环境披露管制法制化的进度。另外，在比利时的布鲁塞尔，欧洲职业会计师联合会于 1999 年颁布了环境报告公认框架讨论稿，这也促使法国政府加快了对环境披露管制的法规制定。最终，法国政府于 2001 年颁布了《诺威尔经济管制条例》。根据该条例，从 2002 年开始，在第一股票市场上市的法国公司必须在其发布的年度财务报告中披露指定的社会责任信息，包括劳工、健康安全、环境后果（包括温室气体排放）、社团权利、人权、社区参与等。2005 年，法国议会两院联席会议通过的《环境宪章》中第七条指出，在法律规定的条件下，每个人都享有获得政府当局所掌握的有关环境方面信息的权利，这就需要法国政府对法国各企业施加压力，共同为公民的生活环境改善做出努力。2008 年 4 月，法国 33 家大型国有企业和机构共同签署了《可持续发展宪章》，就政府环境、能源、可持续发展等方面达成共识，根据宪章原则，各签署的企业机构承诺制订本企业的可持续发展规划，并确定本企业改善环境的行动目标，有关行动计划也考虑纳入企业年度报告。

（3）其他信息。在法国 2001 年颁布具体的强制规则之前，有关社区贡献、产品等其他的企业社会责任信息都是企业自愿披露的。而在法国政府于 2001 年颁布《诺威尔经济管制条例》之后，这些内容都属于必须披露的信息。

3. 法国的企业社会责任信息披露形式。法国社会责任信息的披露形式主要有两种，分别是描述性社会责任报告以及社会资产负债表。

（1）社会资产负债表。在法国，国家在制定有关会计信息披露的规范中起着主导作用。在西方发达国家中，法国别树一帜地由政府统一制定和颁布《会计总方案》，适用于全国的企业。作为会计信息披露的核心规范，《会计总方案》强调统一性或者说一致性，这体现了大陆法系法典的特点：全面和统一。此外，在法国，对信息披露的相关问题在《公司法》《税法》和《商法》都可以找到详细的规定。例如，法国的《公司法》详细规定了公开集资的有限责任公司必须披露哪些会计信息。

在继承会计传统的同时，法国还注重进行创新，积极推行社会责任会计的实施，逐步形成了对社会责任的计量和报告体系，社会资产负债表就是该报告体系的核心部分。如前所述，雇员超过 300 人以上的法国企业必须按整个公司和所属行业分别编制社会资产负债表，列示最近 3 年的数据，用财务数据从 7 个方面揭示企业履行社会责任的状况，在 20 世纪八九十年代，这在全球处于领先地位。

（2）描述性社会责任报告。在 21 世纪，法国企业社会责任报告形式发生了变化，主要是因为法国 2001 年颁布的《诺威尔经济管制条例》中，并没有强制要求企业编制社会资产负债表。由于不再有法规强制要求披露社会资产负债表，企业往往采用描述性的社会责任报告形式来自愿披露社会责任信息。因此，编制社会资产负债表的企业越来越少，而描述性社会责任报告成为法国企业社会责任信息的主要披露形式。例如，法国的道达尔公司自 2003 年对外公布社会责任报告以来，基本上是采用描述性报告形式来详细说明该公司在雇员、社区参与、环境保护、工作安全等方面的工作，但并没有编制社会资产负债表。

4. 法国社会责任信息披露的推动力量。法国的社会责任信息披露的推动力量大致可以分为四个方面：其一，政府是法国企业社会责任信息披露的主导性力量，并发挥了很大的作用，政府利用其职权制定了一系列相关的法律法规，使得企业在披露方面做到有法可依。其二，法国的一些非政府组织机构是法国企业社会责任信息披露的辅助力量，发挥了积极的作用。例如，法国冶金工业联合会以及全国改善工作条件联合会等组织机构在推动企业改进社会责任并扩大社会责任信息的披露方面发挥了很大的作用。其三，企业本身也是重要的推动力量。在对公众披露其社会责任的履行情况之前，企业首先必须承担起相应的社会责任。如今，法国很多企业已积极参与社会责任运动中。其四，欧盟也是推动法国社会责任信息披露的推动力量之一。法国身为欧盟的成员国必定会受到欧盟的影响，例如，1999 年欧盟通过的《一体化污染控制与防治指南》便要求所有欧盟成员国从 2007 年起全面实施，该《指南》也包括了要求所有欧盟成员国的企业向欧盟报告本企业排污的详细情况。

（五）日本社会责任信息披露

1. 制度背景及其基本概况。与欧美相比，日本企业社会责任实践起步较晚，在第二次世界大战之后，日本才引入企业社会责任的概念。1956 年，日本经济同友会发表了决议《经营者社会责任的自觉与实践》。1960 年，美国的博文（H. R. Bowen）的专著《商人的社会责任》（1953 年在美国出版）被翻成日文在日本出版。这些标志着日本对企业社会责任开始关注。第二次世界大战后，大概每隔 10 年，在日本就会出现一场比较大的对不良企业进行批判的浪潮"，这也使得关于"企业社会责任"的问题一再被关注，企业反复地进行反思。

但是，日本企业的社会责任信息披露实践落后于欧美企业，这种落后主要是因为以下 3 个原因。

第一，日本规范企业社会责任信息披露的法规制度不健全。日本企业的信息披露制度主要是受制于《商法》《税法》和《证券交易法》，但这 3 部法律中鲜见关于日本企业的社会责任信息的披露的具体条文。整体来看，日本企业的社会责任信息披露主要采取自愿原则，不同企业所报告的内容不统一。例如，2006 年，日立公司的社会责任报告中就涉及公司业绩、公司治理、风险管理、消费者及供应商关系、雇员情况以及环境影响等内容；2006 年，丰田公司的社会责任报告则主要就环境管理、企业内外部关联关系、社会捐赠活动等内容做了披露。这些企业关于社会责任信息内容的界定的不一致也反映出了日本企业社会责任信息披露制度的不健全。

第二，日本定位于按照企业社会责任及环境标准选择个股的证券投资基金非常少。1999 年，在日本首次出现的环境基金是社会责任投资（SRI）的先驱。2004 年初，日本该类证券投资基金仅为 900 亿日元，与美国的 230 兆日元和欧洲的 47 兆日元相比，相差十分悬殊。

第三，政府的重视程度不够。英国设置有企业社会责任主管大臣，法国设置有可持续发展主管部长，但日本没有这方面的政府要员，反映出日本政府对企业社会责任信息披露的不太重视。

2. 日本企业社会责任信息披露的内容。由于日本规范企业社会责任信息披露的法规制度不健全，企业社会责任信息的内容及披露没有一个明确的规定，各企业的社会责任信息披露内容也存在着一定的差异。

（1）雇员、产品质量和其他社会责任信息披露。20 世纪 40 年代，日本制定了《劳动工会法》，之后又进行了多次修订，旨在维护雇员的权利和地位。20 世纪 70 年代，又陆续制定了《国内劳动法》《劳动安全卫生法》《雇佣保险法》等法律法规，旨在改善雇员安全卫生、保障失业人员再就业等。20 世纪 60 年代，因为日本多数企业对产品的责任问题较为排斥，所以，日本政府在出台的关于产品质量保证以及消费者保护等法律法规时对此类问题做了适当回避。但是，随着经济的日益发展，产品责任在全世界受到很大的关注，因此，日本政府于 1994 年颁布了《制造物责任法》，此法对企业的产品质量提出了高要求，也确实保护了消费者的合法权益；之后，又陆续出台了《食品安全法》《消费生活用品安全法》等法律法规。日本政府还通过发放补贴、税收减免优惠等经济手段来鼓励企业投资建设公共环境设施。

（2）环境信息。1972年制定的《自然环境保护法》和1976年开始实施的《公害对策基本法》构成了日本公害、环境法体系。1993年颁布的《环境基本法》包括地球环境保护、环境污染规制与环境保护、自然保护、环保费用、环境纠纷处理等相关法律条文，形成了完整的一套环保法律体系。之后，又颁布了《推进形成循环型社会基本法》。法律法规的约束加上严格的惩处，使得日本企业在污染防治方面做得较好。

3. 日本社会责任信息的披露形式。在日本，企业的社会责任信息披露形式主要是描述性社会责任报告，这类报告中也包含有货币性或非货币性信息，以及定量或定性信息。日本的一些大型企业已经发布了独立的社会责任报告，但是，还有一部分企业没有正式形成其独立的报告模式，而是将社会责任信息分散于某些报告的不同部分中，这些报告有公共关系报告、运营报告以及英文表述的年度报告等。

4. 日本社会责任信息披露的推动力量。日本企业社会责任的推动更多靠民间运动，政府主要采取的措施是制定一些相关的法律法规，但在推进和监督方面出台的政策则比较少。政府没有制定出强制性的企业社会责任信息披露方面的法律法规，也没有设立专门负责管理此类事务的机构。

日本企业在过去经济高速增长时期引发过许多公害问题，人们就企业伦理问题引进了美国的企业社会责任论。1956年，日本产业界的经济同友会通过了《经营者对社会责任的觉悟及实践决议》，将"经营——企业的社会责任"作为经营者的新理念。1981年，日本的《公司法》进行了修改，开始强调企业的社会责任。相关法律法规开始约束企业在环境保护、劳动者权益保护及消费者保护方面的行为，从而推动了企业履行社会责任。日本环境非政府组织的数量在近几年迅猛增长，其活动主要包括自然保护、资源再利用、环境教育等，为推动日本企业社会责任作了较大的贡献。同时，虽然日本的社会责任型投资基金较美国等国家来看发展缓慢，但也对日本的社会责任信息披露起到了一定的促进作用。

（六）国际组织对社会责任信息披露的推动

1. ISO26000。国际标准化组织（International Organization for Standards，ISO）于2010年发布了有关社会责任的重要标准，这就是ISO26000。ISO从2005年就开始致力于该标准的起草和制定，并于2010年完成标准制定工作并出版。

ISO26000认为，组织的社会责任体现于其在社会和环境方面的决策和行动，其伦理行为体现为以下几个方面：（1）促进可持续发展，包括健康和社会福利；（2）考虑到利益相关方的期望；（3）符合适用的法规和归集规范的行为；（4）在组织内按照其实际关系实施。

在承担社会责任的过程中，企业应该遵循7项原则：担责、透明度、道德行为、尊重利益相关方、尊重法治、尊重国际行为标准和尊重人权。其中，企业应当在其影响社会和环境的决策及活动方面保证透明，是透明度原则的要求。也就是说，企业应当及时将企业的政策、决策和活动导致的已知的或可能的对社会及环境的影响，以一种清晰、准确和完整的方式披露。不过，透明性原则并不要求专属信息被公开发布，也不包括提供受法律保护的信息或损及法律的、商业的、安全的或个人的保密义务的信息。

ISO2600要求披露社会责任信息包括：（1）人权方面：尽职调查人权风险状况，避免同谋关系，处理投诉，保障公民和政治、经济、社会和文化权利以及工作中的基本权利。（2）劳工实践方面：就业和雇用关系、劳动条件和社会保护、社会对话、工作中的健康与安全、工作场所、人的发展与培训。（3）环境方面：防止污染、资源的可持续利用、减缓并适应气候变化、环境保护与自然环境的恢复。（4）公平运营实践：反腐败、负责任的政治参与、公平竞争、促进影响领域的社会责任、尊重产权。（5）消费者问题：公平的买卖、真实公正的信息和公平的合同惯例、保护消费者的健康和安全、可持续消费、消费者服务、投诉和争议处理、消费者的资料保护、有权获取基本服务和知识。（6）社区参与发展：社区参与、教育和文化、就业创造和技能发展、技术发展和途径、财富和创造收入、健康和社会投资。

2. 全球报告倡议组织（Global Reporting Initiative，GRI）。1997年，美国非政府组织"对环境负责的经济体联盟"（CERES）与联合国环境规划署（UNEP）联合成立了一个民间专业组织——全球报告倡议组织。其宗旨是制定和推广能被大众接受的可持续发展报告的框架，报告传统的财务报告中未能包括的资料，从而有助于企业更好地披露在经济、环境和社会3方面所取得的业绩，提高可持续发展报告的质量和实用性。经过努力，GRI于2002年正式成为一个独立的国际组织，并以UNEP官方合作中心的身份成为联合国的一名成员。GRI于2006年10月5日在荷兰阿姆斯特丹召开的大会上发布的G3指南，成为国际上影响最大的企业社会责任报告标准，它既是编制报告的指导标准，也是报告质量的审验标准。

G3 指南要求企业从战略和概况、管理方针和社会责任绩效 3 个方面报告社会责任，有关社会责任绩效指标涵盖了 6 个方面：第一，经济绩效，包括财务绩效、市场份额、间接经济影响等；第二，环境绩效，包括物料、能源、水资源、生物多样性、废气、废水、废物、产品及服务、运输对环境的影响等；第三，劳工措施及合理，包括工作绩效、雇用、劳资关系、职业健康与安全、培训与教育、多元化与平等机会；第四，人权绩效，包括投资及采购中的人权、非歧视、结社自由与集体谈判、童工、强迫与强制劳动；第五，社会绩效指标，包括社区、反腐败、公共政策、反不正当竞争；第六，产品责任绩效指标，包括客户健康与安全、产品及服务标签、营销沟通、客户隐私等。

3. AA1000 - 2008。AA1000 系列是由一家名为"责任"（Account Ability）的非营利性机构颁布的，用于促进社会责任意识，实现全社会的可持续发展。该非营利性机构是由英国社会和伦理责任研究所于 1995 年成立的。该机构主要负责制定 AA1000 系列标准，为有关各方提供有效的社会责任审验和社会责任管理工具及标准，并且提供专业的社会责任标准开发和认证服务。首次发布的 AA1000 系列包括《AA1000 框架标准》《AA1000 保证标准》以及《AA1000 利益相关方参与标准》。

2003 年，《AA1000 审验标准》第一版发布，是全球首个可持续发展审验标准。审验标准的制定旨在保证可持续发展绩效和报告的可信度和质量。来自各行各业的数百家组织，包括专业团体、投资组织、非政府组织、劳工和商业组织，经过长达两年的全球讨论，最终形成了这一标准。《AA1000 审验标准 (2003)》是对 1999 年发布的《AA1000 框架标准》中的可持续发展审验内容的替代，该审验标准是国际上第一个具备非专利性、信息来源开放特点的标准，用于测评、证明、提高企业社会责任报告的可信度和质量以及管理的过程、系统和能力，可以为报告审验过程的主要环节提供指导；还包含了原则应用指南和使用者指南，其中，使用者指南提供了审验过程中应用原则的 5 个案例。2008 版审验标准，即《AA1000 审验标准 (2008)》，是 AA1000 审验标准的第二版。它吸取了不断累积的可持续发展审验的实践经验，并取代之前问世的其他版本。①

AA1000 审验标准可以审验企业提供数据的准确性和完整性，提供信息的充

---

① 陈辉：《中外钢铁联合企业社会责任信息披露案例比较研究》，《工业技术经济》，2012 年第 1 期，第 78 - 83 页。

分性,以及支持体系的有效性,对于企业各个方面的社会责任绩效都可以进行审验,例如,碳排放的环境绩效、财务的经济绩效等。

4. 社会责任国际标准体系(Social Accountability 8000 International standard, SA8000)。SA8000 社会责任国际标准是由社会责任国际组织(SCI)于 1997 年发起并联合欧美跨国公司和其他国际组织所制定的。该标准体系是基于《国际劳工组织宪章》《联合国儿童权利公约》《世界人权宣言》制定的,主要目的在于保护劳动环境和条件、劳工权利,确保供应商所供应的产品都符合社会责任标准的要求,属于全球首个道德规范国际标准。SA8000 标准的第一个修订版于 2001 年 12 月 12 日发布,称为 SA8000:2001。2008 年,SCI 颁布了 SA8000 的新版本。SA8000-2008 版要求公司应该建立和维持适当的程序,向所有利益相关方定期提供数据和资料,所提供的应该包括但不限于管理评审和监察活动的结果,具体包括:①有关核心劳工标准;②工时与工资;③健康与安全;④管理系统。

二、中国国有企业社会责任信息披露现状

(一)中国国有企业社会责任信息披露的发展及现状

我国最早的关于企业社会责任的信息披露要求可以追溯到 20 世纪 80 年代后期。那时,中国国家统计局和国家环境保护总局开始要求企业编制、报送关于企业环境基本情况的统计报表。不过,这些统计报表的使用对象仅限于政府,并未完全对外公开。随着社会公众对企业履行社会责任的日益重视,企业社会责任信息披露也在逐渐发展。

1. 中国国有企业社会责任信息披露相关规范的发展。中国政府在推动企业履行社会责任方面发挥着重要作用。从 2004 年开始,广东省深圳市、江苏省常州市、上海市浦东新区、河北省和浙江省等地的地方政府开始积极发挥政府部门的职能作用,用政策引导和规范企业行为。中央和地方各级政府部门发布的企业社会责任文件既指导了企业履行社会责任工作,也为企业社会责任信息披露指明了方向。在政府相关政策的指引下,企业组织、行业协会、社会团体等也纷纷行动起来,制定企业社会责任标准指南,积极开展企业社会责任评选活动,推动企业社会责任的发展。

广东省深圳市于 2005 年发布调研报告《深圳应力促企业履行社会责任》,

并于 2006 年将"建立推进企业履行社会责任制度"列为重大调研课题。2007 年 5 月 9 日，正式出台了《中共深圳市委—深圳市人民政府关于进一步推进企业履行社会责任的意见》。[①]

2004 年，江苏省常州市总工会联合市劳动和保障局、市安全生产监督管理局等七个部门组成了"常州市企业社会责任标准化委员会"，制定了《常州市企业社会责任标准》。2005 年 2 月，常州市委办公室、市政府办公室下发《关于转发市总工会等 7 部门〈常州企业社会责任标准实施意见〉的通知》（常办发〔2005〕12 号），确定了贯彻《常州市企业社会责任标准》的工作目标。

上海市浦东新区于 2007 年 7 月在建立企业社会责任体系的推进大会上发布了 3 份文件：一是《浦东新区企业社会责任导则》（以下简称《导则》）。《导则》从权益责任、环境责任、诚信责任、和谐责任 4 个方面提出 60 项指标。据此，浦东新区制定了可量化的社会责任评估办法，对区内企业进行履行社会责任的达标评估。二是《浦东新区推行企业履行社会责任的若干意见》（以下简称《意见》）。《意见》作为浦东新区综合配套改革第一个规范性意见，对新区社会责任达标企业在政府采购、申请科技发展基金、贷款担保、技改贴息、检验检疫便捷通道、报关、企业年检、各类认定、补贴资助等便利措施方面予以支持。三是《浦东新区建立企业社会责任体系的三年行动纲要》[②]。2010 年 12 月 1 日，浦东新区发布《上海市浦东新区区域责任竞争力报告 2007—2010》。这份报告系统总结了浦东新区政策环境、企业社会责任和社会组织 3 个方面协调发展对提升区域责任竞争力的作用。这也是中国第一份以地方政府名义发布的社会责任报告。

2007 年 4 月 23 日，河北省国资委发布《履行出资人职责企业社会责任报告》，属于首份由省级国有资产监督管理机构发布的有关企业社会责任的规范。

2008 年 2 月，浙江省政府下发《浙江省人民政府关于推动企业积极履行社会责任的若干意见》，这在我国由省级政府出台推进企业履行社会责任政策性文件尚属首例。杭州市 2010 年 8 月正式推出《杭州市企业社会责任评价体系》，这是中国地市以上城市政府出台的第一份企业社会责任标准。该《体系》参考了国内外标准，结合中国的国情和杭州的实际情况，对于企业应该履行的社会责任进行详细的界定和标准量化，把企业履行社会责任从单一的不裁员、不减

[①] 《中国地方政府大力推进企业社会责任进程》，《WTO 经济导刊》，2008 年 7 月 15 日。
[②] 同上。

薪扩大到企业的市场责任、产品责任、环保责任、纳税责任、公益责任、用工责任、安全责任和慈善等 10 个方面。

为了推动中央企业履行社会责任，实现企业与社会、环境的全面协调可持续发展，发挥中央企业的表率作用，2008 年初，国务院国资委制定并发布了《关于中央企业履行社会责任的指导意见》（以下简称《指导意见》），明确界定了中央企业履行社会责任的指导思想、原则和内容，成为当前指导我国企业社会责任工作的权威性文件。《指导意见》从贯彻落实科学发展观、社会对中央企业的要求、实现中央企业可持续发展、中央企业参与国际经济交流合作 4 个方面阐述了中央企业履行社会责任的重要意义，提出了中央企业履行社会责任的思想和基本原则。从经济责任、环境责任和社会责任 3 个方面制定了具体的指标体系。经济责任包括坚持依法经营、诚实守信、不断提高持续盈利能力和切实提高产品质量和服务水平；环境责任方面要加强资源节约和环境保护；社会责任方面包括推进自主创新和技术进步、保障生产安全、维护职工合法权益和参与社会公益事业。上述具体要求，既包括法律规范的自觉遵守——中央企业必须履行的社会责任，是"必尽之责"，又充分体现企业价值——中央企业基本的社会责任，是"应尽之责"，还反映了企业道德伦理的高尚追求——中央企业在自愿基础上履行的社会责任，是"愿尽之责"。《指导意见》的发布获得了中央企业的积极响应，不少中央企业都参考该《指导意见》发布了企业社会责任报告。总体上来讲，《指导意见》较为全面地涵盖了我国中央企业的社会责任内容，反映了我国经济社会可持续发展的要求。

2007 年 11 月，中国企业联合会可持续发展工商理事会制定并发布了《中国企业社会责任推荐标准和实施范例》（以下简称《推荐标准和实施范例》），为企业进一步推动社会责任建设提供参考。《推荐标准和实施范例》涉及的企业社会责任指标根据员工、产品、环境和社会四个维度细分为 9 个指标，分别是基本人权、员工、产品和服务、竞争与合作、资源节约与生态保护、环境绩效、文化多样性、公共关系、社区建设和公益事业。《推荐标准和实施范例》推荐企业利用国际认证来对自身的社会责任状况进行评价，其中，基本人权、员工、环境的评价主要涉及联合国全球契约、SA8000 以及 ISO14000 等认证，而产品和服务主要涉及 ISO9000 系列。

2006 年 9 月，深圳证券交易所发布《深圳证券交易所上市公司社会责任指引》（以下简称《指引》），对上市公司明确提出履行社会责任的要求。《指引》

是我国资本市场上的首份上市公司社会责任指引，对于推动我国上市公司社会责任履行和信息披露，推动我国经济可持续发展促进社会和谐具有重要意义。

中国纺织工业协会 2005 年制定了国内第一个行业企业社会责任管理体系——《中国纺织企业社会责任管理体系》（CSC9000T），包括管理体系、劳动合同、童工、强迫或强制劳动、工作时间等 10 个方面的企业社会责任，对提高纺织企业的社会责任水平、促进我国纺织工业的健康发展发挥着重要作用。

比纺织工业协会更广泛的，是 2008 年 4 月中国工业经济联合会、中国煤炭工业协会、中国机械工业联合会、中国钢铁工业协会、中国石油和化学工业协会、中国轻工业联合会、中国纺织工业协会、中国建筑材料联合会、中国有色金属工业协会、中国电力企业联合会、中国矿业联合会等 11 家工业协会共同制定和发布的《中国工业企业及工业协会社会责任指南》（以下简称《工业企业社责任会指南》），它涵盖了包括能源、环境法规、安全生产、产品安全、劳动保护、关心弱势群体等内容的企业社会责任指标，对工业企业具有普遍适用性。

2008 年 5 月，上海证券交易所发布《关于加强上市公司社会责任承担工作的通知》（以下简称《通知》）以及《上海证券交易所上市公司环境信息披露指引》。其目的在于引导各上市公司重视利益相关者的共同利益，积极履行社会责任。结合国家环保总局于 2008 年发布的《关于加强上市公司环境保护监督管理工作的指导意见》以及《环境信息公开办法（试行）》的要求，上交所同时发布《上海证券交易所上市公司环境信息披露指引》，明确规定上市公司必须要以临时公告的方式披露的环境信息有哪些，公司可以自愿披露的环境信息有哪些，以及被环保部门认定为污染严重企业必须披露的信息范围。

2. 相关媒体的促进。除了政府、行业协会等发布的指南、标准之外，媒体在推动企业社会责任发展上所起的作用不容忽视、影响力极大。目前，国内媒体社会责任评价活动主要有"人民社会责任奖""中国最佳企业公民评选""中国企业社会责任调查""金蜂蜜奖""胡润企业社会责任 50 强""中国十大绿色公司"等。

"人民社会责任奖"评选活动由人民网主办，并得到了国务院国有资产监督管理委员会、环境保护部及中国人民大学等单位的大力支持。该评选活动，从 2006 年开始每年评选出 20 家获奖企业。基于经济、社会和环境的三重底线原则，设立了"建设和谐社会""提高自主创新能力"和"建设资源节约型社会事业" 3 个一级指标，虽然这个评价指标体系和评价流程略为简单，但举办主体的权威性使其在国内产生了较大的影响。

由《21世纪经济报道》和《21世纪商业评论》发起并主办的"中国最佳企业公民"评选活动,推广企业公民概念,鼓励本土企业公民行为实践,培育良好公民社会责任环境。这个评选的指标体系按照利益相关者设置了公司治理和道德价值、员工权益保护、环境保护、社会公益事业、供应链伙伴、消费者权益保护等6个一级指标。

始于2006年的"中国企业社会责任调查"是国内第一个面向全国企业的社会责任理念与实践调查活动。调查标准参照北京大学民营经济研究院的科研成果《中国企业社会责任调查评价体系与标准》,通过指标量化比较、专家论证和实践检验,最终评选出20家最具社会责任感的优秀企业。

2008年由《WTO经济导刊》杂志主办的中国企业社会责任"金蜜蜂奖",让企业提交案例,评审委员会对企业履行社会责任的情况进行较为全面的评估、排名,评出中国企业社会责任"金蜜蜂奖"和中国企业社会责任"金蜜蜂单项奖"。由于"金蜂蜜奖"评价指标体系内容全面,能够较为全面地反映企业履行社会责任的状况;同时,该评价体系充分借鉴国际社会责任指标体系构建经验,尊重国内实际情况,得到社会各界的认同。

胡润2005年第一次发布"中国慈善企业榜",公布胡润百富公司调查得出的中国慈善捐助最多的50家企业名单。随着企业社会责任理论研究的深入和实践活动的开展,2007年"中国慈善企业榜"改名为"胡润企业社会责任50强",增加了更多的企业社会责任内容。

2008年,《财富》(中文版)与全球500强企业社会责任国际排名机构Account Ability公司共同进行中国企业责任调查活动,根据企业的社会责任意识和企业社会责任实践,评选出"中国十大绿色公司"。从"中国十大绿色公司"这个名称可以看出,这个评选活动最大的特点就是关注"绿色",其重点关注的是企业在环保方面的理念和实践以及由此带来的社会公益活动。

3. 中国国有企业社会责任信息披露现状。传统的国有企业是国家拥有或者控制的生产经营单位。传统国有企业(计划经济体制下的国有企业)的出现和发展有其历史渊源,在中华人民共和国成立之初,以美国为首的资本主义国家对我国采取的政治上孤立、经济上封锁、军事上包围的政策使我国不得不集中一切资源发展经济,以稳定政局。在当时那样的政治背景下,传统国有企业成为经济发展的主体,掌握着国家经济命脉,也成为国家的一个行政附属单位,因此，传统国有企业承担着社会稳定、实现就业、员工社会保障等各种社会职能，而这些本来应该由政府和社会承担，形成了典型的"企业办社会"。1978年，改革开放的春风吹遍神州大地，为了革除传统国有企业社会负担过重的弊端，国有企业纷纷进行了改革。同时，民营企业开始兴起。由于当时尚处于经济转型期，改革并不能一步到位，国有企业慢慢地卸下社会负担。民营企业在当时环境下的发展远远比不上国有企业，在原料来源、市场准入、税收等方面都受到歧视，这时的民营企业考虑更多的是生存，也就是追逐利润。民营企业单纯的利益驱动，使企业过度追求"利"，而忽视了"义"——对股东报告不及时准确，不按时发放红利，非法雇用童工，收取职工押金、扣押身份证，拖欠民工工资，工作环境恶劣，产品质量低劣，不尊重消费者知情权和选择权，售后服务跟不上，与商业伙伴不公平竞争，不履行合同，废弃物污染环境严重。一些地方政府处于地方保护主义，对企业不负责任的行为置若罔闻，违法不究。

随着现代企业制度和社会责任理论的发展，越来越多的企业认识到了企业社会责任的战略重要性，大众也逐渐关注起了这个话题。社会责任信息开始散见于企业年度报告、环境质量报告等文件中。而企业社会责任报告作为承载企业履行社会责任活动信息的重要媒介，正受到越来越多的关注和认可。2006年，我国第一份综合性的企业社会责任报告《国家电网公司2005年社会责任报告》发布，系统阐述了中央企业国家电网公司的价值观和社会责任理念，全面展示了公司的履责实践，得到了中央领导、专家学者的高度肯定和社会各界的积极评价。国家电网公司此举充分发挥了国有企业的表率作用，在社会责任履行和信息披露方面走在了前列。2007年，国家电网公司发布了我国第一个企业履行社会责任指南——《国家电网公司履行社会责任指南》，对企业社会责任指标体系进行了研究、探索，为企业社会责任理论和实践的发展作出了重大贡献。

继国家电网公司之后，越来越多的大型国有企业纷纷发布企业社会责任报告。中国远洋运输（集团）总公司于2007年12月20日发布《中远集团2006年可持续发展报告》（以下简称《报告》），该《报告》是按照《2006年全球报告倡议组织可持续发展报告（GRI）指南》要求编写，并将全球契约的10项原则要求以及国际海事组织颁布的航运公司的特殊要求融入《报告》中；同时，满足国务院国有资产监督管理委员会发布的《中央企业社会指导意见》的要求。中国石油天然气集团公司于2007年2月28日发布该公司首份社会责任报告，从"持续稳定的能源供应、安全清洁的生产运营、促进员工发展、支持社会公益"

4个方面，以理念与目标、行动实践、数字和实例全面介绍中石油履行社会责任的表现。① 中国移动通信集团公司于2007年1月9日发布该公司第一份社会责任报告《中国移动通信集团公司企业责任报告》，其主题为"诚信立责任，和谐筑未来"，从经济、社会、环境3个方面阐述了该公司的企业社会责任观。此外，发布专门的企业社会责任报告的企业还有中国铝业公司、中国中钢集团公司、宝钢集团有限公司、中国海洋石油总公司、中国平安保险公司、中国建设银行等。

根据商道纵横网站企业可持续发展报告中心信息显示，2010年发布2009年度沪、深两市A股上市公司企业社会责任报告的企业共有363家，其中，国有企业（根据实际控制人性质判断）189家，占52%。从社会责任报告的质量上来看，国有企业所披露的社会责任报告内容较全面。具体而言，国有企业社会责任报告中大部分都把企业社会责任观融入企业的核心价值观之中，渗透到企业文化中，并提高到战略高度，同时建立了相关的责任制度。自愿披露企业履行社会责任的信息，是希望公众能够更加深入地了解公司，便于更好地接受公众监督。前面提到的189家国有企业的社会责任报告，包含完全以社会责任报告形式发布和在年度报告中以独立部分发布两种形式，其中，以独立形式发布的社会责任报告都介绍了企业的基本情况和公司治理的举措。在介绍企业人才理念和政策时，几乎所有企业不约而同地坚持"以人为本"的原则，江苏吴江中国东方丝绸市场股份有限公司在其报告中提出："职工是企业的第一财富。"其他的企业虽然没有提出这样醒目的标语，但是，他们对待人才的理念和政策是一致的，都是尊重人才，以人为本，建立薪酬激励制度和完善的培训晋升体系，重视安全生产，关爱员工，组织各种活动，帮助有困难员工等。国有企业在员工待遇方面的付出有目共睹，也得到了社会的认可，也是很多的大学毕业生心向往之的原因之一。在这些报告中都不同程度地涉及了企业在经济、环境和社会3个方面履行社会责任的具体情况。在独立的社会责任报告中，企业经济绩效的信息相对年度报告中社会责任信息部分披露得更多一点，这也是因为年度报告披露了经济绩效信息的原因。由于地球生态环境受到全世界的关注，我国国有企业在环境保护方面也作出了努力，企业生产经营流程节约能源资源、三废治理和回收利用、参与环保行动等都在社会责任报告中得到了详细的阐述。

---

① 崔征：《企业社会责任的实践先锋——三大国有企业的CSR理念和行动》，《WTO经济导刊》，2007年第6期。

关于社会绩效方面，涉及最多的就是对文化卫生教育事业的关心和支持、公益捐赠、志愿者活动等。在 363 家上市公司企业社会责任报告中，共有 19 家企业的报告经过了第三方权威机构或者专家审验，其中，国有企业 11 家。上海国际港务（集团）股份有限公司社会责任报告经过了劳氏质量认证（上海）有限公司（LRQA）的独立核实。中国石油化工股份有限公司的可持续发展报告经过中国社会科学院经济学部企业社会责任研究中心的评级。青岛啤酒股份有限公司社会责任报告获得联合国全球契约理事会理事、全球契约中国网络中心主任陈英女士的专家意见。由此可见，国有企业在社会责任领域真正发挥了表率作用。

三、中外钢铁企业社会责任信息披露案例比较

本节以钢铁业的企业为案例研究对象，对中外企业社会责任信息披露情况进行比较。钢铁业是高能耗、高排放的产业，因此，钢铁业企业社会责任的履行非常重要。

1. 对标企业选择的思路。笔者主要是基于企业的规模、竞争力和知名度，从国内和国外分别选择具有代表性的钢铁企业进行企业社会责任信息披露方面的比较。比较信息来源于各企业的年度财务报告、公司网页、财经网站、相关媒体报告等文字资料。

从国内钢铁企业中选择武汉钢铁集团公司（以下简称"武钢"），是因为它是中华人民共和国成立后兴建的第一个特大型钢铁联合企业，是国务院国资委直管的国有重要骨干企业。武钢联合重组鄂钢、柳钢、昆钢后，已成为生产规模近 4000 万吨的大型企业集团，2010 年，武钢跻身世界 500 强行列。[①] 而且，该公司从 2008 年起连续 3 年发布社会责任报告，2008 年 4 月 14 日发布的《2007 社会责任报告》是中国钢铁企业首次发布社会责任报告。

我们从国外钢铁企业中选择阿塞洛－米塔尔公司（Arcelor Mittal），是因为它现今在该行业世界排名第一，是全球规模最大的钢铁制造集团，在 2010 年世界 500 强中位列第 99 名。

2. 对标企业基本情况比较。武钢于 1955 年开始建设，1958 年 9 月 13 日建成投产。2005 年以来，先后联合重组了鄂钢、柳钢、昆钢股份。武钢钢铁主业

---

① 摘自武钢网站上"武汉钢铁（集团）公司简介"http：//www.wisco.com.cn/wisco/wgjs/236.shtml。

现由武汉钢铁股份有限公司、武汉钢铁集团鄂城钢铁有限责任公司、广西钢铁集团有限公司组成，从业人员约10万余人。钢铁产品主要有热轧卷板、热轧型钢、热轧重轨、中厚板、冷轧卷板、镀锌板、镀锡板、冷轧取向和无取向硅钢片、彩涂钢板、高速线材等几百个品种。武钢还生产焦炭、耐火材料、化工、粉末冶金制品、水渣、氧气、稀有气体、煤焦油、粗苯、硝酸铵等钢铁副产品，并对国内外承担工程设计、建设、机械制造、加工、自动化技术开发、国际贸易和投融资等业务。

1976年，印度裔的拉克希米·米塔尔在印度尼西亚创办伊斯帕特印尼钢铁厂（IspatIndo），后来建立LNM控股公司，逐渐向东南亚和其他地区拓展。2004年，LNM与伊斯帕特国际公司（Ispat International）合并，改名为米塔尔钢铁公司（Mittal Steel）。2004年10月，米塔尔以45亿美元收购美国国际钢铁集团，成为全球最大的钢铁生产企业。2005年，米塔尔又以45亿美元收购乌克兰Kryvorizhstal钢厂。由此，米塔尔在钢铁业内被誉为"世界上全球化程度最高"的公司。2006年，米塔尔又收购了欧洲最大的钢铁集团阿塞洛（Arcelor），形成阿塞洛－米塔尔公司，其规模比占第二位的"新日本钢铁"、第三位的"韩国浦项制铁"及第四位的总和还多。原来的阿塞洛公司，曾是世界排名第二的钢铁公司，由卢森堡的Arbed、法国的Usinor和西班牙的Aceralia 3家公司于2002年合并而成。如今的阿塞洛－米塔尔公司，在60多个国家雇用32万名员工，总部设在卢森堡。集团年产量为1.3亿吨，约占世界钢铁总产量的10%。阿塞洛－米塔尔在汽车、建筑、家用电器、包装等领域也位居全球领先地位，集团在欧洲、亚洲、非洲和美洲的27个国家拥有分支机构，业务范围覆盖新兴市场与成熟市场。①

3. 对标企业社会责任信息披露形式比较。如前所述，武钢于2008年4月14日发布的《2007社会责任报告》是中国钢铁企业首次发布社会责任报告。武钢总经理邓崎琳在该报告"总经理致辞"中写道："今后，武钢将定期发布社会责任报告，与所有利益相关者一道分享武钢成长为一个有责任的世界企业公民的历程。"除了专门的社会责任报告之外，为打造国际一流企业的品牌形象，武钢从2009年5月开始启动《武钢政工》杂志更名《钢铁文化》的工作，经原国家新闻出版总署批准，2011年1月正式发行。《武钢政工》源于1982年创刊的

---

① 凤凰网财经，http：//finance.ifeng.com/company/data/detail/2627.shtml。

《武钢论丛》，1984 年更名为《武钢政工》。另外，企业社会责任信息还反映在公司网页新闻中心栏目的一些相关新闻报道中，以及企业文化栏目的"工作快讯""成果展示""特色活动""理念识别""形象展示""人力资源"等子栏目中。

在 2006 年米塔尔成功收购阿塞洛形成阿塞洛－米塔尔公司之前，米塔尔和阿塞洛公司的年度财务报告中都有一部分关于社会责任的信息，而没有单独的社会责任报告。阿塞洛－米塔尔公司形成后，也是在 2007 年 5 月发布第一份年度报告，即 2006 年年度财务报告中有一部分关于社会责任的信息，在总共 139 页的年度报告中有 10 页的"可持续性"（Sustainability）部分。在这之后，阿塞洛－米塔尔公司社会责任信息披露的形式逐渐转为与年度财务报告相独立的专门社会责任报告：2008 年 1 月，发布了一份独立的《公司责任回顾 2007》（Corporate Responsibility Review 2007）；2008 年 7 月，发布独立的《公司社会责任报告 2007》（Corporate Social Responsibility Report 2007）；2009 年 7 月，发布《公司社会责任报告 2008》；2010 年 5 月，发布《公司社会责任报告 2009》。阿塞洛－米塔尔从 2010 年起将发布上一年度社会责任报告的时间调整为 5 月份，以便和其他的公开发布报告（例如年度财务报告）相一致。另外，阿塞洛－米塔尔的公司网站上专门有一栏为"公司责任"（Corporate Responsibility），并细分为"我们的方法""阿塞洛－米塔尔基金""工作场所""环境""社区""治理和透明度""案例研究""出版物和报告""新闻""联系我们以及分国家链接"等子栏目，对相关内容进行了详细披露。

从披露形式上看，武钢和阿塞洛－米塔尔都从 2008 年开始采用专门的社会责任年度报告，图文并茂，可读性较强。阿塞洛－米塔尔的公司网站上专门有"公司责任"一栏，而武钢的公司网站上没有专门的"公司责任"栏目，网站上相关信息的披露较分散。

4. 对标企业社会责任信息披露内容比较。

（1）企业的社会责任观及履行社会责任的公开承诺。武钢的社会责任观体现在其核心价值理念上："质量效益 诚信共赢 创新卓越"，对履行社会责任的公开承诺体现在其连续 3 年发布的社会责任报告中所提出的社会责任目标上："回报股东，资产增值，成为国家骄傲的企业；关爱员工，共同发展，成为员工热爱的企业；服务用户，合作共赢，成为用户信赖的企业；节约资源，保护环境，成为与环境协调的企业；诚信守法，回馈社会，成为受社会尊重的企业。"

阿塞洛－米塔尔的社会责任观体现在其核心目标上："安全，可持续的钢铁"（Safe Sustainable Steel）。在《公司社会责任报告2009》中，阿塞洛－米塔尔公司诚恳地指出由于世界金融危机的影响，2009年是较困难的一年，未能够取得所希望达到的进步，但在关键的领域还是取得了一定的成就，并承诺一直致力于向"安全，可持续的钢铁"这一目标努力。

（2）企业概况及公司治理情况。武钢和阿塞洛－米塔尔对于企业的基本情况都进行了披露，这些已经在上面进行了比较。武钢在2007年社会责任报告中的"战略与管理"部分，以及2008年和2009年社会责任报告中的"公司概貌"部分都专门有一节关于公司治理。在2009年社会责任报告中，明确指出："武钢是国务院国资委直管的国有重要骨干企业，目前母公司仍为国有独资企业。最高决策机构是经理办公会（党政联席会议），实行依法决策、科学决策和民主决策，决策过程始终坚持民主集中制原则，其中涉及职工利益的重大决策必须经过职工代表大会讨论通过……所属子企业已进行公司化改制，建立了规范的法人治理结构。公司对所属企业履行出资人职责，委派董事、监事和管理层，对所属企业经营业绩进行考核……"

阿塞洛－米塔尔在《公司社会责任报告2007》的"战略和管理"部分，以及《公司社会责任报告2008》和《公司社会责任报告2009》的"概貌和战略"部分，均有一节"公司责任管理和治理"（Corporate responsibility management and governance），对集团公司治理结构以组织结构图的方式列示，并对该结构中的不同责任主体的责任进行了阐述。不过，在这部分，关于公司治理结构的信息披露更强调与公司责任相关的方面。

（3）企业的人才理念和政策。武钢在社会责任报告中的"社会责任"部分专门有一节"员工"，以体现其社会责任目标之一"关爱员工，共同发展，成为员工热爱的企业"，总共用了7页的篇幅对"员工结构""权益维护""薪酬激励""民主管理""员工培训""国际化人才培养""员工关爱"和"文体活动"几方面的内容进行了披露。在紧接着的一节"安全生产"中，又对"安全生产管理体系""安全培训"和"职业健康"进行了披露。另外，在公司网站的"企业文化"一栏中有"人力资源"子栏目，主要是这方面的新闻报道。

阿塞洛－米塔尔的社会责任报告中有一部分内容是"在我们的人员中投资"（Investing our people）。首先，提出基本原则和目标："我们希望代表我们工作的每一个人都觉得自己有价值"；其次，详细披露与人员相关的业绩指标，包括

"（每百万工作小时）工伤致停工频率""职业健康安全管理体系认证（OHSAS 18001）①的经营百分率""全职员工在阿塞洛－米塔尔大学培训的小时数"以及"在公司层面进行的社会对话次数"。而且，在《公司社会责任报告2009》中以8页的版面详细披露了如何应对经济下滑对雇员的影响、在健康和安全方面所进行的投入和取得的成绩、在现在和未来所做的支持员工职业和个人发展的工作，以及如何支持多样化的员工队伍。另外，在公司网站中专门有一栏为"职业生涯"（Careers），细分为"世界范围内的工作岗位""有经验的专业人士""毕业生""集团工程师项目""学生和实习""在阿塞洛－米塔尔工作""问题和回答"几个子栏目，对人才理念和人力资源政策进行了较详细的披露。

（4）企业在经济、环境和社会绩效方面的表现。武钢对经济绩效方面的信息主要在其社会责任报告中进行了较粗略的披露，散见于"公司简介"以及"社会责任"部分中的"股东"一节，披露了营业收入、利润、总资产、净资产和母公司权益财务指标。在公司网站中也只有营业收入和利润信息。武钢的集团财务报告未见公开。只可查到其所属的上市子公司的财务报告。阿塞洛－米塔尔在经济绩效方面的信息主要是在其财务报告中披露，财务报告可以在该公司网站上查阅和下载，也在社会责任报告中进行了财务指标的简要披露，主要是净收益和营业收入及经济增加值。

武钢在环境绩效方面的信息披露较为详细，在社会责任报告中专门有一部分就是"环境与资源"，分为"环境管理""节能减排""循环经济""国际合作和学术交流"4节，用12页的篇幅分别进行了较详细的披露，包括主要能源指标表、武钢工业港排口废水处理利用工程流程图、武钢工业固体废物回收利用情况表、废弃物综合利用示意图、武钢绿色生态产品环境收益表等各种图表，充分反映了其为实现"节约资源，保护环境，成为与环境协调的企业"这一社会责任目标所做的努力。这与该公司认识到钢铁业是高能耗、高排放的产业，坚持履行钢铁业企业的环境责任是分不开的。阿塞洛－米塔尔对环境绩效方面的信息在其社会责任报告中进行了披露，在"业绩回顾"部分专门有一节"让钢铁更加可持续"（Making steel more sustainable），并提出这不仅是关于提高该公司自身的环境业绩和减少该公司的碳排放，而且也是关于"利用钢铁的能力

---

① OHSAS18000系列标准是由英国标准协会（BSI）、挪威船级社（DNV）等13个组织于1999年联合推出的国际性标准，其中的OHSAS18001标准是认证性标准，它是组织（企业）建立职业健康安全管理体系的基础，也是企业进行内审和认证机构实施认证审核的主要依据。

帮助我们都需要的建筑、车辆和设备更轻、更绿色、更有效率"。在这一节,又分为"我们正在做什么以帮助应对气候变化""我们如何使用钢铁以帮助现代生活更加可持续性""我们如何提高自身的环境业绩""我们正在做什么以促进废物的回收利用"以及"我们如何帮助保护地方的生态多样性"几个部分进行了详细的披露。另外,在该公司网站的"公司责任"一栏中,专门设有"环境"子栏目,又细分为"政策和管理""产品管理责任和研究开发""气候变化""生态多样性""能源""水""废弃物"及"REACH"①几个内容进行了详细披露。这与该公司比较注重环境责任是相一致的。

武钢对社会绩效方面的信息在其社会责任报告中进行了披露,在"社会责任"部分,分为"用户""供应商""行业和社会组织""诚信守法""反腐倡廉""政府""社会奉献"几节,用近30页的篇幅进行了详细披露,在"附录"中"2009年社会评价"部分列示了2009年获得的相关荣誉称号。在该公司网站的"新闻中心"栏目也有相关披露。阿塞洛-米塔尔在社会绩效方面的信息在其社会责任报告中的"业绩回顾"部分专门有一节"使我们的社区富有"(Enriching our communities)。在这一节,又分为"在去年我们做了什么以促进我们的社区的健康和富有""我们如何在地方和利益相关者相处""我们对人权的方法是什么""阿塞洛-米塔尔基金会如何支持地方各社区""我们如何鼓励雇员参与他们的地方社区中"几个部分进行了详细的披露。另外,在该公司网站的"公司责任"一栏中专门有"社区"子栏目,又细分为"社区参与""人权""社会和经济发展"3个部分进行了详细披露。

5. 对标企业所遵循的相关指南。武钢的2007年、2008年和2009年3份社会责任报告中都指出,该报告是参照国务院国资委《关于中央企业履行社会责任的指导意见》和全球报告倡议组织(GRI)《可持续发展报告指南》(G3版)编写的。

前面述及,阿塞洛-米塔尔于2007年5月发布的2006年年报中有一部分涉及社会责任,2008年1月发布了一份独立的《公司责任回顾2007》,但这两份报告都没有明确遵循的社会责任信息披露指南。而2008年7月发布的《公司社会责任2007》、2009年7月发布的《公司社会责任2008》以及2010年5月发布的《公司社会责任2009》都明确指出遵循的是全球报告倡议组织(GRI)的指

---

① "Registration, Evaluation, Authorisation and Restriction of Chemicals"的缩写(REACH)。

南（G3 版）和联合国全球契约原则（Global Compact Principles）。在公司的网站上，为便于读者更加理解社会责任报告和其他信息，还有一张完整的表，该表列示出在社会责任报告中所遵循的 G3 指南中的指标以及联合国全球契约原则。

阿塞洛－米塔尔《公司社会责任 2008》和《公司社会责任 2009》还有外部的独立鉴证陈述（External Independent Assurance Statement）。《公司社会责任 2009》中明确指出，外部的独立鉴证陈述是遵循《AA1000 审验标准（2008）》。《AA1000 审验标准》第一版发布于 2003 年，是全球首个可持续发展审验标准。审验标准的制定旨在保证可持续发展绩效和报告的可信度和质量。来自各行各业的数百家组织，包括专业团体、投资组织、非政府组织、劳工和商业组织，经过长达两年的全球讨论，最终形成了这一标准。《AA1000 审验标准（2003）》是对 1999 年发布的《AA1000 框架标准》中的可持续发展审验内容的替代。2003 年版还包含了原则应用指南和使用者指南，其中，使用者指南提供了审验过程中应用原则的 5 个案例。2008 年版审验标准，即《AA1000 审验标准（2008）》，是 AA1000 审验标准的第二版。它吸取了不断累积的可持续发展审验的实践经验，并取代之前问世的其他版本。

相比较而言，武钢由于具有国有骨干企业的特性，所以，遵循国务院国资委《关于中央企业履行社会责任的指导意见》是必然的；两个企业的社会责任报告都遵循全球报告倡议组织指南（G3 版），也说明了该指南在国际上的广泛影响。另外，阿塞洛－米塔尔 2008 年和 2009 年社会责任报告还遵循联合国全球契约原则，2009 年社会责任报告的外部独立鉴证陈述遵循《AA1000 审验标准（2008）》，反映阿塞洛－米塔尔在遵循国际广泛授受的标准上走在前列。

6. 比较结论。相比较而言，武钢和阿塞洛－米塔尔的企业社会责任信息披露的共同点是：都从 2008 年起发布了专门的社会责任报告，都遵循了全球报告倡议组织指南（G3 版）。除了这份指南，两者还遵循的指南就有所不同。而且，阿塞洛－米塔尔公司网站上披露的社会责任信息比武钢的多。

四、中外企业社会责任信息披露比较的启示

（一）发达国家社会责任信息披露的经验借鉴

1. 发达国家的政府机构是以制定法规、准则的方式强制性地推动社会责任信息披露。例如，英国法规规定：如果职工人数达到 100 人以上，企业就必须披

露职工的工资数据；如果职工人数达到250人以上，企业则必须在年度报告中披露有关职工雇用和培训方面的数据。又如，法国于1977年颁布法律，要求雇员超过750人的组织（1982年扩大到300人）必须编报年度社会资产负债表，用货币金额反映企业履行社会责任的情况。对我国社会责任信息披露而言，由于缺乏关于社会责任信息披露的规则、准则和指南，需要政府制定社会责任信息披露的准则和制度，对社会责任信息披露的范围、内容、详细程度、真实程度和披露方式进行规范。①

2. 不同的发达国家由于其面临的主要社会责任问题不同，使得披露的社会责任信息内容偏重点有所差异。比如，法国的"社会报告"侧重于员工相关问题的披露；英国的社会责任信息披露侧重于职工、环境、慈善捐赠方面；美国企业披露的社会责任信息大多数是有关治理环境污染等；日本的社会责任信息披露侧重于环境保护等。我国政府在制定相关规范时也应考虑我国企业面临的主要社会责任问题，在此基础上探讨企业应该主要满足哪些利益相关者的信息需求，确定应该披露社会责任信息的范围与内容。②

3. 编制独立的社会责任报告是发达国家社会责任信息披露的主要形式。例如，法国《关于公司法改革的报告》中就建议各公司每年公布"社会资产负债表"，即"社会报告"；英国会计准则委员会（ASSC）出版的《公司报告》一书，鼓励在传统财务报表之外，另外编制增值报告、就业报告、公司前景表、公司目标表等一系列社会责任报告；日本编制《环境报告书》和描述性社会责任报告披露社会责任信息。③ 现阶段，我国社会责任信息披露的方式选择可以此为鉴，采用编制独立的社会责任报告的方式，更全面、更集中地披露企业的社会责任信息。

4. 发达国家证券交易所等机构对社会责任信息披露的约束作用。法国要求在巴黎证券交易所上市的所有上市公司在财务报表中报告对社会和环境的执行情况。伦敦证券交易所建立了公司责任交易数据库，迫使上市公司在企业社会责任领域采取积极的行动。美国投资者和债权人使用道琼斯可持续发展索引，可以获得上市公司关于社会和环境的执行情况。证券交易所积极参与企业社会责任的推动，就上市公司提供有关社会责任活动情况进行强制性要求，明示或

---

① 邓启稳：《西方社会责任信息披露特点、规则和实践研究——基于法国、美国、英国的经验》，《生态经济》，2010年第11期。
② 同上。
③ 同上。

暗示企业应加强企业社会责任信息的披露。我国深圳证券交易所和上海证券交易所对在两交易所上市公司社会责任信息披露都有明确的规定和要求。①

5. 美国会计机构和会计学术界对社会责任会计问题作了系统的研究，为社会责任信息披露提供了理论支持。我国会计学界不仅要学习和借鉴发达国家有关社会责任会计的研究成果，而且要结合我国的实际情况，研究我国自身的社会责任信息披露问题，为我国社会责任信息披露提供理论指导。②

（二）加强我国国有企业社会责任信息披露的措施

通过上述中外企业社会责任信息披露的比较，对于加强我国国有企业社会责任信息披露可以得到以下几点启示。

1. 加强企业社会责任理念。我国国有企业加强社会责任信息披露，首先应从加强社会责任理念做起。理念是行动的向导，它往往起着潜移默化的作用。虽然企业是以营利为目的的组织，但经济发展是为了人类更美好的未来，企业履行社会责任是克服当前经济发展过程中所带来的负面效应而进行的一项重要措施，正逐步成为全球企业界的共识；而且，企业积极履行社会责任，也会反过来促进企业的可持续发展，获得各方面良好的效果。况且，国有企业进行生产经营活动虽然有其营利性的目的，但是也存在着非营利性目的，或者说，国有企业不是以营利为唯一的目的。国有企业还担负着执行国家计划经济政策、辅助国家经济管理（调节社会经济）的职能。因此，必须加强我国国有企业的社会责任理念，广泛进行宣传引导，加强企业管理层对履行社会责任的重视，力求从各级管理者到企业全体员工都树立社会责任理念。③

2. 加强企业社会责任信息披露机制。加强这一机制，将有效传递企业社会责任信息，这主要可以从以下两个方面进行：

（1）对国有企业社会责任信息披露形式进行统一。根据上文对对标企业的比较分析可知，企业编制和发布专门的社会责任报告是一种很好的社会责任披露形式。在信息不对称的环境下，企业社会责任报告为各利益相关方深入了解企业社会责任的履行情况提供了一种一目了然的综合载体；而且，企业编制和发布企业社会责任报告，本身就是积极履行社会责任的直接表现。

---

① 邓启稳：《西方社会责任信息披露特点、规则和实践研究——基于法国、美国、英国的经验》，《生态经济》，2010 年第 11 期。
② 同上。
③ 陈辉：《中国农业企业社会责任信息披露研究——基于国内外农业企业的对标》，《宏观经济研究》，2010 年第 10 期。

从全球企业发布的企业社会责任报告类型来说,既有专门反映某个方面社会责任履行情况的单项报告(如环境报告、慈善报告等),也有综合反映经济、环境和社会等方面社会责任履行情况的综合性报告(例如,孟山都公司的《2008—2009 公司责任与可持续发展报告》)。而综合性报告是企业社会责任报告的主流类型,因为全面反映了企业履行社会责任的情况。因此,我国国有企业社会责任信息披露形式应统一为综合性社会责任报告。①

(2)对国有企业社会责任信息披露所遵循指南进行引导。国有企业社会责任信息披露在遵循国务院国资委《关于中央企业履行社会责任的指导意见》的同时,还可参考国际上广泛应用的标准。

目前,国际上已经有许多组织制定了有关社会责任的标准,如联合国的"全球契约"(Global Compact)属于对企业社会责任的行为规范,国际标准化组织(ISO)发布的环境管理体系 ISO14000 系列属于企业社会责任管理体系的标准,社会责任国际组织(Social Accountability International)开发的社会责任准则 SA8000 属于企业社会责任的行为准则,而以 GRI 所编制发布的 G3 为代表的指南则是对企业社会责任信息披露方面的指南。以 G3 为代表的企业社会责任报告指南与其他标准之间有着一定的联系,都是要促进企业履行社会责任,但也有区别,其重点在于规范企业社会责任信息的披露。遵循国际上通行的报告指南,将有助于提高企业社会责任信息披露的质量和水平,也有助于提高信息披露的成本效益性。目前,GRI 正在根据不同行业的特点开发适用于各行业的具体指南,我国各行业企业应该积极关注其动态,吸收其精髓,提高企业社会责任信息披露的质量。②

值得欣慰的是,中国社会科学院经济学部企业社会责任研究中心研发编制的《中国企业社会责任报告编写指南(CASS – CSR 1.0)》于 2009 年 12 月公开出版发行,在充分借鉴国际通行标准和国外先进企业的最佳实践的基础上,结合我国的实际情况,提出了我国企业社会责任报告的编制原则、逻辑架构和内容体系,并考虑到不同行业的特点,除了通用指标外,还包含了农业在内的 37 个行业的补充指标体系。③ 我国有关部门应广泛宣传该指南,并积极引导相关行

---

① 陈辉:《中国农业企业社会责任信息披露研究——基于国内外农业企业的对标》,《宏观经济研究》,2010 年第 10 期。
② 同上。
③ 详细请见:中国社会科学院经济学部企业社会责任研究中心钟宏武、孙孝文、张蒽、张唐槟:《中国企业社会责任报告编写指南(CASS – CSR 1.0)》,经济管理出版社 2009 年版。

业企业遵循。

另外，我国国有企业也可充分借鉴国内外先进同行企业的实践（如上文中对标企业的比较分析），再结合企业本身的特点，进行社会责任信息的披露。

3. 加强企业社会责任信息披露的组织工作，具体来说要做好 3 个方面的工作：

（1）建立编制机构。如前所述，企业社会责任信息披露最好统一采用专门的社会责任报告，而企业一旦决定编制社会责任报告，就应该建立相应的编制机构，如成立企业社会责任报告编制小组，小组应由企业的主要领导牵头负责，并且，其成员应来自企业的各个部门，这样才能保证企业社会责任报告向利益相关者充分传递企业的社会责任理念与战略，以及保证报告内容的完整性。

（2）规划工作进度。从收集资料开始到企业社会责任报告的编制完成，要合理规划工作进度。企业可以根据打算发布社会责任报告的时间来倒推每一步骤所应该完成的时间。目前，在国际上越来越趋向于同时发布企业社会责任报告和企业年度财务报告，从而使经济绩效方面的信息披露可以相互对照，因此，企业可以按年度财务报告的发布时间来确定社会责任报告的发布时间，进而规划出整个工作进度。

（3）确定人员分工。根据所规划的工作进度，编制机构的人员应合理分工，确定他们之间的相互关系、协作方法以及所负责编制的内容。在企业内部人手不够的情况下，企业还可以决定将一些内容进行外包。[1]

4. 加强国有企业社会责任信息披露方式选择。国有企业社会责任信息披露方式的选择，应立足于目前社会责任信息披露实际，循序渐进地实现社会责任信息披露方式由低级到高级、由简单到复杂的转化。

（1）实现社会责任信息从表内分散披露向表内独立披露转化。[2] 当前，我国国有上市公司的社会责任信息分散在年度报告的不同部分。

分散在年度报告内各组成部分的社会责任信息，信息使用者要分门别类地加以寻找、汇总，才能获得社会责任信息的全貌。为了提高信息使用者使用信息的效率，实现社会责任信息从表内分散披露向表内独立披露很有必要。

李正研究社会责任信息披露方式时认为，年度报告内的独立披露形式是目

---

[1] 详细请见：中国社会科学院经济学部企业社会责任研究中心钟宏武、孙孝文、张蒽、张唐槟：《中国企业社会责任报告编写指南（CASS – CSR 1.0）》，经济管理出版社 2009 年版。
[2] 邓启稳：《上市公司社会责任信息披露目标研究》，《会计论坛》，2010 年第 1 期。

前最佳的社会责任信息披露形式。① 其理由如下：①在我国，注册会计师要审计年度报告中的财务报告，并且阅读年度报告中的其他部分，以确保那些叙述性的部分与财务报告的内容不存在矛盾。而且，管理者要保证不存在重大误报，我国企业在年度报告的首页都要明确表示："本公司董事会及其董事保证本报告所载资料不存在任何虚假记载、误导性陈述或者重大遗漏，并对其内容的真实性、准确性和完整性承担个别及连带责任。"现代社会的报纸、网络等大众媒体十分发达，如果企业在披露社会责任信息方面造假，一旦被财经报纸或者证券公司的分析师揭露，企业相关领导就有可能被追究责任，造成声誉损失或经济损失，甚至承担刑事责任。②对公众信心的潜在影响以及企业管理层自身的道德约束也是提供真实的年度报告信息的动力。因为年度报告的问责机制和审计师对年度报告中除财务报告之外的信息也要了解，所以，其信息的可靠性要比年度报告之外的其他两种披露形式要高。③在现阶段，复杂的社会利润表、复杂的社会资产负债表等高级报表形式由于计量方法、披露成本等原因不适合采用。

在年报中独立披露社会责任信息，可以采用在年报"附注"中披露企业社会责任方面的信息。除了在年报"附注"中披露社会责任信息外，环境敏感型的企业还可以独立编制污染报告、环境报告来披露社会责任信息。劳动密集型的上市公司，其雇员的权益容易受到侵害，可以编制雇员报告来披露社会责任信息。

（2）国有企业编制社会责任报告披露社会责任信息。如果表内独立披露的社会责任信息还不能完整和明确地展现国有企业履行社会责任的全貌，那么，通过文字叙述和具体数据编制社会责任报告就提到了议事日程。企业社会责任报告是指按照一定标准，定期披露企业的环境、社会信息的报告。企业社会责任报告又称可持续发展报告、企业公民报告、企业责任报告、企业社会报告、非财务报告等。② 早在1999年，壳牌（中国）公司发布了第一份中文的企业社会责任报告。之后，包括宝钢、中石油、国家电网、东风汽车、大众中国等众多企业，均纷纷发布了企业社会责任报告（有些称为企业环境报告），我国企业发表报告的数量一直保持持续增长的势头。从2006年起，越来越多的中国企业开始发布社会责任报告。

---

① 李正：《构建我国企业社会责任信息披露体系研究》，《经济经纬》，2006年第6期。
② 邓启稳：《上市公司社会责任信息披露目标研究》，《会计论坛》，2010年第1期。

从企业的社会责任报告来看,不同的企业采取不同的格式和方法编制企业社会责任报告,披露社会责任信息的质量参差不齐。为了提高企业社会责任报告的质量和水平,实现报告披露信息的可信性、一致性和可比性,方便信息使用者的阅读,提高使用者的效率,制定社会责任报告编制规范很有必要。

社会责任报告编制规范可由我国政府部门和行业组织制定,可借鉴全球报告倡议组织的《可持续发展报告指南》,结合我国的自然、经济和社会特点,对社会责任报告应该包含什么类型的信息,这些信息应该如何被收集、分析和披露等进行规定。

(3)国有企业编制增值表披露社会责任信息。赵相华从 4 个方面提出将增值表纳入财务报告体系的理由。[①] 王氩从 3 个方面分析了增值表的作用,指出增值表是联系企业微观会计和国家宏观会计的纽带。[②] 庄莹从社会层面和技术层面分析了我国通过编制增值表披露社会责任信息的可行性。[③]

因此,增值表的编制在企业应承担社会责任的基础上满足了利益相关者的一定使用需求,能够提供相当有用的财务信息,它丰富了企业对外报表的内容,借鉴西方国家有关社会责任会计的理论和经验,编制有我国特色的增值表,不仅必要,而且势在必行。[④]

(4)全面实施"进入会计"的社会责任信息披露。所谓"进入会计"的社会责任信息披露[⑤],就是由企业将与社会责任相关的信息用会计语言记录并输入计算机,建立一个完整的社会责任信息数据库;企业向社会责任信息用户提供"进入"数据库的方式,用户通过互联网"进入"数据库,使用相应的计算机软件,按用户的需要处理、加工数据,生成符合用户特定要求的社会责任信息报告。

"进入会计"的社会责任信息披露将会计的功能划分为两大部分:编辑功能(compiling)和验证功能(attestation)。编辑功能就是对社会责任的信息和数据进行追踪(tracking)、归类(categorizing)、集合(aggregating),并概念化(conceptualizing)到社会责任资产、社会责任负债和社会责任权益、社会责任收

---

① 赵相华:《对企业社会责任会计信息披露模式的思考——增值表编制方法分析》,《财政监督》,2008 年第 3 期,第 11 页。
② 王氩:《增值表——第四张会计报表》,《广西会计》,2003 年第 3 期,第 12 页。
③ 庄莹:《基于企业社会责任的增值表》,《会计之友》(中),2006 年第 12 期,第 41 页。
④ 邓启稳:《上市公司社会责任信息披露目标研究》,《会计论坛》,2010 年第 1 期。
⑤ 参考梅山、郑春美:《"进入会计"——用户导向型的会计信息披露模式》,《财会通讯》(学术),2004 年第 3 期,第 36–38 页。

益、社会责任成本费用等要素中。验证功能就是对社会责任信息进入社会责任信息数据库的步骤和程序进行验证。①

"进入会计"的社会责任信息披露，企业可以选择两种方式完成：

一是披露未经汇总的、基础的社会责任数据或信息。该种方式披露的社会责任信息全面、详尽。但社会责任信息使用者自己需要对社会责任信息进行判断、选取、加工，需要社会责任信息使用者有一定的专业知识和能力。随着信息技术的革命的进行，一种基于互联网的财务报告语言——可扩展的企业报告语言（XBRL）得到应用，"进入会计"的社会责任信息披露的技术条件基本成熟。因为计算机技术和网络技术的发展使加工生成社会责任信息的成本大大降低，为充分、及时披露社会责任信息，满足社会责任信息使用者对社会责任信息的需求提供了可能。采用"进入会计"的社会责任信息披露方式，则将极大地提高社会责任信息的及时性与有用性；社会责任信息使用者可以通过网络技术实现与企业会计部门之间的社会责任资源共享，获取原始的社会责任数据，再运用现代化会计软件，加工自己所需的社会责任信息。

二是披露经过汇总处理的社会责任报告或报表。一旦企业成功实现"进入会计"的社会责任信息披露，必将实现社会责任信息披露革命性飞跃。

---

① 邓启稳：《上市公司社会责任信息披露目标研究》，《会计论坛》，2010年第1期。

第四章 国有企业社会责任信息披露影响因素分析

一、引言

与民营企业或者外资企业相比，国有企业目标不仅包括经济目标，也包括非经济目标，因此，更倾向于披露社会责任信息，且信息披露更规范。国有企业是社会各界关注的焦点，值得对其社会责任信息披露问题进行深入研究。目前，对于该问题的研究还不多，且现有的文献在指标设置、数据或方法选取等方面都存在不足。因此，本章将对国有企业社会责任信息披露（以下简称为SRD）的影响因素进行更系统、深入的分析。

为了构建与社会责任信息披露问题相匹配的微观计量模型，笔者结合信号发送理论和多目标决策理论，采用面板数据模型、离散选择模型，多层次、多维度地动态分析影响国有企业社会责任信息披露的各类因素，为我国国有企业社会责任信息披露的影响因素提供一些经验依据，也为企业社会责任信息的提供者、使用者及监管者提供理论参考。

二、文献综述

（一）国外影响因素研究

就笔者收集的资料来看，企业社会责任信息披露影响因素的研究成果主要集中在国外。根据本书需要，对以下几个方面研究成果进行综述。

1. 企业外部影响因素。Gray 利用合法性理论解释披露环境和社会责任信息的行为，企业通常以社会责任信息报告的形式来证明它行为的合法性。Deegan colleagues and Patten 的研究表明，当组织所在的行业要面对环境污染、违反人权、法律诉讼等困境时，环境和社会责任信息披露的数量更多。Epstein and Freedman 认为，遵守信息披露法规是企业进行社会责任信息披露的主要原因。

Epsteinand Freedman 发现，个人投资者需要更多的企业社会责任信息。Epstein and Freedman 对个人投资者的调查表明，其对有关产品安全和质量以及企业环境活动方面的信息有强烈的需求。Simon 的研究表明，非政府组织影响日益强大，要求企业提供有关公平贸易、人权、工人权利、环境影响、财务健康及企业治理领域的信息。

2. 企业内部因素。企业社会责任信息披露行为除了受到来自诸如立法者、定规者和利益相关者的影响外，企业社会责任信息披露行为也存在着内部的影响因素。社会责任信息披露随着企业规模和媒体可见度、企业绩效、行业、企业的所有权和治理结构而不同。①

（二）国内影响因素研究

国内关于企业社会责任信息披露影响因素的研究成果很有限，主要有黎精明、阳秋林、沈洪涛、李正、李诗田等。沈洪涛研究了我国企业社会责任信息披露与企业特点的相关性问题，她发现企业规模越大、长期盈利能力越好，披露的社会责任信息越多；上市地点对企业社会责任信息披露也有显著影响。② 李正使用上海证券交易所的 642 家样本企业，检验了企业社会责任信息披露的影响因素。他发现，资产规模、重污染行业因素与企业的社会责任信息披露正相关；企业盈利能力、ST 类企业与企业社会责任信息披露负相关。③ 李诗田以 2005—2007 年中国上市企业社会责任报告作为样本，用普通多元回归分析法（OLS）对合法性、代理冲突与企业社会责任信息披露水平的关系进行了回归分析，认为合法性因素对企业社会责任信息披露有积极影响。

（三）国内外研究存在的问题

国内外研究缺少宏观层面的影响因素分析，较少采用面板数据作动态研究，没有考虑到结果变量的多层次、多维度的问题，最重要的是，没有将理论与计量经济学模型完美对接。

---

① 李锐、平卫英：《国有企业社会责任信息披露行为与监督评价机制探析》，《财政研究》，2009 年第 10 期，第 72－73 页。
② 沈洪涛、金婷婷：《我国上市公司社会责任信息披露的现状》，《审计与经济研究》，2006 年第 5 期，第 85－87 页。
③ 李正、向锐：《中国企业社会责任信息披露的内容界定、计量方法和现状研究》，《会计研究》，2007 年第 7 期，第 3－11 页。

三、分析框架

（一）采用面板数据

现有研究大多使用的是截面数据，即在某一时点上观察个体的各项指标。一般来说，截面数据通常适用于探索性和描述性研究。然而，笔者是对影响因素进行分析，因果关系成立的必要条件之一，就是现象发生的先后顺序，即原因应该先于结果。因此，截面数据所包含的变量信息反映的都是调查时点处的状态和行为，通常不包含时间的先后。为了克服这一不足，笔者采用面板数据进行空间和时间的动态分析，这有利于对未被观测到的异质性进行控制且能够进一步描述影响因素的变化趋势；同时，与以往研究不同的是，笔者所选取的样本量较大，因此更具说服力。

（二）多层次分析

本文将信息披露分为两个层面，对其进行多维度分析：一是对信息披露合规性、合法性进行分析，包括信息披露的规范性与丰富性，信息披露的规划与设置完整性，信息披露的可信性、可读性和可比性，信息披露的核心内容完备性；二是多目标决策层面，包括员工信息披露、客户信息披露、环境信息披露、政府信息披露以及社会组织信息披露。同时，每项指标的信息披露质量存在不同层次：信息披露基本符合要求、信息披露比较好、信息披露非常令人满意。[①] 此外，以上每项指标的影响因素都有很多，大体分为四个层次：第一层次影响因素、第二层次影响因素、企业内部影响因素、宏观影响因素。

（三）合法性理论

企业积极地进行 SRD 主要是表明该企业是一个好的社会公民，从而获得各利益相关者的认可，此时的披露主要是以一种合法性的工具出现，以示企业的行为遵守了利益相关者心目中的准则和期望。[②] 关于合法性理论主要来自 Deegan、Deephouse、Carter、Neu、Patten、Crampton、Zimmerman、Zeitz 等学者。

（四）信号发送理论

Demski and Feltham 运用信息经济学理论为财务信息披露行为作出了严格的

[①] 李锐、赵妍：《国有企业社会责任信息披露的有效性研究》，《统计与决策》，2013 年第 8 期，第 173 – 175 页。
[②] 同上。

推理分析，开创了分析式会计，也为后续研究者提供了一个理论的分析框架。笔者发现，我国国有企业 SRD 有如下特点：国有企业有选择地进行披露；部分企业进行披露；披露内容多样化；信息的披露可能引起政府部门的行政干预而产生政治成本，或可能引起消费者减少对企业产品的需求而使企业的利润下降，或可能引起企业职工或其他资源提供方提出对原有合约进行重新谈判的要求而带来不必要的成本，或可能直接有损企业的商业信用，或者已存或潜在的竞争对手利用披露的有关信息采取新的竞争策略而使企业处于竞争的不利地位等，这些都成为信息披露的成本；与此同时，社会责任信息披露类似于劳动力市场的信号传递，只有部分信号传递成本低于一定程度的企业才会选择信息披露，当然，决定信息披露的因素不止于此，但这是主要原因。① 本书认为，信号传递模型可以很好地刻画该行为。

图 4-1 说明了企业信号发送过程的各要素。企业进行社会责任信息披露的行为实质是信号发送过程，环境信息披露、利益相关者信息披露等都是企业对外界发送的信号，在此过程中，企业进行着选择，同时还存在信号发送成本。当市场获取这些信息后，社会各界便得知企业履行社会责任的情况，于是会开始新一轮的评价，调整原先的条件概率信念，形成新的衡量标准，然后，企业继续发送信号，如此循环往复。

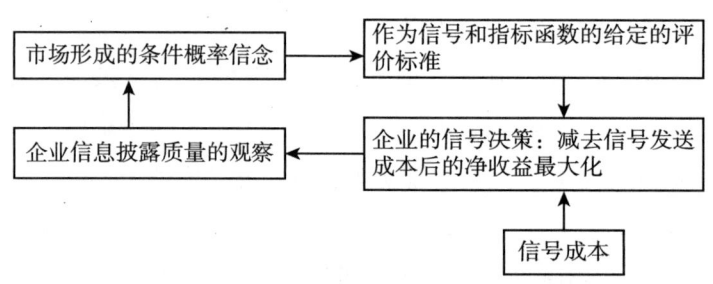

图 4-1　企业社会责任信息披露的市场反馈

（五）多目标决策理论

国有企业的本质属性——国有性，决定了它和属于私有范畴的一般企业，在组织目标上应该有本质的区别。国有企业不像私有企业那样仅仅追求经济目标。

---

① 李锐、平卫英：《国有企业社会责任信息披露行为与监督评价机制探析》，《财政研究》，2009 年第 10 期，第 72-73 页。

白重恩、李涛、沈志渔研究表明,当前国有企业经营目标多元化,并且在短时间内非经济目标占主导地位。因此,在构建国有企业行为模型目标函数时应考虑目标的多样性。①

(六) 理论与计量模型相结合

对于研究方法而言,现有研究主要采用的是以马歇尔提出的代表性厂商和代表性消费者为基础的考尔斯计量经济学。但是,所有文献得到的数据都有以下特征:代理人具有普遍的异质性和行为的多样性;样本存在比较明显的自选择问题,很多国有企业社会责任信息并未被披露。因此,必须建立精确、公式化的个体行为模型,并根据个体数据对模型进行估计,这样将拉近理论与数据之间的距离。②

笔者的主要观点如下:国有企业信息披露是一种选择行为,因此模型为非线性,该选择同时具备社会性与经济性;模型应具备刻画数据自选择的能力,因为大部分企业并未公布社会责任信息;该模型应反映多目标决策的内容,反映在具体统计问题上就是大量变量的内生性③,也就是社会责任信息披露的选择和一些解释变量的相关性问题,该问题会导致模型估计的无效性,即常用的回归模型及最小二乘均会失效。因此,笔者将采用面板数据模型、离散选择模型,便于更好地刻画异质性,从而有效分析国有企业社会责任信息披露的影响因素。

四、影响因素选择

(一) 大股东所有权

在中国,所有权具有独特的特点。与发达国家的上市企业不同,大多数上市的中国企业最初是由国有企业转化而来,有三个不同类型的股份所有权:国有股,法人股和个人股。大股东所有权是大股东持有的股份比例(即5%或以上的股权)。Jensen and Meckling 认为,大股东应该有更大的权力和动力去监督管理,因为他们的财富与企业的财务表现息息相关。④ Hossain、Chau and Gray 分

---

① 李锐、赵妍:《国有企业社会责任信息披露的有效性研究》,《统计与决策》,2013年第8期,第173 - 175页。
② 李锐、平卫英:《国有企业社会责任信息披露行为与监督评价机制探析》,《财政研究》,2009年第10期,第72 - 73页。
③ 同上。
④ 邓凤姣:《国有企业社会责任信息披露完备性影响因素分析》,《武汉金融》,2012年第10期,第27 - 29页。

别利用马来西亚、中国香港和新加坡的上市企业揭露出了所有制结构和自愿性信息披露之间的正相关关系。

（二）独立董事人数

董事会是企业战略的决策机构，把社会责任作为决策准则之一，能够对社会责任有较高的重视，企业才能更好地履行社会责任并进行信息披露。较大规模的董事会可以提供多角度的决策咨询，帮助企业获得更多的资源来披露社会责任信息。董事会中的独立非执行董事被视为监控经理人员行为的一种工具，他们将导致企业自愿披露更多的信息，包括企业的社会责任信息。Forker 认为，董事会中独立非执行董事的比例越高，就越能加强对信息披露质量的监控。①

（三）企业规模

Patten 对美国企业年报中社会责任信息披露质量的研究证明了企业规模是重要的解释变量，较大的企业很可能比小企业受到更多的公众关注，而且，小企业也可能不需要通过年报或者其他正规渠道来同股东沟通有关其社会责任信息。Simon 对 FTSE – Good 前 150 家企业的实证研究表明，社会责任信息的报告成果与企业规模有关，大型企业和中型企业社会责任报告明显不同于小企业的相关报告。② 李正认为，企业规模越大，企业越倾向于披露社会责任信息。由于大企业具备更多可用资源，并且有着更高的可见度，对外部压力集团的检查也更加敏感，因此，很可能履行并报告更多的社会责任事业。

（四）行业属性

Cowen 等研究表明，企业所属的不同行业会影响企业的社会责任信息披露，某些行业披露的企业社会责任信息明显多于其他行业。Dierkes and Preston 认为，那些会对环境有重大影响的行业更有可能披露社会责任信息。③《环境保护法》《劳动法》等要求重污染企业在环境保护、员工福利、社区等方面从事更多企业 SRD 的活动，因此，这类企业会披露社会责任信息表明自己的行为。④

所属行业包括两种类型：消费者靠近型，环境敏感型。根据消费者靠近程度的不同，笔者进一步将其细分为高知名度行业和知名度较低的行业。根据以

---

① 马连福、赵颖：《上市公司社会责任信息披露影响因素研究》，《证券市场导报》，2007 年第 3 期，第 4 – 9 页。
② 同上。
③ 邓凤姣：《国有企业社会责任信息披露完备性影响因素分析》，《武汉金融》，2012 年第 10 期，第 27 – 29 页。
④ 李正：《企业社会责任信息披露影响因素实证研究》，《特区经济》，2006 年第 8 期，第 324 – 325 页。

往的文献,高知名度的行业包括:家居用品、纺织品、饮料、食品和药物、电信服务、电力、天然气、自来水、金融等。本文用 0—1 变量对众多企业加以指明:1 表示知名度较高的企业;0 表示知名度较低的企业。同样,根据环境敏感性的差异,进一步将所属行业(环境敏感型)划分为两类,并用 0—1 变量加以指明:1 表示一个企业来自对环境敏感度较高的行业,0 表示一个企业来自对环境敏感度较低的行业。

(五)上市时间

上市时间越长,企业越成熟、规范,受到外界的关注也越多,企业会更加在意自己的声誉,倾向于披露更多的社会责任信息。

(六)成本

在现有的文献中,较少有研究将成本作为解释变量来分析企业社会责任信息披露,然而,笔者认为成本是企业 SRD 重要的影响因素。白重恩、李涛、沈志渔研究表明,当前国有企业经营目标多元化,并且在短时间内非经济目标占主导地位。李涛发现,国有企业现期内社会责任成本在整个成本中占比比较固定。企业社会责任成本越大,表明企业在社会责任方面做得越多,因此,越倾向于披露社会责任信息。[1]

(七)盈利

Archel、Brammer and Pavelin、Patten、Purushothaman 研究表明,盈利能力不是企业社会责任信息披露的一个重要决定因素。Preston 提出的提供资金假说认为,好的盈利状况使企业有更宽裕的资源投入企业社会责任活动,因此,也更有可能披露社会责任信息。从利益相关者的角度来看,人们期望经济效益和社会责任信息披露呈正相关关系。针对存在的这些结果和不同的解释,企业盈利能力和社会责任信息披露之间的联系尚未得到确切的验证。

(八)编制依据、报告审验、反馈方式

基于合法性理论,企业会倾向于披露更多的社会责任信息来表示他们遵守了利益相关者的准则和期望。李诗田认为,合法性压力对企业社会责任信息披露有积极影响。编制依据、报告审验以及反馈方式可以对企业起到更好的指导和规范作用。[2]

---

[1] 李正:《企业社会责任信息披露影响因素实证研究》,《特区经济》,2006 年第 8 期,第 324 – 325 页。
[2] 邓凤姣:《国有企业社会责任信息披露完备性影响因素分析》,《武汉金融》,2012 年第 10 期,第 27 – 29 页。

企业社会责任报告的编制依据多种多样，主要有上交所指引、深交所指引、GRI 可持续发展报告指南、中国工经联指南、国资委指导意见、行业指引、金融机构社会责任指引等。企业在进行社会责任信息披露时遵循这些编制依据的指引，对规范其社会责任报告撰写大有裨益，信息披露质量也会随之提升。

审验报告是专业审计机构对于企业社会责任报告的审计结果，对于报告的可信性、权威性有比较大的提升。因此，它也是企业社会责任信息披露的重要影响因素。

反馈方式及反馈问卷是报告使用者（利益相关者）与企业进行沟通的重要渠道，它也是企业社会责任报告的重要组成部分。是否有反馈方式对企业社会责任信息披露的完整性以及与利益相关者的沟通都产生了较大影响。

（九）经济环境

笔者用企业所在地的 GDP 得分作为衡量经济环境的指标，经济环境作为宏观影响因素，对企业的生存和发展以及从事社会责任的行为都会产生一定的影响。通常情况下，企业所处的经济环境越好，会更加受到外界关注，因而需要披露更多的社会责任信息。①

（十）其他解释变量

为了测试主要假设，我们还选择了其他几个与国有企业社会责任信息披露有关的因素作为多元回归模型中的解释变量，包括董监事及高管总人数、董事会人数、监事会人数等。

综上所述，本书选取第一大股东持股比例、董监事及高管总人数、董事会人数、独立董事人数、监事会人数、盈利、成本、上市时间、所属行业（消费者靠近型、环境敏感型）、企业规模、编制依据、报告审验、反馈意见以及经济环境等因素来分析国有企业 SRD 的披露质量。②

五、方法与模型

如前文所述，鉴于因变量多层次，样本存在不可观测的个体差异性，本部分采用面板数据模型、离散选择模型便于更好地刻画异质性，减少变量之间发

---

① 邓凤姣：《国有企业社会责任信息披露完备性影响因素分析》，《武汉金融》，2012 年第 10 期，第 27 - 29 页。
② 李锐、赵妍：《国有企业社会责任信息披露的有效性研究》，《统计与决策》，2013 年第 8 期，第 173 - 175 页。

生多重共线性的可能,从而有效分析国有企业社会责任信息披露的影响因素。主要模型包括以下几种:

(一) Random effects ordered probit 模型

此模型有利于分析多变量以及个体异质性对信息披露质量的影响。模型如下:

$$y_{it}^* = \alpha_i + x_{it}'\beta + \varepsilon_{it} \quad \varepsilon_{it}|x_i \sim N[0, 1]$$

当 $\mu_{j-1} < y_{it}^* < \mu_j$ 时,$y_{it} = j \quad j = 0, 1, \cdots, J$

$\mu_{-1} = -\infty$,$\mu_0 = 0$,$\mu_J = +\infty$

$$P\{y_{it} = j|x_i\} = \Lambda(\mu_j - \alpha_i - x_{it}'\beta) - \Lambda(\mu_{j-1} - \alpha_i - x_{it}'\beta)$$

当 $y_{it} > j$ 时,$w_{it,j} = 1 \quad j = 0, \cdots, J-1$

$$P\{w_{it,j} = 1|x_i\} = \Lambda(\alpha_i - \mu_j + x_{it}'\beta)$$
$$= \Lambda(\theta_i + x_{it}'\beta)$$

模型中引入潜在变量 y_{it}^*,i 表示 i 个企业,t 表示时间,j 代表了因变量的不同层次,μ_j 表示未知的分割点,Λ 代表正态分布的分布函数。

(二) Random effects generalized ordered probit 模型

此模型可以很好地描述不可观测的个体异质性,以便进一步分析各因素对于信息披露质量不同层次的影响效果。因变量取不同层次的条件概率如下[①]:

$$P\{Y_{it} = 1|x_{it}, \alpha_i\} = F(-x_{it}'\beta_1 - \alpha_i)$$
$$P\{Y_{it} = j|x_{it}, \alpha_i\} = F(-x_{it}'\beta_j - \alpha_i) - F(-x_{it}'\beta_{j-1} - \alpha_i)$$
$$j = 2, \cdots, J-1$$
$$P\{Y_{it} = J|x_{it}, \alpha_i\} = 1 - F(-x_{it}'\beta_{J-1} - \alpha_i)$$

其中,$y \in \{1, 2, \cdots J\}$,代表了因变量 y 的不同层次,i 表示 i 个企业,t 表示时间,α_i 是截距项,β 是一个随机变量,会随着 y 的不同层次发生改变。F 代表标准正态分布或 logistic 分布的分布函数。

(三) Ordered probit regression 模型

此模型可以有效地捕捉因变量的离散性,从而分析解释变量对其的影响。此模型的具体展开表示如下:

$$y^* = \beta x + \varepsilon \quad \varepsilon|x \sim N[0, 1]$$

---

① 邓凤姣:《国有企业社会责任信息披露完备性影响因素分析》,《武汉金融》,2012 年第 10 期,第 27 – 29 页。

当 $y^* \leq \mu_1$ 时，$y = 0$

当 $\mu_1 < y^* \leq \mu_2$ 时，$y = 1$

……

当 $y^* > \mu_J$ 时，$y = J$

$y = 0, 1\cdots$ 的概率分别为：

$P\{y=0|x\} = P\{y^* \leq \mu_1|x\} = \Phi(\mu_1 - \beta x)$

$P\{y=1|x\} = P\{\mu_1 < y^* < \mu_2|x\} = \Phi(\mu_2 - \beta x) - \Phi(\mu_1 - \beta x)$

……

$P\{y=J|x\} = P\{y^* > \mu_J|x\} = 1 - \Phi(\mu_J - \beta x)$

其中，y 为被解释变量，x 为解释变量，Φ 为标准正太分布的累计密度函数，μ_j 为未知的分割点。

(四) 分时模型

本部分分别选取 2009 年、2010 年、2011 年来进一步分析解释变量对该信息披露质量影响的时间变化趋势。基本模型如下：

$y_{it}^* = \beta_{it} x_{it} + \varepsilon_{it} \quad \varepsilon_{it}|x_{it} \sim N[0, 1]$

当 $y_{it}^* \leq \mu_1$ 时，$y_{it} = 0$

当 $\mu_1 < y_{it}^* \leq \mu_2$ 时，$y_{it} = 1$

……

当 $y_{it}^* > \mu_J$ 时，$y_{it} = J$

$y_{it} = 0, 1\cdots$ 的概率分别为：

$P\{y_{it}=0|x_{it}\} = P\{y_{it}^* \leq \mu_1|x_{it}\} = \Phi(\mu_1 - \beta_{it} x_{it})$

$P\{y_{it}=1|x_{it}\} = P\{\mu_1 < y_{it}^* \leq \mu_2|x_{it}\} = \Phi(\mu_2 - \beta_{it} x_{it}) - \Phi(\mu_1 - \beta_{it} x_{it})$

……

$P\{y_{it}=J|x_{it}\} = P\{y_{it}^* > \mu_J|x_{it}\} = 1 - \Phi(\mu_J - \beta_{it} x_{it})$

其中，i 表示企业，t 表示时间，Φ 标准正太分布的累计密度函数、μ_i 为未知的分割点。

本部分将分别用以上 4 个模型来分析国有企业 SRD 的规范性与丰富性、核心内容完备性、客户信息披露；分别用模型一和模型四来分析国有企业 SRD 的规划与设置完整性，信息披露的可信性、可读性与可比性，员工信息披露[1]，环

---

[1] 李锐、赵妍：《国有企业社会责任信息披露的有效性研究》，《统计与决策》，2013 年第 8 期，第 173-175 页。

境信息披露，政府信息披露和社会组织信息披露。

六、国有企业社会责任信息披露各指标披露质量的影响因素分析

（一）信息披露的规范性与丰富性的影响因素分析

信息披露的规范性与丰富性（z1）包含3个层次：信息披露质量基本符合要求，信息披露质量比较令人满意，信息披露质量非常令人满意。[①]

1. 模型一：Random Effects Ordered Probit 模型。此模型有利于分析多变量和个体差异性对国有企业 SRD 规范性与丰富性的影响。

从表4-1可知，似然比检验结果表明变量的选择比较合理，模型整体拟合效果较好。ρ 估计值表示个体差异对该信息披露质量差异的解释力度达到了60.4%。其中，成本、编制依据、报告审验及反馈意见这些因素的影响较显著，且都是正面的影响；第一大股东持股比例、董监事及高管总人数、董事会人数、监事会人数、盈利、所属行业（环境敏感型）、企业规模、经济环境这些因素的影响程度较弱。

表4-1　　　信息披露的规范性与丰富性随机效应有序probit 模型的估计结果

信息披露的规范性与丰富性（z1）	Coef	标准差	Z 值	P 值
第一大股东持股比例（x5）	0.007	0.01	0.66	0.508
董监事及高管总人数（x7）	0.013	0.036	0.37	0.711
董事会人数（x8）	-0.065	0.09	-0.72	0.469
独立董事人数（x13）	0.301	0.194	1.55	0.1200 *
监事会人数（x15）	-0.138	0.109	-1.26	0.206
盈利（x17）	-0.005	0.006	-0.78	0.435
成本（x201）	0.33	0.124	2.65	0.0080 ***
上市时间（age）	0.001	0.001	1.89	0.0580 **
所属行业（消费者靠近型）（I22a）	0.621	0.414	1.5	0.134
所属行业（环境敏感型）（I22b）	0.124	0.346	0.36	0.72
企业规模（I23）	-0.271	0.388	-0.7	0.486
编制依据（I32a）	0.936	0.355	2.64	0.0080 ***

---

① 邓凤姣：《国有企业社会责任信息披露完备性影响因素分析》，《武汉金融》，2012年第10期，第27-29页。

续表

信息披露的规范性与丰富性（z1）	Coef	标准差	Z 值	P 值
报告审验（I33）	1.463	0.487	3	0.0030 ***
反馈意见（I34）	2.227	0.432	5.16	0.0000 ***
经济环境（I211a）	0.135	0.134	1.01	0.314
_cut1	10.53	2.954	3.56	0
_cut2	11.513	2.987	3.85	0
rho	0.604	0.089	6.8	0
Number of obs	363			
LR chi2（15）	80.07			
Log likelihood	-245.54			
Prob > chi2	0			

注：*** 表示在1%水平上显著；** 表示在5%水平上显著；* 表示在10%水平上显著。

成本对国有企业 SRD 的规范性与丰富性的影响是正面的，且影响程度为139%，这说明了企业社会责任成本越大，会越倾向于披露更多的社会责任信息。

编制依据、报告审验、反馈意见国有企业 SRD 的规范性与丰富性的影响是正面的，且影响程度分别为255%、432%、927%，这与合法性理论相符合。[①]

2. 模型二：Random effects generalized ordered probit 模型。此模型可以很好地捕捉到不可观测的个体异质性，以便进一步分析各因素对于国有企业 SRD 信息披露规范性与丰富性不同层次披露质量的影响效果。

此模型中，equation1 是 z1 的第一类和第二、三类进行比较；equation2 是 z1 的第一、二类和第三类进行比较。该模型可以更进一步地比较这些解释变量对 z1 3 个层次影响效果的变化。

从表 4-2 可知，ρ 估计值显示个体差异对该信息披露质量差异的解释力度达到了 59.5%。在方程 1 中，成本、上市时间、反馈意见、监事会人数这些因素的影响较显著，可见，信息披露规范性和丰富性的披露质量从基本符合要求上升到比较令人满意时，这些因素的影响比较大，尤其是反馈意见和成本；并且，除了监事会人数以外其他因素的影响都是正面的。相比之下，董监事及高

---

① 邓凤姣：《国有企业社会责任信息披露完备性影响因素分析》，《武汉金融》，2012 年第 10 期，第 27-29 页。

管总人数、编制依据、经济环境这些因素的影响效果比较弱。其中，成本对国有企业 SRD 的规范性与丰富性的影响程度为 135%。这说明了企业社会责任成本越大，会越倾向于披露更多比较令人满意的社会责任信息。同样，上市时间对国有企业 SRD 的规范性与丰富性的影响程度为 106%，这说明上市时间越长，企业更愿意披露比较令人满意的社会责任信息，该结果验证了 fama 的假设。反馈意见对国有企业 SRD 的规范性与丰富性的影响程度为 1110%，这意味着有反馈意见的企业更愿意披露比较令人满意的社会责任信息，与合法性理论相符。监事会人数对国有企业 SRD 的规范性与丰富性的影响是负面的，且影响程度为 80%，这说明监事会人数多的企业并不愿意披露比较令人满意的社会责任信息。①

表 4–2　　信息披露的规范性与丰富性广义随机效应有序 probit 模型估计结果

信息披露的规范性与丰富性（z1）	Coef	标准差	Z 值	P 值
mleq1				
第一大股东持股比例（x5）	0.012	0.011	1.15	0.25
董监事及高管总人数（x7）	0.045	0.043	1.05	0.294
董事会人数（x8）	−0.157	0.105	−1.49	0.135
独立董事人数（x13）	0.28	0.221	1.27	0.204
监事会人数（x15）	−0.22	0.124	−1.78	0.0760*
盈利（x17）	−0.008	0.007	−1.1	0.273
成本（x201）	0.303	0.131	2.31	0.0210**
上市时间（age）	0.061	0.029	2.09	0.0360**
所属行业（消费者靠近型）I22a	0.743	0.478	1.55	0.1200*
所属行业（环境敏感型）I22b	0.535	0.385	1.39	0.164
企业规模（I23）	−0.438	0.41	−1.07	0.285
I32a（编制依据）	0.42	0.442	0.95	0.342
I33（报告审验）	0.676	0.584	1.16	0.247
I34（反馈意见）	2.407	0.528	4.56	0.0000***
经济环境（I211a）	0.105	0.149	0.71	0.479
_cons	−9.424	2.984	−3.16	0.002

---

① 邓凤姣：《国有企业社会责任信息披露完备性影响因素分析》，《武汉金融》，2012 年第 10 期，第 27–29 页。

续表

信息披露的规范性与丰富性（z1）	Coef	标准差	Z 值	P 值
mleq2				
第一大股东持股比例（x5）	0.01	0.012	0.8	0.421
董监事及高管总人数（x7）	0.03	0.049	0.6	0.546
董事会人数（x8）	0.116	0.115	1.01	0.313
独立董事人数（x13）	-0.1	0.258	-0.39	0.698
监事会人数（x15）	-0.057	0.138	-0.41	0.68
盈利（x17）	-0.001	0.007	-0.19	0.848
成本（x201）	0.298	0.155	1.93	0.0540**
上市时间（age）	0	0.001	0.47	0.64
所属行业（消费者靠近型）I22a	0.521	0.49	1.06	0.287
所属行业（环境敏感型）I22b	-0.439	0.404	-1.09	0.277
企业规模（I23）	0.158	0.52	0.3	0.761
I32a（编制依据）	1.737	0.448	3.88	0.0000***
I33（报告审验）	2.231	0.631	3.54	0.0000***
I34（反馈意见）	2.265	0.521	4.35	0.0000***
经济环境（I211a）	0.275	0.165	1.67	0.0950*
_cons	-13.16	3.631	-3.62	0
rho	0.595	0.089	6.67	0
Number of obs	363			
LR chi2（30）	35.41			
Log likelihood	-222			
Prob > chi2	0.228			

注：*** 表示在1%水平上显著；** 表示在5%水平上显著；* 表示在10%水平上显著。

在方程2中，除了编制依据、报告审验、反馈意见这几个影响因素之外，其他因素的影响程度都有不同幅度的增强，比如，监事会人数的P值由0.076变为0.68，说明z1从"基本符合要求"上升到"比较令人满意"时，监事会人数的影响比较大，而当z1从"比较令人满意"过渡到"非常令人满意"时，这一因素的影响程度相当小。相反，从方程1到方程2，编制依据、报告审验、反馈意见这些影响因素的影响程度明显变大，且都是正的影响，影响程度分别为568.03%、930.92%、963.11%。这说明了合规性理论对于企业披露非常令人满意的社会责任信息更有效。

3. 模型三：Ordered probit regression 模型。由于国有企业 SRD 的规范性与丰富性存在不同的层次，有序 probit 模型可以有效地捕捉因变量的离散性，从而分析解释变量对其的影响。

从表 4-3 可以看出，Pseudo R^2 表明变量的选择比较合理，模型整体拟合效果比较好，但仍存在一些不可观测的影响因素。其中，成本、上市时间、所属行业（消费者靠近型）、编制依据、报告审验以及反馈意见这些因素的影响程度较大，且都是正面的影响；第一大股东持股比例、董监事及高管总人数、董事会人数、盈利、所属行业（环境敏感型）以及企业规模等因素的影响程度较小。①

成本对国有企业 SRD 的规范性与丰富性的影响是正面的，且影响程度为 121%，这说明了企业社会责任成本越大，会越倾向于披露更高质量的社会责任信息。上市时间对国有企业 SRD 的规范性与丰富性的影响程度为 100%，这说明上市时间越长，企业更愿意披露更高质量的社会责任信息，该结果验证了 fama 的假设。所属行业（消费者靠近型）对国有企业 SRD 的规范性与丰富性的影响是正面的，且影响程度为 158%，这说明了消费者靠近型的行业更容易披露社会责任信息。编制依据、报告审验、反馈意见对国有企业 SRD 的规范性与丰富性的影响是正面的，且影响程度分别为 191%、184%、497%，这与合法性理论相符合。

表 4-3　信息披露的规范性与丰富性有序 probit 模型估计结果

信息披露的规范性与丰富性（z1）	Coef	标准差	Z 值	P 值
第一大股东持股比例（x5）	0.0046	0.0047	0.9800	0.3260
董监事及高管总人数（x7）	0.0208	0.0198	1.0500	0.2940
董事会人数（x8）	-0.0541	0.0483	-1.1200	0.2630
独立董事人数（x13）	0.0883	0.1132	0.7800	0.4350
监事会人数（x15）	-0.0745	0.0558	-1.3300	0.1820
盈利（x17）	-0.0017	0.0036	-0.4800	0.6310
成本（x201）	0.1877	0.0585	3.2100	0.0010***
上市时间（age）	0.0006	0.0003	2.0900	0.0370**
所属行业（消费者靠近型）（I22a）	0.4601	0.1987	2.3100	0.0210**

---

① 邓凤姣：《国有企业社会责任信息披露完备性影响因素分析》，《武汉金融》，2012 年第 10 期，第 27-29 页。

续表

信息披露的规范性与丰富性（z1）	Coef	标准差	Z 值	P 值
所属行业（环境敏感型）（I22b）	0.0401	0.171	0.2300	0.8150
企业规模（I23）	-0.2021	0.1932	-1.0500	0.2950
编制依据（I32a）	0.6473	0.2021	3.2000	0.0010 ***
报告审验（I33）	0.6113	0.3026	2.0200	0.0430 **
反馈意见（I34）	1.6032	0.2291	7.0000	0.0000 ***
经济环境（I211a）	0.1055	0.0688	1.5300	0.1250 *
/cut1	5.7656	1.2994		
/cut2	6.4287	1.3058		
Number of obs	363.0000			
LR chi2（15）	183.2200			
Prob > chi2	0.0000			
Log likelihood	-264.8040			
Pseudo R^2	0.2570			

注：*** 表示在1%水平上显著；** 表示在5%水平上显著；* 表示在10%水平上显著。

4. 模型四：分时模型。从表4-4、表4-5、表4-6可知，Pseudo R^2 由 0.274 逐渐上升到 0.365，可见模型的拟合效果越来越好。当企业处在 2009 年时，成本、所属行业（消费者靠近型）以及反馈意见这几个影响因素的影响程度较显著，且都是正面的影响；董监事高管总人数、盈利、上市时间、所属行业（环境敏感性）、企业规模以及报告审验这些影响因素的影响程度较弱。与模型三相比，部分解释变量的影响方向发生了变化，比如，当不分阶段考虑时，董事会人数对因变量是负面的影响，且影响程度较大，但仅考虑 2009 年时，董事会人数对因变量的影响是正面的，且影响程度减弱。当企业处于 2010 年时，第一大股东持股比例、董监事及高管总人数、独立董事人数、盈利及所属行业（环境敏感型）等因素的影响程度较低。此外，从 2009 年到 2010 年，成本和编制依据的 P 值明显下降，并且很小，说明在这一阶段，这两个影响因素的影响程度大幅提高。相反，反馈意见的 P 值略有上升，说明反馈意见的影响程度相对减弱。同样，从 2010 年到 2011 年，大部分影响因素的影响效果都降低了。只有编制依据和反馈意见这两个因素的影响程度依旧比较大，且都是正面的影响。

表 4-4　　2009 年信息披露的规范性与丰富性有序 probit 模型估计结果

信息披露的规范性与丰富性（z1）	Coef	标准差	Z 值	P 值
第一大股东持股比例（x5）	0.0154	0.0094	1.6500	0.1000
董监事及高管总人数（x7）	0.0303	0.0446	0.6800	0.4970
董事会人数（x8）	0.1428	0.0955	1.4900	0.1350
独立董事人数（x13）	-0.3331	0.2477	-1.3500	0.1790
监事会人数（x15）	-0.1243	0.1160	-1.0700	0.2840
盈利（x17）	-0.0053	0.0071	-0.7400	0.4570
成本（x201）	0.2480	0.1152	2.1500	0.0310**
上市时间（age）	0.0004	0.0005	0.7300	0.4660
所属行业（消费者靠近型）（I22a）	0.7095	0.3713	1.9100	0.0560**
所属行业（环境敏感型）（I22b）	0.1448	0.3171	0.4600	0.6480
企业规模（I23）	0.0882	0.3491	0.2500	0.8000
编制依据（I32a）	-0.7608	0.4935	-1.5400	0.1230*
报告审验（I33）	-0.4143	0.6740	-0.6100	0.5390
反馈意见（I34）	1.8803	0.4859	3.8700	0.0000***
经济环境（I211a）	0.2257	0.1420	1.5900	0.1120*
/cut1	7.0938	2.4343		
/cut2	7.7376	2.4483		
Number of obs	107.0000			
LR chi2 (15)	57.7600			
Log likelihood	-76.5390			
Prob > chi2	0.0000			
Pseudo R^2	0.2740			

注：*** 表示在 1% 水平上显著；** 表示在 5% 水平上显著；* 表示在 10% 水平上显著。

表 4-5　　2010 年信息披露的规范性与丰富性有序 probit 模型估计结果

信息披露的规范性与丰富性（z1）	Coef	标准差	Z 值	P 值
第一大股东持股比例（x5）	-0.005	0.009	-0.55	0.585
董监事及高管总人数（x7）	0.025	0.036	0.7	0.482
董事会人数（x8）	-0.089	0.097	-0.92	0.358
独立董事人数（x13）	0.045	0.24	0.19	0.85
监事会人数（x15）	0.093	0.098	0.95	0.344
盈利（x17）	-0.001	0.005	-0.29	0.77

续表

信息披露的规范性与丰富性（z1）	Coef	标准差	Z值	P值
成本（x201）	0.319	0.114	2.79	0.005***
上市时间（age）	0.001	0.001	1.13	0.258
所属行业（消费者靠近型）（I22a）	0.344	0.383	0.9	0.37
所属行业（环境敏感型）（I22b）	-0.236	0.325	-0.73	0.467
企业规模（I23）	-0.458	0.351	-1.3	0.193
编制依据（I32a）	1.376	0.368	3.74	0.000***
报告审验（I33）	0.723	0.572	1.27	0.206
反馈意见（I34）	1.346	0.431	3.12	0.002***
经济环境（I211a）	0.209	0.122	1.71	0.087*
/cut1	8.861	2.826		
/cut2	9.711	2.843		
Number of obs	111			
LR chi2（15）	61.16			
Log likelihood	-83.15			
Prob > chi2	0			
Pseudo R^2	0.269			

注：*** 表示在1%水平上显著；** 表示在5%水平上显著；* 表示在10%水平上显著。

表4-6　2011年信息披露的规范性与丰富性有序probit模型估计结果

信息披露的规范性与丰富性（z1）	Coef	标准差	Z值	P值
第一大股东持股比例（x5）	0.005	0.011	0.52	0.606
董监事及高管总人数（x7）	0.008	0.047	0.18	0.858
董事会人数（x8）	-0.063	0.111	-0.57	0.568
独立董事人数（x13）	0.409	0.245	1.67	0.095*
监事会人数（x15）	-0.038	0.123	-0.31	0.756
盈利（x17）	0.01	0.019	0.53	0.595
成本（x201）	0.144	0.144	1	0.315
上市时间（age）	0.001	0.001	1.54	0.125*
所属行业（消费者靠近型）（I22a）	0.633	0.442	1.43	0.152
所属行业（环境敏感型）（I22b）	0.173	0.368	0.47	0.639
企业规模（I23）	-0.296	0.417	-0.71	0.477
编制依据（I32a）	1.65	0.515	3.2	0.001***

续表

信息披露的规范性与丰富性（z1）	Coef	标准差	Z 值	P 值
报告审验（I33）	1.633	0.847	1.93	0.054**
反馈意见（I34）	2.607	0.638	4.09	0.000***
经济环境（I211a）	0.104	0.144	0.72	0.47
/cut1	7.126	3.225		
/cut2	8.024	3.242		
Number of obs	96			
LR chi2（15）	65.92			
Log likelihood	−57.348			
Prob > chi2	0			
Pseudo R^2	0.365			

注：*** 表示在1%水平上显著；** 表示在5%水平上显著；* 表示在10%水平上显著。

（二）信息披露规划与设置完整性的影响因素分析

信息披露的规划与设置完整性（z2）包含两个层次：信息披露质量基本符合要求，信息披露质量比较令人满意。

1. 模型一：Random Effects Ordered Probit 的模型。从表4-7可知，似然比检验结果表明变量的选择比较合理，模型整体拟合效果比较好。ρ 估计值为0.933，显示个体差异对该指标披露质量差异的解释力度达到了93.3%。其中，所属行业（消费者靠近型）、企业规模、编制依据、报告审验以及反馈意见这些因素的影响程度较大，尤其是所属行业（消费者靠近型）、编制依据、反馈意见这3个影响因素，并且都是正面的影响；第一大股东持股比例、董监事及高管总人数、董事会人数、独立董事人数、监事会人数、盈利、成本、上市时间等因素的影响程度较小，可忽略。

所属行业（消费者靠近型）对国有企业 SRD 的规划与设置完整性的影响是正面的，且影响程度为2201%，这说明了消费者靠近型的行业更容易披露社会责任信息。企业规模对国有企业 SRD 的规划与设置完整性的影响程度为1604%，这说明了大企业具备更多可用资源，并且有着更高的可见度，对外部压力集团的检查也更加敏感，因此，倾向于披露更高质量的社会责任信息。该结论验证了 Patten 和 Simon 的假设。编制依据、报告审验、反馈意见对国有企业 SRD 的规范性与丰富性的影响是正面的，且影响程度分别为1856%、2793%、1538%，这与合法性理论相符合。

表4-7 信息披露的规划与设置完整性随机效应有序 probit 模型的估计结果

信息披露的规划与设置完整性（z2）	Coef	标准差	Z值	P值
第一大股东持股比例（x5）	0.0067	0.0161	0.4200	0.6780
董监事及高管总人数（x7）	0.0145	0.0562	0.2600	0.7960
董事会人数（x8）	0.0633	0.1448	0.4400	0.6620
独立董事人数（x13）	-0.0732	0.2973	-0.2500	0.8060
监事会人数（x15）	-0.1216	0.1913	-0.6400	0.5250
盈利（x17）	-0.0009	0.0237	-0.0400	0.9680
成本（x201）	-0.0797	0.1581	-0.5000	0.6140
上市时间（age）	0.0005	0.0010	0.5300	0.5970
所属行业（消费者靠近型）（I22a）	3.0915	0.8007	3.8600	0 ***
所属行业（环境敏感型）（I22b）	-0.5409	0.6266	-0.8600	0.3880
企业规模（I23）	2.7750	0.8079	3.4300	0.001 ***
编制依据（I32a）	2.9211	0.8290	3.5200	0 ***
报告审验（I33）	3.3298	1.0854	3.0700	0.002 ***
反馈意见（I34）	2.7328	0.7825	3.4900	0 ***
经济环境（I211a）	0.3173	0.2325	1.3600	0.1720
cut1	8.4361	3.6877	2.2900	0.0220
rho	0.9333	0.0275	33.9300	0.0000
Number of obs	366.0000			
LR chi2（15）	60.9200			
Log likelihood	-103.9700			
Prob > chi2	0.0000			

注：*** 表示在1%水平上显著；** 表示在5%水平上显著；* 表示在10%水平上显著。

2. 模型二：分时模型。此模型取不同的时间点来进一步观测这些解释变量对国有企业 SRD 的规划与设置完整性的影响趋势。Pseudo R^2 由0.38逐渐上升到0.54，可见模型整体的拟合效果越来越好。当企业处于2009年时，所属行业（消费者靠近型）和反馈意见这两个因素的影响效果较显著，且都是正面的影响。所属行业（消费者靠近型）对国有企业 SRD 的规划与设置完整性的影响是正面的，且影响程度为469%，这说明了消费者靠近型的行业更容易披露社会责任信息。反馈意见对国有企业 SRD 的规划与设置完整性的影响程度为278%，这意味着有反馈意见的企业更愿意披露比较令人满意的社会责任信息，与合法性理论相符。董监事及高管总人数、董事会人数、监事会人数、盈利、成本以及上市时间这些因素的影响程度较小。当企业在 2010 年时，第一大股东持股比例、董监事及高管总人数、独立董事人数、盈利及所属行业（环境敏感型）等因素的影响程度较低。从 2009 年到 2010 年，成本和编制依据这两个因素的影响程度大幅提高；反馈意见的影响效果相对减弱。同样，企业从 2010 年到 2011 年时，大部分影响因素的影响效果都降低了。只有编制依据和反馈意见这两个因素的影响程度依旧较大，且都是正面的影响。由此可见，企业处于不同的时期，这些解释变量的影响效果也都发生了不同程度的改变。相关分析见表 4 – 8、表 4 – 9、表 4 – 10。

表 4 – 8　　　　2009 年信息披露的规划与设置完整性有序 probit 模型估计结果

信息披露的规划与设置完整性（z2）	Coef	标准差	Z 值	P 值
第一大股东持股比例（x5）	0.0120	0.0120	1.0400	0.2960
董监事及高管总人数（x7）	-0.0180	0.0550	-0.3300	0.7400
董事会人数（x8）	0.0480	0.1180	0.4000	0.6860
独立董事人数（x13）	0.3910	0.2720	1.4400	0.1510
监事会人数（x15）	-0.0980	0.1360	-0.7200	0.4720
盈利（x17）	0.0020	0.0130	0.1600	0.8690
成本（x201）	0.0610	0.1450	0.4200	0.6760
上市时间（age）	0.0001	0.0007	0.1100	0.9130
所属行业（消费者靠近型）（I22a）	1.5450	0.4670	3.3100	0.001***
所属行业（环境敏感型）（I22b）	-0.7140	0.4150	-1.7200	0.085*
企业规模（I23）	0.4030	0.4330	0.9300	0.3530
编制依据（I32a）	0.3960	0.4590	0.8600	0.3890
报告审验（I33）	-0.7800	0.5900	-1.3200	0.1860
反馈意见（I34）	1.0220	0.4540	2.2500	0.024**
经济环境（I211a）	0.2200	0.1630	1.3500	0.1760
/cut1	4.1690	2.9950		
Number of obs	109.0000			
LR chi2（15）	48.8000			
Log likelihood	-39.7400			
Prob > chi2	0.0000			
Pseudo R^2	0.3800			

注：*** 表示在 1% 水平上显著；** 表示在 5% 水平上显著；* 表示在 10% 水平上显著。

表 4-9　2010 年信息披露的规划与设置完整性有序 probit 模型估计结果

信息披露的规划与设置完整性（z2）	Coef	标准差	Z 值	P 值
第一大股东持股比例（x5）	-0.0100	0.0100	-0.3800	0.7100
董监事及高管总人数（x7）	-0.0500	0.0600	-0.8900	0.3700
董事会人数（x8）	-0.0500	0.1500	-0.3100	0.7600
独立董事人数（x13）	-0.2200	0.3800	-0.5700	0.5700
监事会人数（x15）	-0.0300	0.1500	-0.2000	0.8400
盈利（x17）	0.0300	0.0200	1.4300	0.1500
成本（x201）	-0.1800	0.1600	-1.1100	0.2700
上市时间（age）	0.0002	0.0009	0.1800	0.8610
所属行业（消费者靠近型）（I22a）	1.4300	0.6400	2.2300	0.03**
所属行业（环境敏感型）（I22b）	-1.0000	0.5600	-1.7900	0.07*
企业规模（I23）	0.6800	0.5700	1.2000	0.2300
编制依据（I32a）	1.6200	0.4500	3.5900	0.00***
报告审验（I33）	-0.1300	0.6800	-0.1900	0.8500
反馈意见（I34）	2.0000	0.6000	3.3400	0.00***
经济环境（I211a）	-0.0500	0.1900	-0.2700	0.7900
/cut1	-4.0000	4.0200		
Number of obs		112.0000		
LR chi2（15）		64.9700		
Log likelihood		-29.3800		
Prob > chi2		0.0000		
Pseudo R^2		0.5300		

注：*** 表示在 1% 水平上显著；** 表示在 5% 水平上显著；* 表示在 10% 水平上显著。

表 4-10　2011 年信息披露的规划与设置完整性有序 probit 模型估计结果

信息披露的规划与设置完整性（z2）	Coef	标准差	Z 值	P 值
第一大股东持股比例（x5）	-0.006	0.015	-0.4	0.69
董监事及高管总人数（x7）	-0.141	0.1	-1.41	0.159
董事会人数（x8）	0.121	0.192	0.63	0.53
独立董事人数（x13）	0.09	0.364	0.25	0.806
监事会人数（x15）	0.191	0.191	1	0.316
盈利（x17）	-0.006	0.027	-0.21	0.832
成本（x201）	0.132	0.175	0.75	0.452
上市时间（age）	-0.053	0.051	-1.04	0.299
所属行业（消费者靠近型）（I22a）	1.157	0.621	1.86	0.062*

续表

信息披露的规划与设置完整性（z2）	Coef	标准差	Z 值	P 值
所属行业（环境敏感型）（I22b）	-0.44	0.535	-0.82	0.411
企业规模（I23）	0.383	0.58	0.66	0.509
编制依据（I32a）	2.112	0.66	3.2	0.001***
报告审验（I33）	0.248	1.003	0.25	0.805
反馈意见（I34）	1.488	0.671	2.22	0.027**
经济环境（I211a）	0.079	0.198	0.4	0.691
/cut1	3.664	4.012		
Number of obs	96			
LR chi2 (15)	59.1			
Log likelihood	-25.5			
Prob > chi2	0			
Pseudo R^2	0.54			

注：*** 表示在1%水平上显著；** 表示在5%水平上显著；* 表示在10%水平上显著。

（三）信息披露可信性、可读性与可比性的影响因素分析

信息披露的可信性、可读性与可比性（z3）包含两个层次：信息披露质量基本符合要求，信息披露质量比较令人满意。

1. 模型一：Random Effects Ordered Probit 的模型。从表4-11可知，似然比检验结果表明变量的选择比较合理，模型整体拟合效果较好。ρ 估计值为0.938，显示个体差异对该指标披露质量差异的解释力度达到了93.8%。其中，独立董事人数、成本、所属行业（消费者靠近型）、所属行业（环境敏感型）、企业规模、编制依据、报告审验、反馈意见以及经济环境这些因素的影响较显著，且都是正面的影响；第一大股东持股比例、董监事及高管总人数、盈利以及上市时间这些因素的影响程度较弱。

独立董事人数对国有企业SRD的可信性、可读性与可比性的影响程度为492%，这说明董事会中的独立非执行董事被视为监控经理人员行为的一种工具，他们将导致企业自愿披露更多的信息。该结论验证了Forker的观点。成本对z3的影响是正面的，且影响程度为149%，这说明了企业社会责任成本越大，会越倾向于披露更多的社会责任信息。所属行业（消费者靠近型）对z3的影响是正面的，且影响程度为637%，这说明了消费者靠近型的行业更容易披露社会责任信息。所属行业（环境敏感型）对z3的影响程度为606%，说明那些对环境敏感的行业更有可能披露更高质量的社会责任信息，该结论验证了

Dierkes M. and Preston 的观点。企业规模对 z3 的影响程度为 632%，这说明了大企业具备更多可用资源，并且有着更高的可见度，对外部压力集团的检查也更加敏感，因此，倾向于披露更高质量的社会责任信息。该结论验证了 Patten 和 Simon 的假设。编制依据、报告审验、反馈意见对国有企业 SRD 的可信性、可读性与可比性的影响是正面的，且影响程度分别为 932%、598%、473%，这与合法性理论相符合。经济环境对国有企业 SRD 的可信性、可读性与可比性的影响程度为 142%，可见企业所处的经济环境越好，会更加受到外界关注，因而，需要披露更多的社会责任信息。

表 4-11　信息披露的可信性、可读性与可比性随机效应有序 probit 模型的估计结果

信息披露可信性、可读性与可比性（z3）	Coef	标准差	Z 值	P 值
第一大股东持股比例（x5）	-0.001	0.012	-0.090	0.930
董监事及高管总人数（x7）	-0.101	0.078	-1.300	0.193
董事会人数（x8）	0.264	0.184	1.440	0.151
独立董事人数（x13）	1.594	0.636	-2.500	0.012**
监事会人数（x15）	0.303	0.165	1.840	0.066*
盈利（x17）	-0.013	0.011	-1.160	0.245
成本（x201）	0.400	0.173	2.310	0.021**
上市时间（age）	0.020	0.053	0.380	0.704
所属行业（消费者靠近型）（I22a）	1.851	0.618	3.000	0.003***
所属行业（环境敏感型）（I22b）	1.801	0.677	2.660	0.008***
企业规模（I23）	1.843	0.513	3.590	0.000***
编制依据（I32a）	2.232	1.100	2.030	0.042**
报告审验（I33）	4.091	1.184	3.450	0.001***
反馈意见（I34）	3.856	1.086	3.550	0.000***
经济环境（I211a）	0.353	0.208	1.700	0.090*
/cut1	19.936	5.146	3.870	0.000
rho	0.938	0.024	39.250	0.000
Number of obs	366.000			
LR chi2（15）	64.450			
Log likelihood	-135.000			
Prob > chi2	0.000			

注：*** 表示在 1% 水平上显著；** 表示在 5% 水平上显著；* 表示在 10% 水平上显著。

2. 模型二：分时模型。从表 4-12、表 4-13、表 4-14 可知，Pseudo R^2 由 0.297 到 0.336，可见模型整体的拟合效果在略微下降之后有一个提升。当企业在 2009 年时，只有成本因素的影响效果较显著，且是正面的影响。成本对国有企业 SRD 的可信性、可读性与可比性的影响是正面的，且影响程度为 132%，这说明了企业社会责任成本越大，会越倾向于披露更多的社会责任信息。当企业在 2010 年时，编制依据和反馈意见这两个因素的影响程度较大。当企业从 2010 年过渡到 2011 年时，大部分影响因素的影响效果都降低了。编制依据的影响程度有一定的提高，且影响较显著。

与模型一相比，分时模型并不能很好地捕捉到变量的影响效果，这也进一步突出了面板数据的优势。

表 4-12　2009 年信息披露的可信性、可读性与可比性有序 probit 模型估计结果

信息披露可信性、可读性与可比性（z3）	Coef	标准差	Z 值	P 值
第一大股东持股比例（x5）	0.002	0.010	0.200	0.842
董监事及高管总人数（x7）	0.023	0.047	0.490	0.625
董事会人数（x8）	0.083	0.109	0.760	0.447
独立董事人数（x13）	0.248	0.258	0.960	0.335
监事会人数（x15）	0.008	0.122	0.070	0.945
盈利（x17）	0.005	0.010	0.510	0.612
成本（x201）	0.278	0.127	2.190	0.028**
上市时间（age）	0.002	0.003	0.590	0.558
所属行业（消费者靠近型）（I22a）	0.396	0.443	0.890	0.372
所属行业（环境敏感型）（I22b）	0.256	0.358	0.720	0.474
企业规模（I23）	0.246	0.364	0.670	0.500
编制依据（I32a）	0.506	0.430	1.180	0.239
报告审验（I33）	0.265	0.598	0.440	0.657
反馈意见（I34）	0.558	0.452	1.230	0.217
经济环境（I211a）	0.176	0.150	1.170	0.241
/cut1	8.338	2.798		
Number of obs	109.000			
LR chi2（15）	44.860			
Log likelihood	-53.010			
Prob > chi2	0.000			
Pseudo R^2	0.297			

注：*** 表示在 1% 水平上显著；** 表示在 5% 水平上显著；* 表示在 10% 水平上显著。

表 4-13　2010 年信息披露的可信性、可读性与可比性有序 probit 模型估计结果

信息披露可信性、可读性与可比性（z3）	Coef	标准差	Z 值	P 值
第一大股东持股比例（x5）	-0.005	0.010	-0.520	0.606
董监事及高管总人数（x7）	-0.032	0.040	-0.790	0.432
董事会人数（x8）	0.019	0.105	0.180	0.860
独立董事人数（x13）	-0.126	0.259	-0.490	0.627
监事会人数（x15）	-0.002	0.108	-0.020	0.988
盈利（x17）	-0.018	0.014	-1.300	0.193
成本（x201）	0.139	0.121	1.160	0.248
上市时间（age）	0.002	0.006	-0.350	0.724
所属行业（消费者靠近型）（I22a）	0.547	0.460	1.190	0.234
所属行业（环境敏感型）（I22b）	0.109	0.356	0.310	0.759
企业规模（I23）	0.171	0.359	0.480	0.633
编制依据（I32a）	0.791	0.410	1.930	0.054 *
报告审验（I33）	0.142	0.744	0.190	0.849
反馈意见（I34）	0.940	0.461	2.040	0.041 **
经济环境（I211a）	0.057	0.135	0.420	0.675
/cut1	4.002	4.019		
Number of obs	112.000			
LR chi2（15）	45.550			
Log likelihood	-54.410			
Prob > chi2	0.000			
Pseudo R^2	0.295			

注：*** 表示在1%水平上显著；** 表示在5%水平上显著；* 表示在10%水平上显著。

表 4-14　2011 年信息披露的可信性、可读性与可比性有序 probit 模型估计结果

信息披露可信性、可读性与可比性（z3）	Coef	标准差	Z 值	P 值
第一大股东持股比例（x5）	-0.0008	0.0111	-0.0700	0.9440
董监事及高管总人数（x7）	0.0380	0.0498	0.7600	0.4450
董事会人数（x8）	0.0634	0.1230	0.5200	0.6060
独立董事人数（x13）	-0.3838	0.2731	-1.4100	0.1600
监事会人数（x15）	-0.1151	0.1275	-0.9000	0.3670

续表

信息披露可信性、可读性与可比性（z3）	Coef	标准差	Z 值	P 值
盈利（x17）	0.0329	0.0202	1.6300	0.104*
成本（x201）	0.0295	0.1404	0.2100	0.8340
上市时间（age）	−0.0018	0.0027	−0.6700	0.5040
所属行业（消费者靠近型）（I22a）	0.6783	0.4921	1.3800	0.1680
所属行业（环境敏感型）（I22b）	0.1750	0.4017	0.4400	0.6630
企业规模（I23）	0.2580	0.3873	0.6700	0.5050
编制依据（I32a）	1.6292	0.6460	2.5200	0.012***
报告审验（I33）	5.2524	202.4778	0.0300	0.9790
反馈意见（I34）	5.8328	202.4759	0.0300	0.9770
经济环境（I211a）	0.1124	0.1457	0.7700	0.4400
/cut1	5.9850	202.4990		
Number of obs	96.0000			
LR chi2（15）	44.7400			
Log likelihood	−44.1510			
Prob > chi2	0.0001			
Pseudo R^2	0.3360			

注：*** 表示在1%水平上显著；** 表示在5%水平上显著；* 表示在10%水平上显著。

（四）信息披露核心内容完备性的影响因素分析

信息披露的核心内容完备性（z4）包含3个层次：信息披露质量基本符合要求，信息披露质量比较令人满意，信息披露质量非常令人满意。

1. 模型一：Random Effects Ordered Probit 模型。从表4－15可知，似然比检验结果表明变量的选择比较合理，模型整体拟合效果较好。ρ 估计值表示个体差异对该信息披露质量差异的解释力度达到了62.1%。其中，编制依据和反馈意见这两个因素的影响较显著，且都是正面的影响；第一大股东持股比例、董监事及高管总人数、董事会人数、盈利、所属行业（消费者靠近型）、所属行业（环境敏感型）、企业规模、报告审验、经济环境等因素的影响程度较弱。[1]

编制依据对国有企业SRD的核心内容完备性的影响程度为243%，这说明了企业在进行社会责任信息披露时遵循编制依据的指引，对规范其社会责任报告

---

[1] 邓凤姣：《国有企业社会责任信息披露完备性影响因素分析》，《武汉金融》，2012年第10期，第27－29页。

撰写大有裨益，信息披露质量也会随之提升，这与合法性理论相符。反馈意见对国有企业 SRD 的核心内容完备性的影响程度为 371%，这意味着有反馈意见的企业更愿意披露比较令人满意的社会责任信息，与合法性理论相符。

表 4-15　信息披露的核心内容完备性随机效应有序 probit 模型的估计结果

信息披露核心内容完备性（z4）	Coef	标准差	Z 值	P 值
第一大股东持股比例（x5）	-0.002	0.011	-0.180	0.857
董监事及高管总人数（x7）	0.008	0.045	0.180	0.858
董事会人数（x8）	0.026	0.105	0.240	0.807
独立董事人数（x13）	0.195	0.225	0.870	0.384
监事会人数（x15）	0.175	0.129	1.360	0.174
盈利（x17）	-0.008	0.008	-0.970	0.333
成本（x201）	0.203	0.129	1.580	0.115
上市时间（age）	0.001	0.001	1.050	0.295
所属行业（消费者靠近型）（I22a）	0.444	0.517	0.860	0.391
所属行业（环境敏感型）（I22b）	0.028	0.419	0.070	0.946
企业规模（I23）	0.142	0.415	0.340	0.733
编制依据（I32a）	0.888	0.363	2.450	0.014 **
报告审验（I33）	0.154	0.391	0.390	0.695
反馈意见（I34）	1.311	0.367	3.570	0 ***
经济环境（I211a）	0.020	0.151	0.130	0.895
_cut1	6.064	2.976	2.040	0.042
_cut2	7.193	3.005	2.390	0.017
rho	0.621			
Number of obs	366.000			
LR chi2 (15)	52.960			
Log likelihood	-194.520			

注：*** 表示在 1% 水平上显著；** 表示在 5% 水平上显著；* 表示在 10% 水平上显著。

2. 模型二：Random effects generalized ordered probit 模型。从表 4-16 可知，ρ 估计值显示个体差异对该信息披露质量差异的解释力度达到了 60.8%。在方程 1 中，成本、编制依据和反馈意见这些因素的影响较显著，可见，信息披露核心内容完备性的披露质量要想从基本符合要求跃升到比较令人满意①，这些因素的影响程度较显著，且都是正面的影响，尤其是反馈意见；第一大股东持股比例、董监事及高管总人数、盈利、所属行业（消费者靠近型）、所属行业（环境敏感型）、企业规模等因素的影响效果较弱。

成本对 z4 的影响是正面的，且影响程度为 123%，这说明了企业社会责任成本越大，会越倾向于披露比较令人满意的社会责任信息。编制依据、反馈意见对 z4 的影响程度分别为 265%、434%，这与合法性理论相符。②

在方程 2 中，盈利、反馈意见、经济环境等因素影响程度较大，且都是正面的影响。从方程 1 到方程 2，盈利、上市时间、所属行业（消费者靠近型）、经济环境这几个因素的影响程度都出现了不同程度的上升，说明企业信息披露的核心内容完备性从比较令人满意上升到非常令人满意时，这些因素的影响程度逐渐变大。相反，编制依据和反馈意见这两个因素的影响程度减弱。

表 4-16　　信息披露的核心内容完备性广义随机效应有序 probit 模型估计结果

信息披露核心内容完备性（z4）	Coef	标准差	Z 值	P 值
mleq1				
第一大股东持股比例（x5）	-0.004	0.011	-0.400	0.693
董监事及高管总人数（x7）	0.049	0.054	0.910	0.364
董事会人数（x8）	0.042	0.114	0.370	0.714
独立董事人数（x13）	0.236	0.267	0.880	0.376
监事会人数（x15）	0.147	0.132	1.110	0.267
盈利（x17）	-0.002	0.009	-0.230	0.822
成本（x201）	0.205	0.135	1.520	0.127*
上市时间（age）	0.037	0.041	0.890	0.373
所属行业（消费者靠近型）I22a	0.131	0.570	0.230	0.819
所属行业（环境敏感型）I22b	0.132	0.427	0.310	0.757
企业规模（I23）	0.199	0.435	0.460	0.647
编制依据（I32a）	0.976	0.408	2.390	0.017**
报告审验（I33）	0.562	0.453	1.240	0.215

---

① 邓凤姣：《国有企业社会责任信息披露完备性影响因素分析》，《武汉金融》，2012 年第 10 期，第 27-29 页。
② 同上。

续表

信息披露核心内容完备性（z4）	Coef	标准差	Z 值	P 值
反馈意见（I34）	1.468	0.388	3.780	0 ***
经济环境（I211a）	0.138	0.163	0.850	0.396
_cons	-6.277	3.164	-1.980	0.047
mleq2				
第一大股东持股比例（x5）	-0.005	0.015	-0.360	0.718
董监事及高管总人数（x7）	0.078	0.061	1.280	0.200
董事会人数（x8）	0.212	0.159	1.340	0.182
独立董事人数（x13）	0.115	0.345	0.330	0.738
监事会人数（x15）	-0.082	0.181	-0.450	0.652
盈利（x17）	0.073	0.022	3.330	0.001 ***
成本（x201）	0.311	0.187	1.670	0.096 *
上市时间（age）	0.087	0.052	1.680	0.094 *
所属行业（消费者靠近型）I22a	1.449	0.776	1.870	0.062 *
所属行业（环境敏感型）I22b	0.025	0.591	0.040	0.967
企业规模（I23）	0.222	0.642	0.350	0.729
编制依据（I32a）	0.264	0.493	0.540	0.592
报告审验（I33）	0.161	0.491	0.330	0.744
反馈意见（I34）	0.959	0.451	2.130	0.033 **
经济环境（I211a）	0.344	0.220	1.560	0.118 *
_cons	-8.722	4.619	-1.890	0.059
rho	0.608	0.137	4.440	0.000
Number of obs		366.000		
LR chi2（30）		24.220		
Log likelihood		-173.650		
Prob > chi2		0.762		

注：*** 表示在1%水平上显著；** 表示在5%水平上显著；* 表示在10%水平上显著。

3. 模型三：Ordered probit regression。从表 4-17 可以看出，Pseudo R^2 表明变量的选择比较合理，模型整体拟合效果比较好，但仍存在一些不可观测的影响因素。其中，监事会人数、成本、所属行业（消费者靠近型）、编制依据、反馈意见等因素对因变量的影响程度较大，尤其是编制依据和反馈意见，且都是正面的影响；第一大股东持股比例、董监事及高管总人数、董事会人数、独立董事人数、盈利、经济环境等因素的影响程度较小。编制依据、反馈意见对国有企业 SRD 的核心内容完备性的影响程度分别为 213%、308%，这与合法性理论相符。

表 4-17　信息披露的核心内容完备性有序 probit 模型估计结果

信息披露核心内容完备性（z4）	Coef	标准差	Z 值	P 值
第一大股东持股比例（x5）	-0.0020	0.0050	-0.3500	0.7260
董监事及高管总人数（x7）	-0.0140	0.0230	-0.6100	0.5430
董事会人数（x8）	0.0030	0.0560	0.0600	0.9540
独立董事人数（x13）	-0.0510	0.1290	-0.3900	0.6940
监事会人数（x15）	0.1360	0.0640	2.1100	0.035 **
盈利（x17）	-0.0040	0.0050	-0.8300	0.4050
成本（x201）	0.1330	0.0630	2.0900	0.037 **
上市时间（age）	0.0004	0.0003	1.1600	0.2460
所属行业（消费者靠近型）（I22a）	0.3970	0.2380	1.6700	0.096 *
所属行业（环境敏感型）（I22b）	-0.2220	0.1970	-1.1300	0.2600
企业规模（I23）	0.3170	0.2310	1.3700	0.1700
编制依据（I32a）	0.7580	0.1980	3.8300	0 ***
报告审验（I33）	0.2650	0.2510	1.0600	0.2910
反馈意见（I34）	1.1260	0.2060	5.4700	0 ***
经济环境（I211a）	0.0560	0.0780	0.7200	0.4700
/cut1	2.8960	1.4050		
/cut2	3.6520	1.4080		
Number of obs	366.0000			
LR chi2（15）	128.2800			
Prob > chi2	0.0000			
Log likelihood	-210.8550			
Pseudo R^2	0.2332			

注：*** 表示在1%水平上显著；** 表示在5%水平上显著；* 表示在10%水平上显著。

4. 模型四：分时模型。从表 4-18、表 4-19、表 4-20 可知，Pseudo R^2 由 0.32 逐渐降低到 0.283，可见随着时间的推移，模型的拟合效果略有下降。当企业在 2009 年时，成本、所属行业（消费者靠近型）、所属行业（环境敏感型）、编制依据以及反馈意见这几个影响因素的影响程度较显著，且都是正面的影响；

第一大股东持股比例、董监事高管总人数、董事会人数、盈利、上市时间、经济环境等因素的影响程度较弱。当企业在 2010 年时，只有编制依据和反馈意见这两个因素的影响效果较大。从 2009 年到 2010 年，编制依据的 P 值明显下降，并且很小，说明在这一阶段，编制依据的影响程度大幅提高。而其余因素的影响程度都出现了不同程度的减弱。当企业在 2011 年时，编制依据和反馈意见这两个因素的影响程度依旧比较大。

表 4-18　2009 年信息披露的核心内容完备性有序 probit 模型估计结果

信息披露核心内容完备性（z4）	Coef	标准差	Z 值	P 值
第一大股东持股比例（x5）	0.0100	0.0120	0.8400	0.4020
董监事及高管总人数（x7）	0.0210	0.0500	0.4200	0.6730
董事会人数（x8）	0.0550	0.1170	0.4700	0.6410
独立董事人数（x13）	-0.3150	0.3210	-0.9800	0.3270
监事会人数（x15）	0.1580	0.1370	1.1500	0.2500
盈利（x17）	0.0004	0.0110	0.0300	0.9740
成本（x201）	0.3190	0.1460	2.1900	0.029**
上市时间（age）	0.0000	0.0010	0.5500	0.5800
所属行业（消费者靠近型）（I22a）	0.9780	0.4650	2.1000	0.035**
所属行业（环境敏感型）（I22b）	-1.0070	0.4750	-2.1200	0.034**
企业规模（I23）	0.8080	0.5200	1.5500	0.1200
编制依据（I32a）	0.8190	0.4350	1.8900	0.059*
报告审验（I33）	0.6560	0.4890	1.3400	0.1800
反馈意见（I34）	1.1860	0.4070	2.9100	0.004***
经济环境（I211a）	0.0360	0.1720	0.2100	0.8330
/cut1	7.3810	3.0560		
/cut2	8.1560	3.0710		
Number of obs	109.0000			
LR chi2（15）	48.7100			
Log likelihood	-51.6526			
Prob > chi2	0.0000			
Pseudo R^2	0.3200			

注：*** 表示在 1% 水平上显著；** 表示在 5% 水平上显著；* 表示在 10% 水平上显著。

表4-19　2010年信息披露的核心内容完备性有序probit模型估计结果

信息披露核心内容完备性（z4）	Coef	标准差	Z值	P值
第一大股东持股比例（x5）	-0.009	0.012	-0.790	0.428
董监事及高管总人数（x7）	-0.016	0.041	-0.400	0.686
董事会人数（x8）	-0.025	0.122	-0.200	0.841
独立董事人数（x13）	-0.311	0.320	-0.970	0.330
监事会人数（x15）	0.019	0.123	0.150	0.878
盈利（x17）	-0.002	0.006	-0.360	0.717
成本（x201）	0.147	0.129	1.140	0.256
上市时间（age）	0.0003	0.001	0.600	0.546
所属行业（消费者靠近型）（I22a）	0.513	0.481	1.070	0.287
所属行业（环境敏感型）（I22b）	-0.453	0.407	-1.110	0.265
企业规模（I23）	0.384	0.463	0.830	0.407
编制依据（I32a）	1.101	0.386	2.860	0.004***
报告审验（I33）	0.747	0.504	1.480	0.138
反馈意见（I34）	1.104	0.409	2.700	0.007***
经济环境（I211a）	0.182	0.144	1.260	0.206
/cut1	2.207	3.238		
/cut2	3.035	3.242		
Number of obs	112.000			
LR chi2（15）	46.530			
Log likelihood	-57.1414			
Prob > chi2	0.000			
Pseudo R^2	0.289			

注：***表示在1%水平上显著；**表示在5%水平上显著；*表示在10%水平上显著。

表4-20　2011年信息披露的核心内容完备性有序probit模型估计结果

信息披露核心内容完备性（z4）	Coef	标准差	Z值	P值
第一大股东持股比例（x5）	-0.006	0.012	-0.490	0.627
董监事及高管总人数（x7）	0.089	0.066	1.340	0.181
董事会人数（x8）	0.149	0.139	1.070	0.283
独立董事人数（x13）	0.139	0.259	0.540	0.592
监事会人数（x15）	-0.082	0.141	-0.580	0.559
盈利（x17）	0.014	0.019	0.710	0.475

续表

信息披露核心内容完备性（z4）	Coef	标准差	Z值	P值
成本（x201）	0.202	0.139	1.450	0.146
上市时间（age）	0.017	0.039	0.440	0.662
所属行业（消费者靠近型）（I22a）	0.207	0.503	0.410	0.681
所属行业（环境敏感型）（I22b）	0.076	0.375	0.200	0.839
企业规模（I23）	0.723	0.485	1.490	0.137
编制依据（I32a）	1.302	0.477	2.730	0.006 ***
报告审验（I33）	0.590	0.638	0.920	0.355
反馈意见（I34）	1.545	0.499	3.100	0.002 ***
经济环境（I211a）	0.122	0.165	0.740	0.460
/cut1	5.534	3.108		
/cut2	6.559	3.127		
Number of obs	96.000			
LR chi2（15）	42.310			
Log likelihood	-53.680			
Prob > chi2	0.000			
Pseudo R^2	0.283			

注：*** 表示在1%水平上显著；** 表示在5%水平上显著；* 表示在10%水平上显著。

（五）员工信息披露的影响因素分析

员工信息披露质量（z5）包含两个层次：信息披露质量基本符合要求，信息披露质量比较令人满意。

1. 模型一：Random Effects Ordered Probit 的模型。从表4-21可知，似然比检验结果表明变量的选择比较合理，模型整体拟合效果比较好。ρ估计值为0.905，显示个体差异对该指标披露质量差异的解释力度达到了90.5%。其中，企业规模和报告审验这两个因素的影响程度较大，并且都是正面的影响；其他的影响因素的影响程度较小，尤其是董监事及高管总人数、董事会人数、监事会人数、盈利、成本、上市时间、编制依据和反馈意见这些因素的影响效果可忽略。

企业规模对国有企业SRD的员工信息披露的影响程度为249%，这说明了大企业具备更多的可用资源，并且有着更高的可见度，对外部压力集团的检查也更加敏感，因此，倾向于披露更高质量的社会责任信息。该结论验证了Patten、Simon Knox、李正等人的假设。报告审验对国有企业SRD的员工信息披露的影响程度为281%，这说明对于报告的可信性、权威性有比较大的提升，因此，企业倾向于披露更高质量的社会责任信息。

表4-21　员工信息披露质量随机效应有序probit模型的估计结果

员工信息披露质量（z5）	Coef	标准差	Z值	P值
第一大股东持股比例（x5）	-0.0151	0.0138	-1.0900	0.2740
董监事及高管总人数（x7）	0.0131	0.0554	0.2400	0.8130
董事会人数（x8）	0.0494	0.1361	0.3600	0.7170
独立董事人数（x13）	0.3844	0.3677	1.0500	0.2960
监事会人数（x15）	0.0350	0.2089	0.1700	0.8670
盈利（x17）	0.0043	0.0122	0.3600	0.7230
成本（x201）	0.0316	0.2032	0.1600	0.8760
上市时间（age）	0.0006	0.0010	0.5700	0.5670
所属行业（消费者靠近型）（I22a）	0.8133	0.8579	0.9500	0.3430
所属行业（环境敏感型）（I22b）	0.7955	0.5475	1.4500	0.1460
企业规模（I23）	0.9123	0.5369	1.7000	0.089*
编制依据（I32a）	0.3263	0.4653	0.7000	0.4830
报告审验（I33）	1.0329	0.6166	1.6800	0.094*
反馈意见（I34）	0.0250	0.5425	0.0500	0.9630
经济环境（I211a）	0.3762	0.2998	1.2500	0.2100
cut1	4.3830	3.9043	-1.1200	0.2600
rho	0.9050	0.0300	30.6000	0.0000
Number of obs	366.0000			
LR chi2（15）	16.1200			
Log likelihood	-162.3100			
Prob > chi2	0.3740			

注：***表示在1%水平上显著；**表示在5%水平上显著；*表示在10%水平上显著。

2. 模型二：分时模型。此模型分别选取2009年、2010年、2011年来进一步分析、解释变量对员工信息披露质量影响的时间变化趋势。

从表4-22、表4-23、表4-24可知，Pseudo R^2 由0.1898下降到0.0955，可见随着时间的推移，模型整体的拟合效果逐渐降低。企业在2009年时，董监事及高管总人数、监事会人数、编制依据、报告审验、反馈意见和经济环境这些因素的影响效果较显著，且都是正面的影响。从2009年到2010年，大部分解释变量的影响程度都有不同幅度的降低，第一大股东持股比例、企业规模以及经济环境这几个因素的影响程度都有所提高，尤其是企业规模对国有企业SRD

的员工信息披露的影响程度为201%，这说明了大企业具备更多的可用资源，并且有着更高的可见度，对外部压力集团的检查也更加敏感，因此，倾向于披露更高质量的社会责任信息。该结论验证了Patten和Simon的假设。其中，第一大股东持股比例的影响是负面的。同样，从2010年到2011年，第一大股东持股比例的影响程度继续上升，且是负面的影响，第一大股东持股比例对国有企业SRD的员工信息披露的影响程度为97.92%，这说明第一大股东持股比例越高的企业并不愿意披露更高质量的社会责任信息，这与Hossain、Chau and Gray等的观点不相符。由此可见，企业处于不同的时期，这些解释变量的影响效果也都发生了不同程度的改变。

表4-22　　2009年员工信息披露质量有序probit模型估计结果

员工信息披露质量（z5）	Coef	标准差	Z值	P值
第一大股东持股比例（x5）	-0.0200	0.0100	-1.6300	0.104*
董监事及高管总人数（x7）	0.0700	0.0400	1.7300	0.083*
董事会人数（x8）	0.0300	0.0900	0.3000	0.7650
独立董事人数（x13）	0.1800	0.2300	0.7800	0.4380
监事会人数（x15）	0.2000	0.1100	1.8000	0.073*
盈利（x17）	0.0100	0.0100	1.3600	0.1750
成本（x201）	-0.1200	0.1100	-1.1200	0.2610
上市时间（age）	0.0004	0.0005	0.8100	0.4210
所属行业（消费者靠近型）（I22a）	-0.4300	0.3800	-1.1200	0.2630
所属行业（环境敏感型）（I22b）	0.2300	0.3400	0.6700	0.5010
企业规模（I23）	0.6500	0.3600	1.8400	0.066*
编制依据（I32a）	0.7800	0.4700	1.6500	0.099*
报告审验（I33）	1.1000	0.5900	1.8600	0.062*
反馈意见（I34）	0.7200	0.4500	1.6000	0.1110
经济环境（I211a）	0.2700	0.1500	1.8500	0.065*
/cut1	-5.4100	2.3200		
Number of obs	109.0000			
LR chi2（15）	28.5300			
Log likelihood	-60.9140			
Prob > chi2	0.0185			
Pseudo R^2	0.1898			

注：*** 表示在1%水平上显著；** 表示在5%水平上显著；* 表示在10%水平上显著。

表4-23　2010年员工信息披露质量有序probit模型估计结果

员工信息披露质量（z5）	Coef	标准差	Z值	P值
第一大股东持股比例（x5）	-0.0150	0.0090	-1.6800	0.093*
董监事及高管总人数（x7）	-0.0090	0.0350	-0.2600	0.7920
董事会人数（x8）	0.0650	0.0950	0.6900	0.4930
独立董事人数（x13）	0.1470	0.2440	0.6000	0.5450
监事会人数（x15）	0.0020	0.0970	0.0300	0.9800
盈利（x17）	0.0110	0.0090	1.2300	0.2180
成本（x201）	-0.1010	0.1070	-0.9400	0.3470
上市时间（age）	0.0003	0.0005	0.6700	0.5030
所属行业（消费者靠近型）（I22a）	-0.7330	0.4090	-1.7900	0.0730
所属行业（环境敏感型）（I22b）	0.1210	0.3300	0.3700	0.7130
企业规模（I23）	0.6960	0.3360	2.0800	0.038**
编制依据（I32a）	0.0570	0.3690	0.1600	0.8760
报告审验（I33）	0.4610	0.5330	0.8600	0.3880
反馈意见（I34）	0.1480	0.4000	0.3700	0.7120
经济环境（I211a）	0.2360	0.1240	1.9000	0.057*
/cut1	-5.0900	2.5660		
Number of obs	112.0000			
LR chi2（15）	20.5200			
Log likelihood	-67.3600			
Prob > chi2	0.1530			
Pseudo R^2	0.1322			

注：***表示在1%水平上显著；**表示在5%水平上显著；*表示在10%水平上显著。

表4-24　2011年员工信息披露质量有序probit模型估计结果

员工信息披露质量（z5）	Coef	标准差	Z值	P值
第一大股东持股比例（x5）	-0.021	0.01	-2.07	0.038**
董监事及高管总人数（x7）	0.001	0.042	0.02	0.986
董事会人数（x8）	0.019	0.102	0.19	0.851
独立董事人数（x13）	0.033	0.232	0.14	0.887
监事会人数（x15）	0.017	0.109	0.15	0.877
盈利（x17）	0.023	0.018	1.27	0.203
成本（x201）	0.051	0.116	0.44	0.656
上市时间（age）	0.002	0.003	0.5	0.615

续表

员工信息披露质量（z5）	Coef	标准差	Z 值	P 值
所属行业（消费者靠近型）（I22a）	0.041	0.411	0.1	0.921
所属行业（环境敏感型）（I22b）	0.217	0.336	0.65	0.519
企业规模（I23）	0.496	0.35	1.42	0.157
编制依据（I32a）	0.06	0.462	0.13	0.897
报告审验（I33）	0.725	0.713	1.02	0.31
反馈意见（I34）	0.142	0.468	0.3	0.761
经济环境（I211a）	0.116	0.132	0.88	0.381
/cut1	0.488	2.565		
Number of obs	96			
LR chi2（15）	12.7			
Log likelihood	−60.172			
Prob > chi2	0.626			
Pseudo R^2	0.0955			

注：*** 表示在1%水平上显著；** 表示在5%水平上显著；* 表示在10%水平上显著。

（六）客户信息披露质量的影响因素分析

客户信息披露质量（z6）包含3个层次：信息披露质量基本符合要求，信息披露质量比较令人满意，信息披露质量非常令人满意。

1. 模型一：Random Effects Ordered Probit 模型。由 4 - 25 可知，似然比检验结果表明变量的选择比较合理，模型整体拟合效果较好。ρ 估计值表示个体差异对该信息披露质量差异的解释力度达到了 91%。其中，第一大股东持股比例、监事会人数、所属行业（环境敏感型）、企业规模、编制依据、报告审验、经济环境等因素的影响程度较显著，尤其是企业规模，且都是正面的影响；上市时间、所属行业（消费者靠近型）等因素的影响程度较小。

监事会人数对国有企业 SRD 的客户信息披露的影响是正面的，且影响程度为 123%，这说明监事会人数多的企业更愿意披露比较令人满意的社会责任信息。企业规模对国有企业 SRD 的客户信息披露的影响程度为 359%，这说明了大企业具备更多可用资源，并且有着更高的可见度，对外部压力集团的检查也更加敏感，因此，倾向于披露更高质量的社会责任信息。该结论验证了 Patten 和 Simon 的假设。经济环境对国有企业 SRD 的客户信息披露的影响程度为 128%，这说明了企业所处的经济环境越好，会更加受到外界关注，因而需要披露更多的社会责任信息。

表4-25 客户信息披露质量随机效应有序probit模型的估计结果

客户信息披露质量（z6）	Coef	标准差	Z值	P值
第一大股东持股比例（x5）	-0.01	0.01	-1.63	0.103*
董监事及高管总人数（x7）	0.03	0.03	0.93	0.352
董事会人数（x8）	0.07	0.07	0.91	0.36
独立董事人数（x13）	-0.15	0.15	-1	0.318
监事会人数（x15）	0.21	0.09	2.25	0.024**
盈利（x17）	-0.01	0.01	-1.14	0.255
成本（x201）	-0.03	0.09	-0.34	0.73
上市时间（age）	-0.00004	0	-0.12	0.908
所属行业（消费者靠近型）（I22a）	-0.13	0.33	-0.41	0.682
所属行业（环境敏感型）（I22b）	0.46	0.26	1.75	0.081*
企业规模（I23）	3.58	0.64	5.6	0***
编制依据（I32a）	0.44	0.26	1.67	0.094*
报告审验（I33）	0.47	0.28	1.67	0.096*
反馈意见（I34）	0.25	0.27	0.94	0.35
经济环境（I211a）	0.25	0.12	2.08	0.038**
_cut1	4.97	2.05	2.42	0.015
_cut2	6.72	2.06	3.27	0.001
rho	0.91	0.02	41.83	0
Number of obs	366			
LR chi2（15）	25.81			
Log likelihood	-236.57			
Prob > chi2	0.04			

注：*** 表示在1%水平上显著；** 表示在5%水平上显著；* 表示在10%水平上显著。

2. 模型二：Random effects generalized ordered probit 模型。从表4-26可知，ρ估计值显示个体差异对该信息披露质量差异的解释力度达到了68.4%。在方程1中，企业规模、编制依据、报告审验、反馈意见和经济环境这些因素的影响较显著，且都是正面的影响，尤其是编制依据和反馈意见；第一大股东持股比例、盈利、上市时间、所属行业（消费者靠近型）、所属行业（环境敏感型）等因素的影响效果较弱。

从方程 1 到方程 2，第一大股东持股比例、监事会人数、成本、所属行业（环境敏感型）这几个因素的影响程度都出现了明显的上升，且影响较显著，说明企业客户信息披露的质量从比较令人满意上升到非常令人满意时，这些因素的影响程度逐渐变大。相反，反馈意见和经济环境这两个因素的影响程度相对减弱。

表 4－26　客户信息披露质量广义随机效应有序 probit 模型估计结果

客户信息披露质量（z6）	Coef	标准差	Z 值	P 值
mleq1				
第一大股东持股比例（x5）	0.008	0.013	0.58	0.559
董监事及高管总人数（x7）	0.038	0.054	0.7	0.487
董事会人数（x8）	0.105	0.120	0.88	0.381
独立董事人数（x13）	－0.271	0.289	－0.94	0.349
监事会人数（x15）	－0.131	0.143	－0.91	0.360
盈利（x17）	－0.002	0.009	－0.17	0.866
成本（x201）	0.050	0.138	0.36	0.717
上市时间（age）	0.0001	0.001	0.18	0.857
所属行业（消费者靠近型）I22a	0.287	0.574	0.5	0.617
所属行业（环境敏感型）I22b	0.222	0.452	0.49	0.623
企业规模（I23）	1.061	0.498	2.13	0.033**
编制依据（I32a）	1.354	0.434	3.12	0.002***
报告审验（I33）	0.949	0.555	1.71	0.087*
反馈意见（I34）	1.837	0.495	3.71	0***
经济环境（I211a）	0.435	0.190	2.29	0.022**
_cons	－5.871	3.309	－1.77	0.076
mleq2				
第一大股东持股比例（x5）	0.043	0.019	2.3	0.021**
董监事及高管总人数（x7）	0.085	0.056	1.53	0.127
董事会人数（x8）	－0.184	0.151	－1.22	0.224
独立董事人数（x13）	0.062	0.320	0.19	0.847
监事会人数（x15）	0.625	0.198	3.16	0.002***
盈利（x17）	0.006	0.015	0.4	0.689
成本（x201）	－0.696	0.185	－3.77	0***
上市时间（age）	－0.001	0.004	－0.28	0.778

续表

客户信息披露质量（z6）	Coef	标准差	Z值	P值
所属行业（消费者靠近型）I22a	0.850	0.672	1.27	0.206
所属行业（环境敏感型）I22b	-1.837	0.667	-2.76	0.006***
企业规模（I23）	0.686	0.601	1.14	0.254
编制依据（I32a）	0.761	0.535	1.42	0.155
报告审验（I33）	0.288	0.656	0.44	0.66
反馈意见（I34）	1.273	0.542	2.35	0.019**
经济环境（I211a）	0.128	0.229	0.56	0.577
_cons	9.624	3.937	2.44	0.015
rho	0.684	0.108	6.35	0
Number of obs	366			
LR chi2 (30)	35.69			
Log likelihood	-170.299			
Prob > chi2	0.2185			

注：*** 表示在1%水平上显著；** 表示在5%水平上显著；* 表示在10%水平上显著。

3. 模型三：Ordered probit regression 模型。从表 4-27 可以看出，Pseudo R^2 表明变量的选择比较合理，模型整体拟合效果比较好，但仍存在一些不可观测的影响因素。其中，监事会人数、所属行业（消费者靠近型）、企业规模、编制依据、反馈意见及经济环境这几个因素的影响程度较大，且都是正面的影响；第一大股东持股比例、董监事及高管总人数、董事会人数、独立董事人数、盈利、上市时间等因素的影响程度较小。

企业规模对国有企业 SRD 客户信息披露的影响程度为 180%，这说明了大企业具备更多的可用资源，并且有着更高的可见度，对外部压力集团的检查也更加敏感，因此，倾向于披露更高质量的社会责任信息。该结论验证了 Patten 和 Simon Knox 的假设。编制依据、反馈意见对国有企业 SRD 客户信息披露的影响是正面的，且影响程度分别为 170%、163%，这与合法性理论相符合。

表 4-27　客户信息披露质量有序 probit 模型估计结果

客户信息披露质量（z6）	Coef	标准差	Z值	P值
第一大股东持股比例（x5）	0.002	0.005	0.4	0.691
董监事及高管总人数（x7）	0.001	0.020	0.04	0.967
董事会人数（x8）	0.007	0.048	0.15	0.88

续表

客户信息披露质量（z6）	Coef	标准差	Z 值	P 值
独立董事人数（x13）	-0.014	0.110	-0.12	0.902
监事会人数（x15）	0.108	0.052	2.07	0.038**
盈利（x17）	0.001	0.004	0.23	0.818
成本（x201）	-0.069	0.055	-1.27	0.206
上市时间（age）	-0.0001	0.000	-0.5	0.614
所属行业（消费者靠近型）（I22a）	0.379	0.196	1.94	0.053**
所属行业（环境敏感型）（I22b）	-0.205	0.164	-1.25	0.213
企业规模（I23）	0.590	0.193	3.06	0.002***
编制依据（I32a）	0.528	0.184	2.87	0.004***
报告审验（I33）	0.199	0.234	0.85	0.395
反馈意见（I34）	0.490	0.193	2.54	0.011***
经济环境（I211a）	0.113	0.069	1.65	0.099*
/cut1	0.478	1.183		
/cut2	1.353	1.182		
Number of obs	366			
LR chi2（15）	69.69			
Prob > chi2	0			
Log likelihood	-285.05			
Pseudo R^2	0.11			

注：***表示在1%水平上显著；**表示在5%水平上显著；*表示在10%水平上显著。

4. 模型四：分时模型。从表4-28、表4-29、表4-30可知，企业在2009年时，所属行业（消费者靠近型）、企业规模和经济环境这几个因素的影响程度较显著，且都是正面的影响；董监事高管总人数、董事会人数、盈利、上市时间、编制依据、报告审验等因素的影响程度较弱。企业在2010年时，只有反馈意见的影响效果较显著，且与2009年相比，影响程度明显提高，反馈意见对国有企业SRD客户信息披露的影响是正面的，且影响程度为185%，这意味着有反馈意见的企业更愿意披露比较令人满意的社会责任信息，与合法性理论相符。从2010年到2011年，所属行业（消费者靠近型）和编制依据这两个因素的影响效果有很大程度的上升，且影响程度较显著，而其他因素的影响程度都有不同幅度的变化，影响程度较弱。

表4-28　　2009年客户信息披露质量有序probit模型估计结果

客户信息披露质量（z6）	Coef	标准差	Z值	P值
第一大股东持股比例（x5）	0.01	0.01	1.19	0.235
董监事及高管总人数（x7）	-0.03	0.05	-0.57	0.567
董事会人数（x8）	0.003	0.10	0.03	0.977
独立董事人数（x13）	0.24	0.23	1.05	0.292
监事会人数（x15）	0.18	0.11	1.61	0.108*
盈利（x17）	-0.002	0.01	-0.18	0.857
成本（x201）	-0.16	0.11	-1.37	0.17
上市时间（age）	-0.0001	0.00	-0.31	0.757
所属行业（消费者靠近型）（I22a）	0.83	0.36	2.28	0.022**
所属行业（环境敏感型）（I22b）	-0.32	0.32	-1.01	0.314
企业规模（I23）	1.00	0.37	2.72	0.007***
编制依据（I32a）	0.31	0.38	0.8	0.425
报告审验（I33）	0.07	0.46	0.14	0.887
反馈意见（I34）	0.41	0.39	1.07	0.286
经济环境（I211a）	0.26	0.14	1.84	0.066*
/cut1	-0.07	2.29		
/cut2	0.92	2.28		
Number of obs	109			
LR chi2（15）	32.2			
Log likelihood	-75.96			
Prob > chi2	0.006			
Pseudo R^2	0.18			

注：*** 表示在1%水平上显著；** 表示在5%水平上显著；* 表示在10%水平上显著。

表4-29　　2010年客户信息披露质量有序probit模型估计结果

客户信息披露质量（z6）	Coef	标准差	Z值	P值
第一大股东持股比例（x5）	0.003	0.009	0.33	0.74
董监事及高管总人数（x7）	0.003	0.038	0.09	0.932
董事会人数（x8）	0.124	0.103	1.2	0.232
独立董事人数（x13）	-0.351	0.265	-1.33	0.185
监事会人数（x15）	0.056	0.098	0.58	0.563
盈利（x17）	0.0003	0.006	0.04	0.968

续表

客户信息披露质量（z6）	Coef	标准差	Z值	P值
成本（x201）	-0.044	0.105	-0.42	0.677
上市时间（age）	-0.0002	0.000	-0.39	0.696
所属行业（消费者靠近型）（I22a）	0.043	0.402	0.11	0.914
所属行业（环境敏感型）（I22b）	-0.400	0.321	-1.24	0.213
企业规模（I23）	0.348	0.358	0.97	0.331
编制依据（I32a）	0.461	0.340	1.36	0.175
报告审验（I33）	-0.209	0.443	-0.47	0.638
反馈意见（I34）	0.614	0.379	1.62	0.105*
经济环境（I211a）	0.172	0.122	1.41	0.158
/cut1	0.492	2.512		
/cut2	1.305	2.511		
Number of obs	112			
LR chi2（15）	19.01			
Log likelihood	-81.32			
Prob > chi2	0.21			
Pseudo R^2	0.1			

注：*** 表示在1%水平上显著；** 表示在5%水平上显著；* 表示在10%水平上显著。

表4-30　2011年客户信息披露质量有序probit模型估计结果

客户信息披露质量（z6）	Coef	标准差	Z值	P值
第一大股东持股比例（x5）	0.003	0.010	0.28	0.779
董监事及高管总人数（x7）	-0.023	0.047	-0.49	0.627
董事会人数（x8）	0.010	0.107	0.1	0.922
独立董事人数（x13）	0.054	0.234	0.23	0.816
监事会人数（x15）	0.148	0.113	1.31	0.192
盈利（x17）	0.002	0.018	0.13	0.899
成本（x201）	-0.095	0.117	-0.82	0.414
上市时间（age）	-0.032	0.036	-0.88	0.378
所属行业（消费者靠近型）（I22a）	0.658	0.393	1.67	0.094*
所属行业（环境敏感型）（I22b）	-0.205	0.332	-0.62	0.536
企业规模（I23）	0.470	0.391	1.2	0.23
编制依据（I32a）	0.906	0.451	2.01	0.044**

续表

客户信息披露质量（z6）	Coef	标准差	Z值	P值
报告审验（I33）	0.290	0.619	0.47	0.639
反馈意见（I34）	0.383	0.458	0.84	0.403
经济环境（I211a）	-0.002	0.147	-0.01	0.991
/cut1	-0.629	2.696		
/cut2	0.266	2.692		
Number of obs	96			
LR chi2（15）	25.19			
Log likelihood	-67.96			
Prob > chi2	0.05			
Pseudo R^2	0.16			

注：*** 表示在1%水平上显著；** 表示在5%水平上显著；* 表示在10%水平上显著。

（七）环境信息披露质量的影响因素分析

环境信息披露质量（z7）包含两个层次：信息披露质量基本符合要求，信息披露质量比较令人满意。

1. 模型一：Random Effects Ordered Probit 的模型。从表4-31可知，似然比检验结果表明变量的选择比较合理，模型整体拟合效果比较好。ρ 估计值为0.902，显示个体差异对该指标披露质量差异的解释力度达到了90.2%。其中，独立董事人数、成本、所属行业（环境敏感型）、编制依据、反馈意见和经济环境这些因素的影响程度较大，尤其是环境和编制依据，并且都是正面的影响；第一大股东持股比例、董监事及高管总人数、盈利、上市时间、所属行业（消费者靠近型）等因素的影响程度较小，可忽略。

成本对国有企业SRD环境信息披露的影响是正面的，且影响程度为219%，这说明了企业社会责任成本越大，会越倾向于披露更多的社会责任信息。所属行业（环境敏感型）对国有企业SRD环境信息披露的影响程度为288%，这说明了那些对环境敏感的行业更有可能披露更高质量的社会责任信息，该结论验证了Dierkes and Preston的观点。编制依据对国有企业SRD环境信息披露的影响程度为149%，可见企业在进行社会责任信息披露时遵循编制依据的指引，对规范其社会责任报告撰写大有裨益，信息披露质量也会随之提升，这与合法性理论相符。

表 4-31　　环境信息披露质量随机效应有序概率模型的估计结果

环境信息披露质量（z7）	Coef	标准差	Z 值	P 值
第一大股东持股比例（x5）	-0.005	0.014	-0.35	0.723
董监事及高管总人数（x7）	0.058	0.064	0.9	0.366
董事会人数（x8）	-0.189	0.154	-1.22	0.221
独立董事人数（x13）	0.989	0.420	2.35	0.019**
监事会人数（x15）	-0.322	0.199	-1.61	0.107
盈利（x17）	0.003	0.010	0.32	0.751
成本（x201）	0.783	0.199	3.94	0***
上市时间（age）	0.0003	0.001	0.4	0.691
所属行业（消费者靠近型）（I22a）	-0.335	0.650	-0.52	0.607
所属行业（环境敏感型）（I22b）	1.058	0.564	1.87	0.061**
企业规模（I23）	2.133	0.738	2.89	0.004*
编制依据（I32a）	2.700	0.777	3.48	0.001***
报告审验（I33）	0.670	0.600	1.12	0.264
反馈意见（I34）	2.018	0.689	2.93	0.003***
经济环境（I211a）	0.485	0.200	2.43	0.015**
cut1	26.102	6.107	4.27	0
rho	0.902	0.047	19.11	0
Number of obs	365			
LR chi2（15）	99.28			
Log likelihood	-99.682			
Prob > chi2	0			

注：*** 表示在1%水平上显著；** 表示在5%水平上显著；* 表示在10%水平上显著。

2. 模型二：分时模型。从表 4-32、表 4-33、表 4-34 可知，Pseudo R^2 由 0.525 到 0.47，可见随着时间的推移，模型整体的拟合效果略有升高之后出现了降低。企业在 2009 年时，所属行业（环境敏感型）、成本和反馈意见这几个因素的影响效果较显著，尤其是成本和反馈意见，且都是正面的影响。成本对国有企业 SRD 环境信息披露的影响是正面的，且影响程度为182%，这说明了企业社会责任成本越大，会越倾向于披露更多的社会责任信息。反馈意见对国有企业 SRD 环境信息披露的影响程度为570%，这意味着有反馈意见的企业更愿意披露比较令人满意的社会责任信息，与合法性理论相符。董事会人数、独立董事人数、盈利、上市时间以及编制依据这些因素的影响程度较小。从 2009 年到

2010年，大部分变量的影响程度都出现不同幅度的减弱，而编制依据的影响程度大幅提高。编制依据对国有企业SRD的环境信息披露的影响程度为277%，这说明了企业在进行社会责任信息披露时遵循编制依据的指引，对规范其社会责任报告撰写大有裨益，信息披露质量也会随之提升，这与合法性理论相符。当企业在2011年时，只有编制依据、报告审验和反馈意见这几个影响因素的影响效果较显著。

表4–32　　2009年环境信息披露质量有序probit模型估计结果

环境信息披露质量（z7）	Coef	标准差	Z值	P值
第一大股东持股比例（x5）	−0.01	0.01	−0.76	0.447
董监事及高管总人数（x7）	0.04	0.06	0.71	0.478
董事会人数（x8）	−0.03	0.12	−0.28	0.781
独立董事人数（x13）	0.01	0.31	0.04	0.969
监事会人数（x15）	−0.13	0.17	−0.74	0.458
盈利（x17）	−0.001	0.01	−0.1	0.919
成本（x201）	0.60	0.19	3.17	0.002***
上市时间（age）	−0.0002	0.0008	−0.18	0.854
所属行业（消费者靠近型）（I22a）	−0.41	0.55	−0.75	0.454
所属行业（环境敏感型）（I22b）	0.87	0.49	1.77	0.077*
企业规模（I23）	0.35	0.44	0.8	0.425
编制依据（I32a）	−0.36	0.70	−0.52	0.604
报告审验（I33）	−0.98	0.75	−1.3	0.193
反馈意见（I34）	1.74	0.55	3.18	0.001***
经济环境（I211a）	0.14	0.19	0.7	0.481
/cut1	14.15	4.18		
Number of obs	109			
LR chi2（15）	70.13			
Log likelihood	−31.77			
Prob > chi2	0			
Pseudo R^2	0.525			

注：***表示在1%水平上显著；**表示在5%水平上显著；*表示在10%水平上显著。

表4-33　　2010年环境信息披露质有序probit模型估计结果

环境信息披露质量（z7）	Coef	标准差	Z值	P值
第一大股东持股比例（x5）	0.005	0.01	0.37	0.708
董监事及高管总人数（x7）	0.05	0.05	0.96	0.338
董事会人数（x8）	-0.22	0.14	-1.57	0.117
独立董事人数（x13）	0.30	0.34	0.86	0.387
监事会人数（x15）	-0.01	0.14	-0.08	0.935
盈利（x17）	0.02	0.02	1.21	0.226
成本（x201）	0.30	0.17	1.81	0.071*
上市时间（age）	0.0001	0.001	0.15	0.881
所属行业（消费者靠近型）（I22a）	0.23	0.57	0.41	0.681
所属行业（环境敏感型）（I22b）	0.57	0.46	1.25	0.212
企业规模（I23）	0.46	0.47	0.98	0.328
编制依据（I32a）	1.02	0.47	2.16	0.031**
报告审验（I33）	0.11	0.67	0.17	0.868
反馈意见（I34）	1.22	0.49	2.47	0.014***
经济环境（I211a）	0.10	0.18	0.58	0.564
/cut1	9.56	4.36		
Number of obs	112			
LR chi2（15）	70.86			
Log likelihood	-31.58			
Prob > chi2	0			
Pseudo R^2	0.529			

注：*** 表示在1%水平上显著；** 表示在5%水平上显著；* 表示在10%水平上显著。

表4-34　　2011年环境信息披露质量有序probit模型估计结果

环境信息披露质量（z7）	Coef	标准差	Z值	P值
第一大股东持股比例（x5）	0.02	0.01	1.03	0.303
董监事及高管总人数（x7）	0.07	0.06	1.15	0.249
董事会人数（x8）	-0.20	0.15	-1.37	0.17
独立董事人数（x13）	0.23	0.35	0.64	0.525
监事会人数（x15）	-0.09	0.16	-0.57	0.566

续表

环境信息披露质量（z7）	Coef	标准差	Z 值	P 值
盈利（x17）	0.005	0.02	0.2	0.844
成本（x201）	0.17	0.18	0.91	0.363
上市时间（age）	-0.001	0.004	-0.21	0.83
所属行业（消费者靠近型）（I22a）	0.67	0.56	1.2	0.231
所属行业（环境敏感型）（I22b）	0.61	0.49	1.24	0.217
企业规模（I23）	0.73	0.57	1.27	0.204
编制依据（I32a）	1.35	0.64	2.1	0.036**
报告审验（I33）	1.53	0.93	1.65	0.099*
反馈意见（I34）	1.44	0.63	2.3	0.021**
经济环境（I211a）	0.31	0.21	1.47	0.142
/cut1	8.62	4.28		
Number of obs	96			
LR chi2（15）	48.6			
Log likelihood	-27.37			
Prob > chi2	0			
Pseudo R^2	0.47			

注：*** 表示在1%水平上显著；** 表示在5%水平上显著；* 表示在10%水平上显著。

（八）政府信息披露质量的影响因素分析

政府信息披露质量（z8）包含2个层次：信息披露质量基本符合要求，信息披露质量比较令人满意。

1. 模型一：Random Effects Ordered Probit 模型。从表4-35可知，似然比检验结果表明变量的选择比较合理，模型整体拟合效果较好。ρ 估计值表示个体差异对政府信息披露质量差异的解释力度达到了96.8%。其中，只有成本和经济环境这两个因素的影响程度较显著，并且成本的影响是负面的，且影响程度为47%，这说明了企业社会责任成本越大，越不倾向于披露更高质量的社会责任信息。其余的因素影响程度较小。经济环境对国有企业 SRD 的政府信息披露的影响程度为340%，这说明了企业所处的经济环境越好，会更加受到外界关注，因而需要披露更多的社会责任信息。

表4-35　政府信息披露质量随机效应有序 probit 模型的估计结果

政府信息披露质量（z8）	Coef	标准差	Z值	P值
第一大股东持股比例（x5）	0.106	0.068	1.57	0.117
董监事及高管总人数（x7）	-0.358	0.260	-1.38	0.168
董事会人数（x8）	0.139	0.483	0.29	0.773
独立董事人数（x13）	-0.241	0.713	-0.34	0.735
监事会人数（x15）	-0.118	0.518	-0.23	0.82
盈利（x17）	-0.017	0.015	-1.13	0.257
成本（x201）	-0.753	0.413	-1.82	0.068*
上市时间（age）	-0.004	0.006	-0.79	0.427
所属行业（消费者靠近型）（I22a）	-0.144	1.312	-0.11	0.913
所属行业（环境敏感型）（I22b）	0.346	1.582	0.22	0.827
企业规模（I23）	-2.021	1.390	-1.45	0.146
编制依据（I32a）	-2.439	1.918	-1.27	0.203
报告审验（I33）	—	—	—	—
反馈意见（I34）	-32.497	105319.7	0	1
经济环境（I211a）	1.224	0.741	1.65	0.098*
_cut1	-13.562	8.375	-1.62	0.105
rho	0.968	0.026	37.89	0
Number of obs	366			
LR chi2（15）	51.33			
Log likelihood	-66.52			
Prob > chi2	0			

注：*** 表示在1%水平上显著；** 表示在5%水平上显著；* 表示在10%水平上显著。

2. 模型二：分时模型。从表4-36、表4-37、表4-38可知，Pseudo R^2 由 0.274 逐渐上升到 0.427，可见模型的拟合效果越来越好。当企业在2009年时，只有成本因素的影响程度较显著，且是负面的影响；2010年，只有监事会人数的影响效果较显著；2011年，部分因素的影响效果有所提高，其中，第一大股东持股比例、盈利和经济环境这几个因素影响程度较显著。由此可见，分时模型并不能很好地捕捉到变量的影响效果。

表 4-36　2009 年政府信息披露质量有序 probit 模型估计结果

政府信息披露质量（z8）	Coef	标准差	Z 值	P 值
第一大股东持股比例（x5）	0.016	0.013	1.2	0.229
董监事及高管总人数（x7）	-0.135	0.085	-1.59	0.113
董事会人数（x8）	0.081	0.187	0.43	0.665
独立董事人数（x13）	0.259	0.341	0.76	0.447
监事会人数（x15）	0.029	0.170	0.17	0.866
盈利（x17）	0.002	0.011	0.2	0.841
成本（x201）	-0.282	0.157	-1.79	0.073*
上市时间（age）	-0.028	0.046	-0.61	0.542
所属行业（消费者靠近型）（I22a）	0.136	0.553	0.25	0.805
所属行业（环境敏感型）（I22b）	-0.278	0.511	-0.54	0.587
企业规模（I23）	0.042	0.452	0.09	0.926
编制依据（I32a）	-0.445	0.711	-0.63	0.531
报告审验（I33）	4.902	925.050	0.01	0.996
反馈意见（I34）	-4.546	703.619	-0.01	0.995
经济环境（I211a）	0.175	0.206	0.85	0.397
/cut1	-0.67	925.05		
Number of obs	109			
LR chi2（15）	24.89			
Log likelihood	-33.02			
Prob > chi2	0.0514			
Pseudo R^2	0.274			

注：*** 表示在 1% 水平上显著；** 表示在 5% 水平上显著；* 表示在 10% 水平上显著。

表 4-37　2010 年政府信息披露质量有序 probit 模型估计结果

政府信息披露质量（z8）	Coef	标准差	Z 值	P 值
第一大股东持股比例（x5）	0.026	0.017	1.49	0.137
董监事及高管总人数（x7）	-0.218	0.141	-1.55	0.121
董事会人数（x8）	0.136	0.302	0.45	0.653
独立董事人数（x13）	0.325	0.440	0.74	0.46
监事会人数（x15）	0.404	0.225	1.8	0.072*
盈利（x17）	-0.002	0.007	-0.24	0.809
成本（x201）	-0.294	0.216	-1.36	0.174

续表

政府信息披露质量（z8）	Coef	标准差	Z 值	P 值
上市时间（age）	-0.001	0.004	-0.18	0.854
所属行业（消费者靠近型）（I22a）	0.063	0.762	0.08	0.934
所属行业（环境敏感型）（I22b）	0.068	0.635	0.11	0.915
企业规模（I23）	-0.310	0.560	-0.55	0.58
编制依据（I32a）	-5.991	919.535	-0.01	0.995
报告审验（I33）	1.303	1888.779	0	0.999
反馈意见（I34）	-4.139	1334.186	0	0.998
经济环境（I211a）	0.340	0.239	1.42	0.154
/cut1	-2.326	1888.784		
Number of obs	112			
LR chi2（15）	24.72			
Log likelihood	-21.34			
Prob > chi2	0.05			
Pseudo R^2	0.367			

注：*** 表示在1%水平上显著；** 表示在5%水平上显著；* 表示在10%水平上显著。

表 4-38　2011 年政府信息披露质量有序 probit 模型估计结果

政府信息披露质量（z8）	Coef	标准差	Z 值	P 值
第一大股东持股比例（x5）	0.040	0.020	2.01	0.044**
董监事及高管总人数（x7）	-0.139	0.124	-1.13	0.261
董事会人数（x8）	-0.066	0.265	-0.25	0.803
独立董事人数（x13）	-0.134	0.587	-0.23	0.82
监事会人数（x15）	0.260	0.224	1.16	0.247
盈利（x17）	-0.082	0.037	-2.21	0.027**
成本（x201）	-0.235	0.207	-1.14	0.256
上市时间（age）	-0.001	0.005	-0.22	0.823
所属行业（消费者靠近型）（I22a）	-0.826	0.760	-1.09	0.277
所属行业（环境敏感型）（I22b）	0.299	0.599	0.5	0.617
企业规模（I23）	-0.443	0.551	-0.8	0.421
编制依据（I32a）	0.390	0.788	0.5	0.621
报告审验（I33）	0.183	967.919	0	1
反馈意见（I34）	-4.259	657.342	-0.01	0.995

续表

政府信息披露质量（z8）	Coef	标准差	Z 值	P 值
经济环境（I211a）	0.503	0.212	2.37	0.018 **
/cut1	-4.877	967.927		
Number of obs	96			
LR chi2 (15)	34.02			
Log likelihood	-22.87			
Prob > chi2	0.0034			
Pseudo R^2	0.427			

注：*** 表示在1%水平上显著；** 表示在5%水平上显著；* 表示在10%水平上显著。

（九）社会组织信息披露质量的影响因素分析

社会组织信息披露质量（z9）包含2个层次：信息披露质量基本符合要求，信息披露质量比较令人满意。

1. 模型一：Random Effects Ordered Probit 的模型。从表4-39可知，似然比检验结果表明变量的选择比较合理，模型整体拟合效果比较好。ρ 估计值为 0.982，显示个体差异对该指标披露质量差异的解释力度达到了98.2%。其中，监事会人数、盈利、成本、所属行业（消费者靠近型）、企业规模、编制依据、报告审验以及反馈意见这些因素的影响程度较大，尤其是报告审验和反馈意见这两个影响因素，并且都是正面的影响；董监事及高管总人数、董事会人数、独立董事人数、上市时间、所属行业（环境敏感型）等因素的影响程度较小，可忽略。报告审验、反馈意见对国有企业 SRD 社会组织信息披露的影响是正面的，且影响程度分别为2498%、5309%，这与合法性理论相符合。

表4-39　社会组织信息披露质量随机效应有序 probit 模型的估计结果

社会组织信息披露质量（z9）	Coef	标准差	Z 值	P 值
第一大股东持股比例（x5）	-0.035	0.029	-1.21	0.228
董监事及高管总人数（x7）	0.062	0.128	0.48	0.628
董事会人数（x8）	0.123	0.281	0.44	0.66
独立董事人数（x13）	-0.470	0.641	-0.73	0.463
监事会人数（x15）	-1.528	0.737	-2.07	0.038 **

续表

社会组织信息披露质量（z9）	Coef	标准差	Z值	P值
盈利（x17）	0.065	0.035	1.85	0.064*
成本（x201）	0.654	0.373	1.75	0.079*
上市时间（age）	0.002	0.004	0.55	0.583
所属行业（消费者靠近型）（I22a）	5.482	2.288	2.4	0.017**
所属行业（环境敏感型）（I22b）	0.068	0.871	0.08	0.938
企业规模（I23）	4.228	1.900	2.23	0.026**
编制依据（I32a）	6.731	2.712	2.48	0.013**
报告审验（I33）	3.218	0.984	3.27	0.001***
反馈意见（I34）	3.972	1.313	3.03	0.002***
经济环境（I211a）	0.641	0.573	1.12	0.263
cut1	17.838	8.767	2.03	0.042
rho	0.982	0.013	72.79	0
Number of obs		366		
LR chi2（15）		102.04		
Log likelihood		−62.04		
Prob > chi2		0		

注：*** 表示在1%水平上显著；** 表示在5%水平上显著；* 表示在10%水平上显著。

2. 模型二：分时模型。此模型分别选取2009年、2010年、2011年来进一步分析解释变量对该信息披露质量影响的时间变化趋势。

从表4-40、表4-41、表4-42可知，Pseudo R^2 由0.571逐渐上升到0.67，可见模型整体的拟合效果越来越好。企业在2009年时，第一大股东持股比例、董事会人数、所属行业（消费者靠近型）、编制依据、反馈意见和经济环境这些因素的影响效果较显著，且都是正面的影响；监事会人数、上市时间、企业规模、报告审验等因素的影响程度较小。从2009年到2010年，所属行业（消费者靠近型）、编制依据和反馈意见这几个因素的影响程度明显提高；第一大股东持股比例、经济环境等因素的影响效果明显减弱。企业在2011年，所属行业（消费者靠近型）、编制依据和反馈意见这些因素的影响程度依旧较显著，且都是正面的影响。由此可见，企业处于不同的时期，这些解释变量的影响效果也都发生了不同程度的改变。

表4-40　2009年社会组织信息披露质量有序probit模型估计结果

社会组织信息披露质量（z9）	Coef	标准差	Z值	P值
第一大股东持股比例（x5）	0.03	0.02	1.78	0.075*
董监事及高管总人数（x7）	-0.13	0.10	-1.3	0.195
董事会人数（x8）	0.38	0.25	1.56	0.12*
独立董事人数（x13）	-0.81	0.62	-1.31	0.191
监事会人数（x15）	-0.07	0.23	-0.29	0.776
盈利（x17）	0.04	0.03	1.2	0.23
成本（x201）	-0.16	0.19	-0.85	0.396
上市时间（age）	0.0003	0.0007	0.43	0.666
所属行业（消费者靠近型）（I22a）	1.09	0.69	1.58	0.113*
所属行业（环境敏感型）（I22b）	-0.99	0.66	-1.49	0.136
企业规模（I23）	0.67	0.75	0.9	0.369
编制依据（I32a）	1.45	0.71	2.03	0.042**
报告审验（I33）	0.58	0.81	0.73	0.468
反馈意见（I34）	2.16	0.77	2.8	0.005***
经济环境（I211a）	-0.92	0.45	-2.04	0.041**
/cut1	-2.48	4.04		
Number of obs	109			
LR chi2（15）	55.75			
Log likelihood	-20.97			
Prob > chi2	0			
Pseudo R^2	0.571			

注：***表示在1%水平上显著；**表示在5%水平上显著；*表示在10%水平上显著。

表4-41　2010年社会组织信息披露质量有序probit模型估计结果

社会组织信息披露质量（z9）	Coef	标准差	Z值	P值
第一大股东持股比例（x5）	-0.003	0.017	-0.17	0.862
董监事及高管总人数（x7）	0.017	0.064	0.26	0.793
董事会人数（x8）	-0.261	0.180	-1.46	0.146
独立董事人数（x13）	0.495	0.437	1.13	0.257
监事会人数（x15）	-0.078	0.189	-0.41	0.681
盈利（x17）	0.008	0.027	0.28	0.78
成本（x201）	0.049	0.198	0.24	0.807

续表

社会组织信息披露质量（z9）	Coef	标准差	Z值	P值
上市时间（age）	0.0002	0.002	0.13	0.894
所属行业（消费者靠近型）（I22a）	1.355	0.753	1.8	0.072*
所属行业（环境敏感型）（I22b）	-1.001	0.661	-1.51	0.13
企业规模（I23）	0.236	0.738	0.32	0.75
编制依据（I32a）	1.855	0.575	3.23	0.001***
报告审验（I33）	-0.703	0.716	-0.98	0.326
反馈意见（I34）	1.745	0.609	2.86	0.004***
经济环境（I211a）	-0.117	0.241	-0.49	0.627
/cut1	2.083	4.971		
Number of obs	112			
LR chi2（15）	76.12			
Log likelihood	-18.81			
Prob > chi2	0			
Pseudo R^2	0.669			

注：*** 表示在1%水平上显著；** 表示在5%水平上显著；* 表示在10%水平上显著。

表4-42　2011年社会组织信息披露质量有序probit模型估计结果

社会组织信息披露质量（z9）	Coef	标准差	Z值	P值
第一大股东持股比例（x5）	0.01	0.02	0.7	0.481
董监事及高管总人数（x7）	-0.04	0.09	-0.47	0.641
董事会人数（x8）	-0.17	0.21	-0.81	0.416
独立董事人数（x13）	0.29	0.46	0.64	0.524
监事会人数（x15）	-0.03	0.23	-0.12	0.908
盈利（x17）	-0.01	0.04	-0.36	0.719
成本（x201）	0.22	0.24	0.9	0.369
上市时间（age）	-0.0001	0.0035	-0.04	0.971
所属行业（消费者靠近型）（I22a）	1.39	0.77	1.81	0.071*
所属行业（环境敏感型）（I22b）	-0.33	0.68	-0.49	0.627
企业规模（I23）	-0.74	0.94	-0.79	0.428
编制依据（I32a）	2.55	0.73	3.49	0***
报告审验（I33）	-0.68	1.12	-0.61	0.544
反馈意见（I34）	1.52	0.86	1.76	0.079*

续表

社会组织信息披露质量（z9）	Coef	标准差	Z 值	P 值
经济环境（I211a）	0.03	0.29	0.09	0.925
/cut1	5.44	5.44		
Number of obs		96		
LR chi2（15）		60.08		
Log likelihood		−14.79		
Prob > chi2		0		
Pseudo R^2		0.67		

注：*** 表示在1%水平上显著；** 表示在5%水平上显著；* 表示在10%水平上显著。

七、结论

国有企业社会责任信息披露的总体水平体现在信息披露的规范性与丰富性、规划与设置完整性、核心内容完备性等各项指标上。总体而言，对信息披露各项指标普遍影响较大的因素有：成本、所属行业、编制依据、报告审验、反馈意见、经济环境等，且都是正面的影响。

（一）分指标比较

接下来，在模型一估计结果的基础上，将各项指标综合在一起，绘制折线图（见图4-2、图4-3），纵轴表示1-P，横轴表示国有企业社会责任信息披露各项指标的披露质量，进一步观察各因素对信息披露总体水平影响程度的变化。

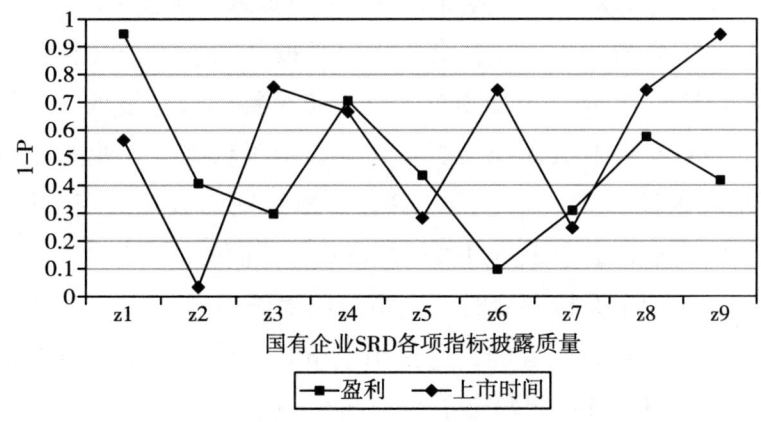

图4-2　盈利、上市时间对国有企业SRD各项指标披露质量的影响

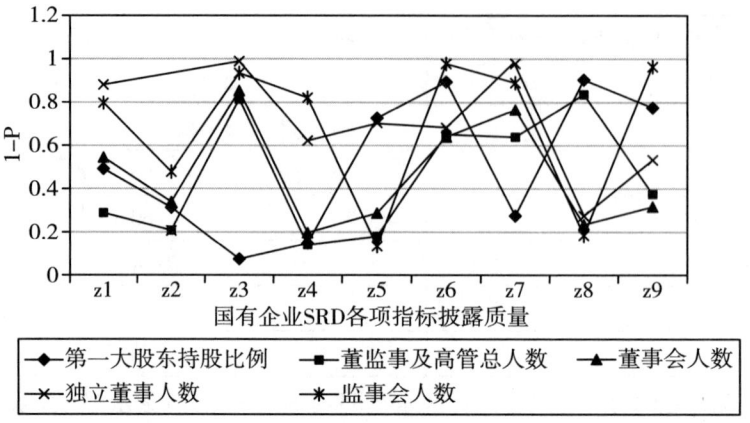

图 4-3　管理层结构对国有企业 SRD 各项指标披露质量的影响

从图 4-3 可知，第一大股东持股比例、独立董事人数、监事会人数这几个因素在部分指标上有较显著的影响，然而，现有研究很少验证以上因素对于国有企业社会责任信息披露的影响。笔者得出结论：当其他变量保持不变时，第一大股东持股比例对国有企业客户信息披露质量的影响是负面的，因此，第一大股东持股比例越高的企业并不愿意披露更高质量的社会责任信息，这与 Hossain、Chau and Gray 等人的观点不相符；当其他变量保持不变时，独立董事人数对国有企业社会责任信息披露的可信性、可读性、可比性、环境信息披露的影响都是正面的，该结论验证了 Forker 的观点；当其他变量保持不变时，监事会人数对国有企业社会责任信息披露的可信性、可读性、可比性、客户信息披露的影响都是正面的，对社会组织信息披露的影响是负面的。另外，董监事及高管总人数、董事会人数对国有企业社会责任信息披露影响较小。

国内外学者对于盈利与企业社会责任信息披露的关系并没有得出统一的结论。如 Preston 认为，好的盈利状况使企业有更宽裕的资源投入企业社会责任活动中，因此，也更有可能披露社会责任信息。李正认为，企业的盈利能力与企业社会责任信息披露负相关。然而，笔者得出结论：当其余变量保持不变时，盈利能力对国有企业社会组织信息披露的影响是正面的。

另外，当其余变量保持不变时，上市时间对国有企业社会责任信息披露的规范性与丰富性的影响是正面的，这说明上市时间越长，企业更愿意披露更高质量的社会责任信息，该结果验证了 fama 的假设。

从图 4-4 可知，企业规模和成本这两个因素对大多数指标有较显著的影响。

当其余变量保持不变时，企业规模对信息披露的规划与设置完整性、可信性、可读性、可比性、客户信息披露以及社会组织信息披露的影响是正面的，该结论验证了 Patten、Simon、李正等的假设，说明了规模越大的国有企业越倾向于披露高质量的社会责任信息；当其余变量保持不变时，成本对信息披露的规范性与丰富性、可信性、可读性、可比性、环境信息披露、社会组织信息披露的影响是正面的，对政府信息披露的影响是负面的。可见，企业规模和成本是国有企业社会责任信息披露的重要影响因素。

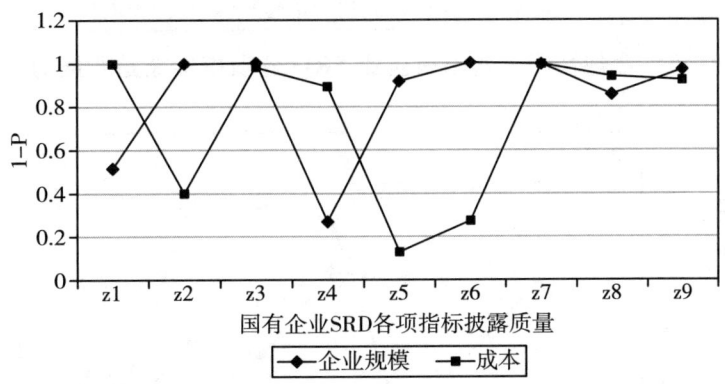

图 4-4　企业规模、成本对国有企业 SRD 各项指标披露质量的影响

从图 4-5 可知，编制依据、报告审验和反馈意见这几个因素对于信息披露有较大影响，且都是正面的影响，尤其体现在前四项指标上，验证了李诗田的观点，与合法性理论相符。可见大多数企业都能较好地完成基本信息的披露，同时，行业指引和合规性要求起了较大作用。合规性因素影响较大，也说明国有企业是这方面的表率，自觉遵守信息披露法规，这也与国有企业的特殊性质有关。此外，当上升到多目标决策层次的信息披露时，这些影响因素的影响程度相对减弱，有些下降幅度较大，这说明合规性因素主要是规范了我国国有企业基础信息的披露，对企业社会责任信息披露具有较好的指导作用。

从图 4-6 可以看出，所属行业仅在少数指标上对国有企业社会责任信息披露有较大影响，当其余变量保持不变时，所属行业（消费者靠近型）对国有企业社会责任信息披露的规划与设置完整性、可信性、可读性、可比性、社会组织信息披露的影响都是正面的；当其余变量保持不变时，所属行业（环境敏感型）对信息披露的可信性、可读性、可比性、环境信息披露的影响是正面的，因此，对环境敏感的行业更有可能披露更高质量的社会责任信息，该结论验证了 Dierkes and Preston 的观点。

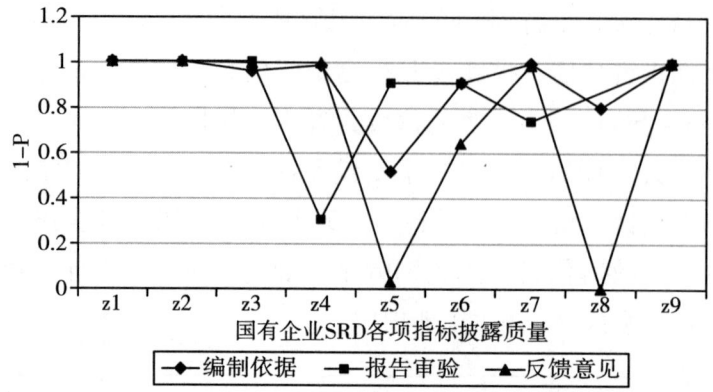

图 4-5　合规性因素对国有企业 SRD 各项指标披露质量的影响

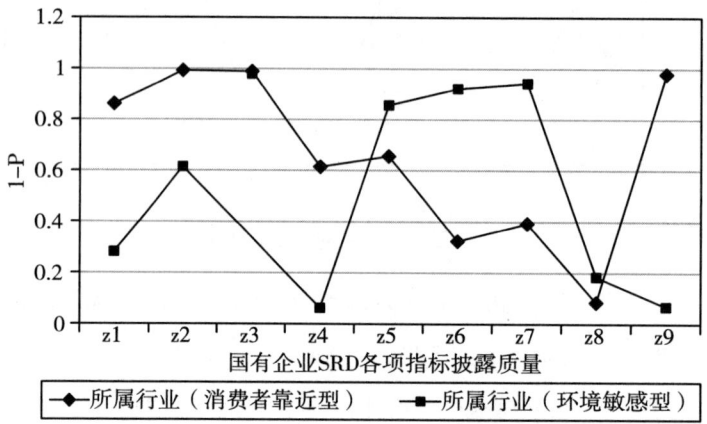

图 4-6　所属行业对国有企业 SRD 各项指标披露质量的影响

作为宏观影响因素，经济环境对于多目标决策层面的信息披露有较大影响，当其余变量不变时，经济环境对客户信息披露、环境信息披露以及政府信息披露的影响都是正面的（见图 4-7）。

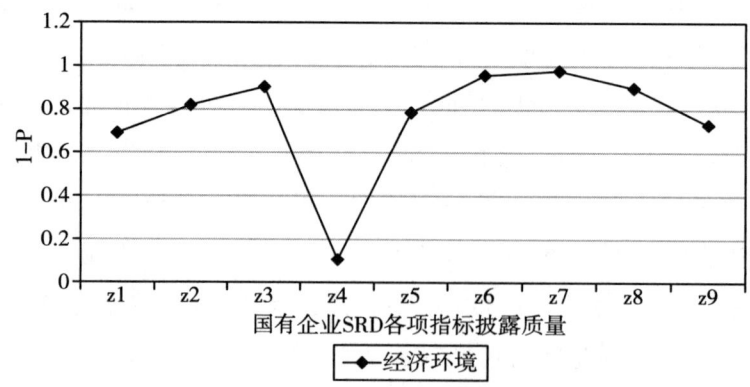

图 4-7　经济环境对国有企业 SRD 各项指标披露质量的影响

(二) 同一指标分层次比较

接下来,在模型二估计结果的基础上,绘制折线图,分析以上因素对于信息披露的规范性和丰富性、信息披露的核心内容完备性、客户信息披露质量3个不同层次的影响趋势。纵轴表示 1 - P,横轴表示国有企业社会责任信息披露各项指标的影响因素,equation1 表示信息披露"基本符合要求"上升到"比较令人满意",equation2 表示信息披露"比较令人满意"上升到"非常令人满意"。

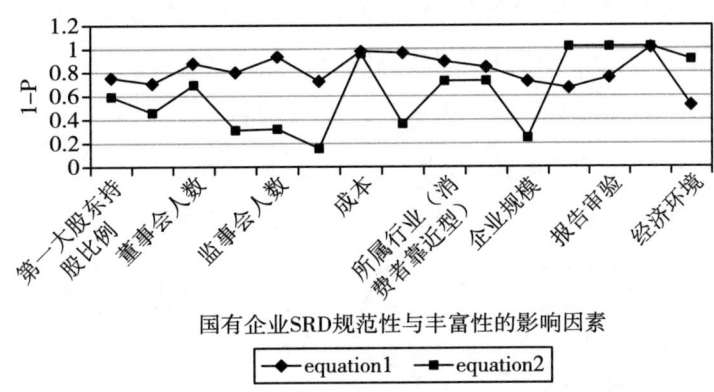

图 4 - 8　各因素对国有企业 SRD 丰富性与规范性不同层次的影响效果

从图 4 - 8 可知,信息披露的规范性与丰富性从"基本符合要求"上升到"比较令人满意"时,监事会人数、成本、上市时间、所属行业（消费者靠近型）、反馈意见这些因素影响较大;当信息披露的规范性与丰富性从"比较令人满意"上升到"非常令人满意"时,成本、编制依据、报告审验、反馈意见这些因素影响较大,因此,合规性理论对于企业披露非常令人满意的社会责任信息更有效。

从图 4 - 9 可知,当信息披露的核心内容完备性从"基本符合要求"上升到"比较令人满意"时,成本、编制依据、反馈意见这些因素影响较大;当信息披露的核心内容完备性从"比较令人满意"上升到"非常令人满意"时,部分解释变量的影响程度有所增强,其中,盈利、成本、上市时间、所属行业（消费者靠近型）、反馈意见、经济环境这些因素影响较大。①

---

① 邓凤姣:《国有企业社会责任信息披露完备性影响因素分析》,《武汉金融》,2012 年第 10 期,第 27 - 29 页。

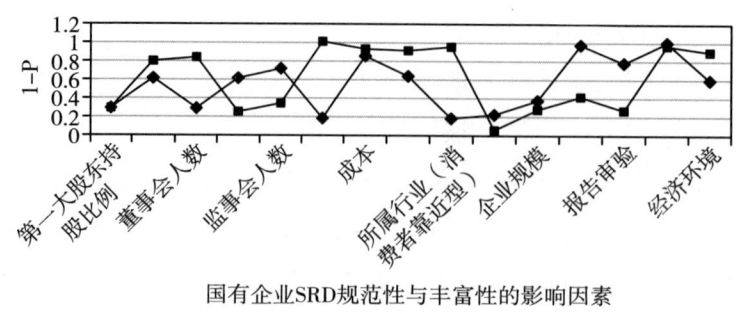

国有企业SRD规范性与丰富性的影响因素

图4-9　各因素对国有企业SRD核心内容完备性不同层次的影响效果

从图4-10可知，客户信息披露质量从"基本符合要求"上升到"比较令人满意"时，企业规模、编制依据、报告审验、所反馈意见、经济环境这些因素影响较大；客户信息披露质量从"比较令人满意"上升到"非常令人满意"时，第一大股东持股比例、监事会人数、所属行业（环境敏感型）、反馈意见这些因素影响较大。

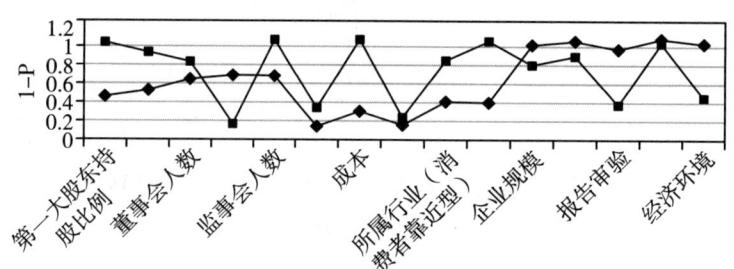

国有企业SRD规范性与丰富性的影响因素

图4-10　各因素对国有企业SRD客户信息披露不同层次的影响效果

可见，解释变量对于国有企业社会责任信息披露各项指标披露质量的影响不是一成不变的，从图4-7、图4-8、图4-9、图4-10可清楚地看到，当信息披露质量上升到更高层次时，解释变量的影响效果也会发生不同程度的改变。现有的关于企业社会责任信息披露影响因素的研究较少采用这种方法，这也是本书的创新之处。

综上所述，通过对我国国有企业社会责任信息披露影响因素的分析发现，上述影响因素对于不同的指标、不同的时间，影响程度不同，且对于同一指标不同层次的信息披露质量，影响效果也会发生变化。与现有研究相比，本章的研究多维度、多层次地对影响因素进行动态分析，所得出的结论更加合理客观。①

---

① 邓凤姣：《国有企业社会责任信息披露完备性影响因素分析》，《武汉金融》，2012年第10期，第27-29页。

第五章　国有企业社会责任信息披露与业绩关系研究

国有资产管理委员会 2008 年发布《关于中央企业履行社会责任的指导意见》(以下简称《指导意见》)后,社会责任成为我国企业的热门话题之一。学者们从微观角度,主要探讨了企业社会责任的概念、企业履行社会责任的理论依据、社会责任信息披露问题、社会责任与企业业绩的关系等问题,但尚未从可持续增长视角探讨社会责任信息披露与企业业绩,而这正是笔者研究的新视角。[①]

一、文献评述与假设

据有关学者,如邓启稳、方拥军的研究,企业社会责任的理论基础包括可持续发展理论、竞争力理论和利益相关者理论。笔者认为,利益相关者理论内含于可持续发展理论,因为只有企业的利益关系人齐心协力,使企业可持续发展,才能保证各利益关系人的利益,从而提升企业的竞争力。由于计量方面的原因,笔者从可持续增长的角度进行分析。可持续增长的财务思想是指,企业的实际增长必须和自身资源相结合。增长过快,会引发企业资源的紧张,导致企业危机甚至破产;增长过慢,会使企业资源得不到有效利用,同样会引起企业的生存危机。尽管国内外学者注意到了可持续增长的重要性,但在研究中要么探讨可持续增长模型问题,要么探讨社会责任问题或者社会责任与企业业绩的关系,但鲜见直接定量研究企业社会责任、可持续增长与公司业绩三者的文献。[②] 此外,笔者还考虑到了企业所处的生活环境对企业社会责任和业绩的

---

① 杨汉明、邓启稳:《国有企业社会责任与业绩研究——基于可持续增长视角》,《中南财经政法大学学报》,2011 年第 1 期,第 120 – 127 页。
② 同上。

影响。

(一) 关于企业可持续增长的研究

希金斯和范霍恩分别提出了基于会计口径的企业可持续增长模型；阿尔福雷德·拉巴波特则提出了基于现金流量口径的可持续增长模型。国内学者郭泽光、郭冰以财务目标为起点，从财务基本平衡等式入手，分析了制约企业增长的关键因素，提出了实现企业增长的基本财务策略。油晓峰、王志芳、樊行健、郭晓燚等对希金斯财务可持续增长模型的假设、优势和不足进行了分析，拓展了模型的应用范围。汤谷良、游尤对不同的经典可持续增长模型进行了比较分析，并利用万科的数据对模型进行了案例验证，为企业在管理增长时对可持续增长率的计算和应用提供了借鉴。王玉春、花贵如以希金斯的可持续增长模型为理论基础，对我国信息技术上市公司可持续增长进行实证研究，从财务角度分析了可持续增长率下滑的原因。曹玉珊分析了企业可持续增长财务问题的经济学基础，并认为这是学者们的研究存在的一个盲区。杨汉明分析了国有企业股利支付、可持续增长与企业绩效之间的关系。

已有的分析对于丰富和完善可持续增长理论和实务有重要价值，但考虑国有控股公司不多，针对我国目前国有控股企业社会责任的实务和可持续增长理论，本文提出：

假设1：国有控股企业的可持续增长为其履行社会责任提供物质基础，即企业的社会责任与可持续增长正相关。[①]

我们认为，作为我国国民经济的支柱，规模大的企业，特别是国有和国有控股企业，执行社会责任的动力较高，并且应该是连续进行的。

现代企业理论认为，企业不仅是"经济人""理性经济人"，更是"社会人"，是"企业公民"。企业可持续增长要考虑其对环境和社会的影响，考虑经济可持续增长与环境效益、社会效益的协调共赢。作为国民经济支柱的国有、国有控股企业，其可持续增长应以履行社会责任为基础。目前，国有企业在外界压力和"信号传递"作用下，已将履行社会责任提上议事日程。笔者认为，可持续增长企业拥有履行社会责任的能力，即可持续增长为履行社会责任奠定了物质基础。也就是说，企业社会责任与可持续增长正相关。[②]

---

① 杨汉明、邓启稳：《国有企业社会责任与业绩研究——基于可持续增长视角》，《中南财经政法大学学报》，2011年第1期，第120-127页。
② 同上。

（二）关于社会责任与公司业绩关系研究

关于社会责任与企业绩效的关系，国外学者并未取得一致的结论，Griffin and Mahon 统计了1972—1997年51篇论文的研究结论，其中，认为正相关的33篇，认为负相关的19篇，认为不相关的9篇。Alison Mackey，Tyson B. Mackey and Jay B. Barney 通过设置理论模型引出争论：企业是否应该承担社会责任行为。在该模型中，社会责任投资机会的供给和需求的活动是应该提升、减少企业市场价值或者对企业市场价值根本就没有影响。[①] 理论显示，上市公司经理也许会投资社会责任活动的行为不会让公司未来现金流量的现值最大化，却可以让公司的市场价值最大化。加拿大学者 John Peloza and Lisa Papania 给出了检验公司社会责任和财务绩效的框架，根据对公司活动的价值评估，公司的利益关系人有能力对公司进行奖励或处罚，他们对以前公司社会责任 CSR（Corporate Social Responsibility）和公司财务绩效 CFP（Corporate Financial Performance）之间的关系进行了调整，因为不是所有的经理层都将追求经济绩效作为首要目标，所以，不可能获得 CSR 和 CFP 之间一致的关系。Darren D. Lee，Robert W. Faff and Kim Langfied – Smith 从1998—2002年澳大利亚 DJGI 数据库的大约5000家公司中，选择2500家最大的公司作为样本，采用更严格的方法和公司社会绩效（CSP）更高级的测评方法，对公司社会绩效与财务绩效之间的关系进行了研究，他们的结论是，与以往的研究相反，基于市场的方法，公司社会绩效与财务绩效负相关；基于会计的测算，两者不相关。由于国有及国有控股企业在国外很少，代表性不强，西方学者直接研究国有企业社会责任的文献很少。

在国内，陈玉清、马丽丽抽样分析了我国上市公司社会责任会计信息披露的现状，同时，通过建立上市公司对利益相关者承担的社会责任贡献的指标体系，揭示了我国深市、沪市所有上市公司的真实社会贡献，并实证分析了市场对这一信息的反应。实证结果表明：现阶段这一信息与我国上市公司价值的相关性不强，但是，由于行业特色的存在，不同行业之间的价值相关性迥异。刘长翠、孔晓婷以沪市上市公司的社会责任会计信息为研究对象，赋予社会贡献率指标新的含义，提出了3个假设，从样本总体和分行业两个角度，回归分析样本公司社会贡献率与主营业务收入增长率、净资产收益率及资产负债率之间的关系，对社会责任会计信息披露的现状进行了总结，提出了相应的对策建议。

---

① 杨汉明、邓启稳：《国有企业社会责任与业绩研究——基于可持续增长视角》，《中南财经政法大学学报》，2011年第1期，第120 – 127页。

宋献中、龚明晓采用内容分析的方法和信息质量特征的概念框架对我国上市公司年报中披露的社会责任信息的质量和决策价值进行了整体评价，研究发现我国上市公司会计年表中的社会责任信息质量水平和决策价值较低；同时提出在缺乏信息披露监管制度的情况下，会计年报可能不是社会责任信息披露的首选。沈洪涛选取1999年至2004年在上海和深圳证券交易所上市交易的石化塑胶行业的A股公司作为研究样本，通过对其年报进行内容分析，构建了公司社会责任信息披露指数，实证检验发现：企业规模、盈利能力、上市地点和披露期间对社会责任信息有显著影响。李正、向锐界定了我国企业社会责任信息披露的内容，提出"指数法"是评价我国企业社会责任信息披露的最佳方法，通过对上海证券交易所642家上市公司年度报告的指数评价，发现我国企业在社会责任信息披露的内容方面存在较大差异。温素彬、方苑按照资本形态的不同，将利益相关者划分为货币资本利益相关者、人力资本利益相关者、生态资本利益相关者、社会资本利益相关者，构建了企业社会责任的利益相关者模型，以46家上市公司2003—2007年的数据为依据，利用面板数据模型，研究了企业社会责任与财务绩效之间的关系，结果是：我国上市公司已经开始关注其社会责任，但社会责任的披露信息仍然很少；大多数企业社会责任变量对当期财务绩效的影响为负；长期来看，企业履行社会责任对其财务绩效具有正向影响作用。李心合认为，主流的公司财务理论是社会责任外生型的，其理论渊源是新古典范式的主流经济学。但制度内生的公司财务理论是需要嵌入社会责任的，并由此扩展了公司财务理论，但未具体讨论社会责任与企业绩效之间的关系。① 缪朝炜、伍晓奕从供应链利益相关群体的角度，对社会责任的组成成分进行计量，并对企业社会责任与供应链管理绩效的关系进行了实证检验。研究发现，企业社会责任包括供应商责任、客户责任、环保责任、员工权益保障、社会道义责任5个组成部分；企业承担社会责任会对供应链管理绩效（客户服务、内部效率和经济效益）产生积极的影响。② 邓启稳的博士论文，以2005—2007年的102家钢铁行业公司为样本，研究发现企业社会责任信息披露与公司业绩之间呈正相关关系。许家林、刘海英选取国务院国有资产监督管理委员会直属的125家央企为研究对象，对其2006—2010年公开披露的100份社会责任报告进行了详细分析，

---

① 杨汉明、邓启稳：《国有企业社会责任与业绩研究——基于可持续增长视角》，《中南财经政法大学学报》，2011年第1期，第120-127页。
② 缪朝伟、伍晓奕：《基于企业社会责任的绿色供应链管理》，《经济管理》，2009年第2期，第174-180页。

研究结果显示,发布社会责任报告的央企数量呈逐年递增趋势,且大都采用年度报告的形式,但发布时间具有一定的随机性;社会责任报告披露模式多分为经济绩效、环境绩效和社会责任绩效 3 部分进行披露,且少有企业披露的社会责任报告经第三方验证;社会责任报告披露的内容多为定性型语言,热衷宣传企业的功绩,但对社会公众关注的绩效指标披露分散,且可读性和可比性差,少有企业编制关键绩效指标。[1] 沈洪涛回顾了国外有关公司社会责任和环境会计的目标和理论基础的研究,梳理了在反思和批判传统会计的决策有用性目标的过程中发展出公司社会责任和环境会计的受托责任目标的思想脉络,分析了基于新古典经济学、合法性理论、相关利益者理论和政治经济学的公司社会责任和环境会计,最后总结了公司社会责任和环境会计理论研究的 3 个特征,即在与传统会计的关系上,公司社会责任和环境会计是对传统会计的反思与发展;在研究方法上,公司社会责任和环境会计研究是规范性的理论研究;在研究内容上,公司社会责任和环境会计是多学科融合的产物。[2] 陈辉探讨了农业企业社会责任信息披露的作用,分析了我国农业企业社会责任信息披露的现状及原因,并基于企业的规模、竞争力和知名度,从国内和国外分别选择一家具有代表性的农业企业进行社会责任信息披露方面的对标比较,最终提出加强我国农业企业社会责任信息披露的建议,包括加强农业企业社会责任理念、加强农业企业社会责任信息披露机制以及加强农业企业社会责任信息披露的组织工作,只是未研究农业企业社会责任与绩效之间的关系。孟晓俊、肖作平、曲佳莉认为,信息不对称是增加企业资本成本的一个重要因素,企业社会责任信息披露有助于降低信息不对称,从而降低资本成本,但该作用的发挥受制于企业是否真实、适当地进行了社会责任信息披露;而基于较低的资本成本约束,企业社会责任信息披露动机、水平和质量也会受到影响,企业社会责任信息披露与资本成本之间存在互动关系。[3] 蒋学洪、王亚妮以 2007 年和 2008 年 A 股为样本的实证结果表明,处于生命周期上升期的上市公司的社会捐赠力度高于处于下降期的上市公司的捐赠力度;国家控股上市公司的平均捐赠力度不及非国家控股的上市

---

[1] 许家林、刘海英:《我国央企社会责任信息披露现状研究——基于 2006—2010 年间 100 份社会责任报告的分析》,《中南财经政法大学学报》,2010 年第 6 期,第 77 - 84 页。
[2] 沈洪涛:《公司社会责任和环境会计的目标与理论基础——国外研究综述》,《会计研究》,2010 年第 3 期,第 86 - 92 页。
[3] 孟晓俊、肖作平、曲佳莉:《企业社会责任信息披露与资本成本的互动关系——基于信息不对称视角的一个分析框架》,《会计研究》,2010 年第 9 期,第 25 - 29 页。

公司，但参与捐赠的国家控股的上市公司多于非国家控股上市公司；公司业绩和销售费用与公司捐赠显著正相关。① 杨汉明、邓启稳以 2007 年和 2008 年在 A 股市场披露社会责任信息的上市公司为对象，分析了可持续增长、社会责任与企业绩效之间的关系，结果显示：无论是全部样本还是非国有控股企业，其社会责任与可持续增长率之间、企业业绩与社会责任之间负相关，不显著；国有控股企业的这种关系正相关，也不显著；企业业绩与可持续增长指标之间显著正相关。上述结果说明，我国企业在履行社会责任方面缺少自觉性和长远观念。② 徐莉萍、辛宇和祝继高以我国上市公司在汶川地震捐赠的表现为分析对象，重点考察了媒体关注对上市公司行为的影响，以及其与股权性质、行业竞争程度和产品直接与消费者接触之间对捐赠影响的互动关系。将捐赠样本和非捐赠样本合在一起的回归分析发现，媒体关注对上市公司的捐赠行为有显著的正向影响，这说明来自舆论的可能压力明显地提高了上市公司的捐赠可能性；考虑到公关、广告、声誉等经济动机，这种影响在非国有产权控股以及产品直接与消费者接触的上市公司中表现得更加显著；同时，媒体关注还会显著地降低国有产权控股以及行业垄断程度对捐赠的负向影响。这些结果表明，媒体在上市公司履行社会责任方面发挥着显著的正面作用。但是，针对捐赠样本的回归分析发现，上述关于媒体的各类显著影响都不再存在，可见，媒体关注的影响效果仅限定在上市公司是否捐赠这一决策层面，对于公司决定捐赠后的捐赠水平高低并没有显著影响。③ 这可能与我国上市公司在决定实际的捐赠水平时不能科学决策、对有关影响因素和社会预期考虑不足有关。

上述文献在各自探讨的领域作出的贡献是很明显的。问题是，国外文献研究国企社会责任的几乎没有；国内学者要么仅研究企业的可持续增长而未结合国企社会责任，要么从其他角度讨论企业的社会责任问题，未考虑国企的可持续增长问题，这些研究对于国企的增长不能说没有帮助，但从长远看，仍然解决不了国有控股企业社会责任与业绩之间的关系。笔者将以可持续增长理论为基础，探讨企业社会责任与其业绩之间的关系，为国有资产管理委员会完善中

---

① 蒋学洪、王亚妮：《我国上市公司社会捐赠影响因素之实证研究》，《新会计》，2010 年第 12 期，第 2 – 5 页。
② 杨汉明、邓启稳：《国有企业社会责任与业绩研究——基于可持续增长视角》，《中南财经政法大学学报》，2011 年第 1 期，第 120 – 127 页。
③ 徐莉萍、辛宇、祝继高：《媒体关注与上市公司社会责任履行——基于汶川地震捐赠的实证研究》，《管理世界》，2011 年第 3 期，第 135 – 143 页。

央企业社会责任的规范提供经验证据。基于此，本书提出：

假设2：社会责任与企业业绩之间呈倒U形关系。①

此外，陈留彬在其博士学位论文中分析了企业社会责任与企业生命周期的关系。② 研究认为，企业社会责任的内容和履行情况同企业生命周期的不同阶段存在着密不可分的联系。

在企业的创建阶段，以在市场上立足并站稳脚跟作为企业的首选目标。经营者主要考虑如何最大可能地维护投资者的经济利益，赢得投资者的支持，支付员工相应的待遇，维护员工的稳定。这是企业必须承担也会主动承担的社会责任。此时，企业无暇顾及其他社会责任。

在企业生命周期的第二阶段，即企业成长阶段，企业的发展要求进一步扩大生产规模和市场份额。企业经营者在扩大投资规模的基础上，最急需的是更多的较高素质的员工。为此，企业必须加强人力资源管理，采取以人为本、增加晋升机会等措施，获得、留住、激励员工，使员工为企业的成长努力工作。在这个阶段，企业社会责任的突出对象是员工，社会责任的主要内容是围绕员工的需要。在成长阶段的后期，企业开始获得稳定的利润并逐步进入良性循环轨道。这时，企业的社会责任目标逐步扩展，企业希望与竞争者、顾客、社区、政府、债权人、供货商等建立良好的关系。

第三阶段是企业的成熟阶段，也是企业的繁荣阶段。企业经过前两个阶段的积累，企业的影响力大大增强，社会、政府、公众和其他利益相关者对企业的期待明显提高，希望企业利用自身的资源承担起更多的社会责任。企业的社会责任目标也随之扩展。企业认识到对提高公共利益负有更多责任。企业遵纪守法，诚实经营，改善员工福利和工作条件，保护环境，为社区作贡献，与所有的利益相关者建立了融洽的关系。

最后一个阶段是企业的衰老阶段。此时，员工工资的发放、人员的再就业、债权债务就成了突出的社会问题。企业此时承担的社会责任主要是尽可能地减少因破产、倒闭给社会带来的负面影响。

可见，企业生命周期理论，在一定程度上支持企业业绩与社会责任之间的倒U形关系。

---

① 杨汉明、邓启稳：《国有企业社会责任与业绩研究——基于可持续增长视角》，《中南财经政法大学学报》，2011年第1期，第120-127页。
② 陈留彬：《中国企业社会责任理论与实证研究——以山东省企业为例》，山东大学2006年博士学位论文，第87-89页。

假设3：基于可持续增长的公司社会责任有利于提升公司业绩。

吴树畅从生态的角度将企业的社会责任划分为环境责任、资源责任、质量责任、道义责任等①，研究认为，从表面上看，企业全面承受社会责任会加大企业成本，但成本只是利润的减项，考察企业的利润是否发生变化，还要考察企业的收入以及其他成本项目是否也随之发生了变化。从环境责任看，减少废气、废水、废渣等有害物质的排放量，企业需要加大资金投入，提高技术水平，直接表现为企业成本的增加，但如果废气、废水、废渣能够循环利用，不仅能够降低企业的外部不经济性，而且还能够降低企业的成本，提高能量利用率，为企业创造利润。从资源责任来看，企业降低资源消耗不仅直接表现为成本的降低，同时，还降低了企业对资源的依赖程度，提高了企业的成本竞争优势。从质量责任来看，企业提供质量合格的产品或服务虽然会导致质量成本的上升，但是，会赢得消费者的信赖和认可，提高市场占有率。从道义责任来看，直接表现为企业捐赠成本的增加，但捐赠成本具有"税收挡板"作用，可以降低企业的税负水平；同时，可以赢得社会对企业的关注，提高企业的知名度，树立企业良好的社会形象。② 所以，笔者认为，可持续增长公司履行社会责任不仅不会减少盈利能力，反而将为企业提供更多的商机，增强企业的盈利能力。比如，企业提高技术研究开发投资比例，增加循环经济、节能、环保、人力资源培训等方面的投入比例，将会增强企业的长期竞争能力，为企业提供更多的获利机会，从而提升公司业绩。

二、研究设计

（一）数据来源与样本选择

《企业会计准则（2006）》从2007年开始在我国上市公司实施，导致公司业绩口径与之前的数据存在差异。另外，对于企业外部环境的计量问题，笔者借鉴樊纲和王小鲁的计量方法，两位学者的数据只是公布到了2008年，且2008年以后受美国次贷危机的影响，企业绩效下降。故笔者选择2007年和2008年所有在沪深两市上市的A股且披露社会责任信息的公司作为研究对象，最后得到281

---

① 吴树畅：《论企业社会责任：一种可持续增长的价值观》，《财会通讯（学术）》，2008年第8期，第44页。
② 杨汉明、邓启稳：《国有企业社会责任与业绩研究——基于可持续增长视角》，《中南财经政法大学学报》，2011年第1期，第120–127页。

个样本。①

笔者的数据主要通过以下公开网络披露途径获得：巨灵数据库、商道纵横、中国企业公民网、深交所和上交所网站、各上市公司网站及巨潮资讯网站。数据剔除了无法通过公开渠道获得和数据不完整的企业报告。数据处理用 SPSS17.0 for Windows 和 Excel 2003 完成。

（二）企业社会责任报告披露特征分析

1. 行业分布。上市公司行业划分标准按证监会 2001 年颁布的《上市公司行业分类指引》，共分为 13 类，具体行业分布如表 5-1 所示。其中 C 类（制造业）2007 年和 2008 年分别为 23 家和 128 家，占各自年份的 45.10% 和 55.65%；I 类（金融业）2007 年和 2008 年分别为 6 家和 20 家，占各自年份的 11.76% 和 8.70%；J 类（房地产业）2007 年和 2008 年分别为 2 家和 15 家，占各自年份的 3.92% 和 6.52%；F 类（交通运输、仓储业）2007 年和 2008 年分别为 5 家和 13 家，分别占各自年份的 9.80% 和 5.65%；G 类（信息技术业）2007 年和 2008 年分别为 4 家和 12 家，占各自年份的 7.84% 和 5.22%，D 类（电力、煤气及水的生产和供应业）2007 年和 2008 年分别为 2 家和 10 家，占各自年份的 3.92 和 4.35%。分析看到，在 2006 年后，随着国家电网、中海油等数家中央国有企业发布企业社会责任报告，企业社会责任报告逐步升温，到 2007 年，只有建筑业、传播与文化产业和综合类三行业未披露社会责任报告，到 2008 年，13 个行业或多或少地披露了社会责任报告，表明越来越多行业的企业的社会责任意识大大提升。

表 5-1　　2007 年和 2008 年上市公司披露社会责任的行业分布表

行业代码	所属行业	2007 年	2008 年
A	农、林、牧、渔业	1	4
B	采掘业	3	9
C	制造业	23	128
D	电力、煤气及水的生产和供应业	2	10
E	建筑业	0	4
F	交通运输、仓储业	5	13
G	信息技术业	4	12

---

① 杨汉明、邓启稳：《国有企业社会责任与业绩研究——基于可持续增长视角》，《中南财经政法大学学报》，2011 年第 1 期，第 120-127 页。

续表

行业代码	所属行业	2007 年	2008 年
H	批发和零售贸易	3	6
I	金融、保险业	6	20
J	房地产业	2	15
K	社会服务业	2	3
L	传播与文化产业	0	2
M	综合类	0	4
		51	230

此外，从表 5-1 中还可看到，发布社会责任报告的企业主要集中在制造业（C 类）。笔者认为，由于制造业直接面对环境污染，随着社会和时代的发展进步，"绿色地球""绿色生产""以人为本""和谐社会"等观念深入人心，劳工问题、劳工政策、国家环保和社会人居要求日益严格，人类环境保护意识不断提升，企业被迫更注重社会责任的履行和报告。另外，我国企业社会责任报告由具有国家垄断地位的通信、电力、石油等行业率先发布，这与其特殊地位、盈利能力、声誉状况有一定的关系。①

2. 报告主体地域分布。为便于分析，将 2007—2008 年社会责任分省的数据列示于表 5-2。

表 5-2　2007—2008 年各省、市、直辖市披露社会责任报告的企业数

省份	2007 年	2008 年	省份	2007 年	2008 年
安徽	1	6	辽宁	1	3
北京	8	27	宁夏	2	3
福建	18	23	青海	0	1
广东	11	45	山东	0	11
广西	0	3	山西	0	5
贵州	0	2	陕西	2	3
海南	0	2	上海	2	9
河北	0	5	四川	0	10
河南	0	6	天津	0	4

---

① 吴丹红、王章渊：《我国企业首份社会责任报告解析——来自企业 2006~2007 年的数据分析》，《财会通讯》，2009 年第 6 期，第 21-23 页。

续表

省份	2007年	2008年	省份	2007年	2008年
湖北	2	8	新疆	0	3
湖南	0	6	云南	1	8
吉林	1	4	浙江	2	19
江苏	0	10	重庆	0	3
江西	0	1			

从表5-2看，发达地区成为CSR报告主流。经统计，2007年，企业（或公司总部）在福建的有18家，广东的有11家，北京的有8家；2008年在广东的有45家，北京的27家，福建的有23家，浙江的19家；分别占所在年份的70.56%和49.57%。南方地区包括广东、广西、福建、海南等，2007年和2008年分别有29家和73家，占各自年份的56.86%和31.74%；北方地区包括吉林、辽宁、山东、北京、河北等，2007年和2008年分别有10家和39家上市公司披露社会责任信息，占各自年份的19.61%和16.96%；内地包括河南、湖北、湖南、安徽等，2007年和2008年分别有3家和26家，占各自年份的5.88%和11.30%。企业地域以北京、南方沿海一带为多，这些地区改革开放领先于全国，是经济发展速度快、经济综合实力比较强的地区，其社会责任意识和履责情况也领先于其他地区。这些企业在资金、技术、人才、管理以及贸易、投资、金融等各个方面都占有优势，资产规模庞大，业务影响面广。很明显，优良的经营业绩为企业承担社会责任提供了有力支持，企业也更容易实现责任角色转换，也有利于企业形象提升。[①]

3. 社会责任履责分布。在报告中，企业都以较多篇幅报告了其社会责任的履责情况，归纳如表5-3。

表5-3　　2008年上市公司社会责任履责信息披露表

社会责任履责情况	企业（家）	比例（%）	社会责任履责情况	企业（家）	比例（%）
企业经济责任	222	96.5	产品质量	159	69.13
职工权益的保障	216	93.91	社会公益	223	96.96
环保责任	224	97.39	企业文化	213	92.61

---

① 吴丹红、王章渊：《我国企业首份社会责任报告解析——来自企业2006～2007年的数据分析》，《财会通讯》，2009年第6期，第21-23页。

从表5-3可以看到，2008年企业对环保、社会公益、经济责任方面的信息披露最为关注，96%的企业报告了这3个方面的履行情况；92%的上市公司披露了职工权益、企业文化方面的信息。在经济责任方面，主要披露：（1）企业是否足额、及时完成纳税义务；（2）国有资产保值增值情况；（3）是否积极关注中小股东、银行、债权人及员工的经济利益。在职工权益保障方面；主要披露：（1）五险一金的缴纳水平如何；（2）安全生产制度、措施是否完善，员工的工作环境及公共卫生设施等情况；（3）企业最低工资水平，对退休员工是否转入当地社保系统或者采取相应的保障措施。在环境责任方面，主要披露：（1）"三废"治理及其再利用、噪声污染治理；（2）企业环保投入情况、企业对环境还原的措施及投入情况；（3）是否积极参与社区环境建设；（4）在降低能源消耗方面所做的努力。在产品质量、技术进步方面，主要披露：（1）供货是否及时，是否如期履行合同；（2）产品的售后服务网点、质量情况，产品质量"三包"情况，产品安全保障措施；（3）提高客户满意度的举措，是否得到相关奖励和荣誉。在社会公益活动方面，主要披露：（1）参与社区建设的制度及其推行情况，慈善捐助活动种类、次数及规模，是否吸纳社会弱势群体就业，如残疾人等；（2）是否对学校、福利院等机构有实质性帮助，是否经常组织参与社区活动；（3）企业是否重视企业的运动健身、娱乐文化设施购置并向社会开放。在企业文化方面，主要披露：（1）企业是否依法、诚信经营，员工是否有诚实守信的理念；（2）企业内部是否建立合理有序的竞争秩序，各部门以及部门内部是否有团结、互助、和谐的氛围；（3）资助员工接受进一步教育培训情况，企业的内部职业技能培训情况等。

（三）变量选取与模型构建

笔者采用每股收益（EPS）和净资产利润率（ROE）两个会计指标来衡量公司业绩；对于可持续增长指标，根据希金斯、汤谷良等的分析，用权益增长率（SGRe）来考量[①]，用销售收入增长率（SGRs）作为实际增长率；而对于企业的社会责任（Corporate Social Responsibility，CSR）的计量，目前的文献中共有4种方法：社会责任会计方法、声誉评分法、内容分析法、指数法。其中，指数法是国内使用较多的方法。因此，不失一般性，本章采用指数法。参考已有的文献、国资委2008年的《指导意见》以及笔者设计的《国有企业社会责任问

---

① 尽管可持续增长指标有多种，希金斯的指标存在不足，但操作性较强的是希金斯的指标。因此，本书将权益增长率作为可持续增长率的变量。

卷调查表》的内容，将国有企业的社会责任分成经济责任、职工权益保障、环境责任、产品质量和技术进步、社会公益活动、企业文化等6个方面，除环境责任分为4小类外，其余每个方面细分为3个小类，共19个小类。如果上市公司披露了上述19小类中的某一类，则分值为1，未披露该信息的为0，即一个企业的最高分为19分，最低分为0[①]，对281家上市公司披露的社会责任信息进行收集整理。[②]

笔者认为，企业所处的社会环境不同，企业履行社会责任的动机、效果不同。这里的社会环境包括公司市场化指数（MAR）、政府干预指数（GOV）和法制水平指数（LAW）。这些数据分不同年份（2007年和2008年），引用樊纲和王小鲁的数据。

公司业绩与社会责任之间的关系较复杂，且受到多种因素的影响，为了提高结论的可信性，笔者引进如下控制变量。

（1）公司治理因素。包括：第一大股东持股比例（TOP1）及其性质（TOP1dum），后者为虚拟变量，当第一大股东为国有股时，取1，其他取0。许小年、王燕、杨汉明认为国有大股东与公司业绩负相关。[③] 理论上说，股东投资的目的是在可以预见的将来连续获取更多收益，因此，它与公司业绩、可持续增长之间应该正相关，与社会责任也应该正相关。第1大股东与第2大股东持股比例之差（P1_2），表示股权制衡情况。此指标小，表示前两大股东之间的持股比例差距小，第2大股东发挥作用的可能性大。因此，企业业绩、社会责任、可持续增长指标均与之负相关。

（2）公司规模（lnA），用总资产的对数表示。从规模经济看，规模大的企业抗风险能力强，其业绩应该较好。其他因素一定时，规模大的企业，其承担社会责任的能力更强，发展能力强，即两者正相关，与可持续增长也正相关。

（3）财务杠杆（Debtr），用资产负债率表示。现代财务理论表示，负债融资能够减少企业的自由现金流量，提高公司业绩。但是，我国上市公司多数由

---

① 本书未采用区分社会责任的定性和定量内容，并将定量内容再加1分的做法，因为本书认为定性和定量指标同等重要，且一些指标无法定量分析。
② 杨汉明、邓启稳：《国有企业社会责任与业绩研究——基于可持续增长视角》，《中南财经政法大学学报》，2011年第1期，第120-127页。
③ 杨汉明：《股权结构与公司综合业绩的实证研究》，《中南财经政法大学学报》，2006年第2期，第108-114页。

国有企业改制而来，由于我国债券市场不发达、对管理层激励不足，为避免债权人的监督，上市公司的负债率偏低，债权人难以发挥应有的监督作用。因此，公司业绩与负债率负相关。从企业有限资源角度看，当企业承担社会责任时，必然会发生相应的支出，可能影响企业的偿债能力，因此，财务杠杆与企业社会责任负相关。而李正认为，负债比率与披露社会责任信息正相关，沈洪涛认为，财务风险高的公司倾向于与债权人和其他利益关系人建立良好的关系，更有可能披露社会责任信息。财务杠杆与可持续增长率的关系不明确。

此外，考虑到不同行业之间的区别、不同年份的差异，本章还引入了行业虚拟变量（Inddum，制造行业取1，其他行业为0）和年度虚拟变量（Yeardum，2008年取1，2007年取0）。[①] 各变量的定义见表5-4。

表5-4　　　　　　　　　　　相关变量的定义

变量	变量解释
EPS	每股收益。等于属于普通股的税后利润与流通在外的普通股的加权平均数的比值。
ROE	净资产收益率。等于属于普通股的税后利润与普通股平均净资产的比值。
ROA	总资产报酬率。等于息税前利润与平均总资产的比值。
SGRe	可持续增长率，取该公司的权益增长率。普通股年末权益与年初之差再与年初权益之比。
SGRs	实际增长率，取该公司营业收入增长率。年末营业收入与年初之差再与年初的比。
CSR	社会责任。用指数法进行计算。
MAR	市场化进程指数。该指数越大，表示市场化程度高或者市场化进程快。
GOV	政府干预程度指数。该指数越大，表示政府干预程度越轻。
LAW	法治环境水平指数。该指数越大，表示法治水平越高，或者说法律保护越完善。
MAR_dum	市场化进程哑变量。如果企业所在地的市场化进程水平高于全国平均数，该变量取1，否则取0。
GOV_dum	政府干预程度哑变量。如果企业所在地的政府干预水平低于全国平均数，该变量取1，否则取0。

---

① 杨汉明、邓启稳：《国有企业社会责任与业绩研究——基于可持续增长视角》，《中南财经政法大学学报》，2011年第1期，第120-127页。

续表

变量	变量解释
LAW_dum	法治环境水平哑变量。如果企业所在地的法治水平高于全国平均数，该变量取1，否则取0。
TOP1	第1大股东持股比例。第1大股东持股数与全部股东持股数的比例。
TOP_{1-2}	股东制衡指标。第1大股东与第2大股东持股比例之差。
TOP1dum	第1大股东的性质。如果第1大股东为国有股，取1；其他，取0。
LnA	公司规模。取该公司资产的自然对数。
Debtr	财务杠杆指标。该公司期末的负债总额与资产总额的比值。
Yeardum	年度哑变量，2008年取1，2007年取0。
Inddum	行业哑变量，按照证监会2001年分类标准，分为13类企业。考虑到制造业中企业众多，本章以制造业为基准，如该企业的行业为制造业，该变量取1，否则取0。

为了检验假设1，本章构建模型一：

$$CSR = \alpha_0 + \alpha_1 SGRe + \alpha_2 \ln A + \alpha_3 DebtR + \alpha_4 ToP1 + \alpha_5 TOP_{1-2} \\ + \alpha_6 Yeardum + \alpha_7 Inddum + \varepsilon$$

为了检验假设2，本文构建模型二：

$$EPS = \alpha_0 + \alpha_1 CSR + \alpha_2 \ln A + \alpha_3 DebtR + \alpha_4 Top1 + \alpha_5 TOP_{1-2} \\ + \alpha_6 Yeardum + \alpha_7 Inddum + \varepsilon$$

为了检验假设3，本章构造模型三：

$$EPS = \alpha_0 + \alpha_1 CSR + \alpha_2 SGRe + \alpha_3 \ln A + \alpha_4 DebtR + \alpha_5 TOP_{1-2} \\ + \alpha_6 Top1 + \alpha_7 Yeardum + \alpha_8 Inddum + \varepsilon$$

其中，模型一、模型二、模型三在对样本总体进行分析时，需要增加dum-TOP1的变量。在考虑企业所处环境因素时，引入MAR、GOV和LAW 3个变量。

三、实证分析

（一）变量描述统计分析

为了便于分析，将各变量的描述统计结果列示在表5-5中，并考察国有控股与非国有控股之间的差异，其中，Z值检验差异结果列示于表5-5中；变量之间差异的 t 检验结果列示在表5-6中。

表 5-5　　　　　　　　样本描述统计结果（Z 值检验差异）

变量	国有控股 (N=170)					非国有控股 (N=111)					Z 值	AsympSig. 2-tailed
	最小值	最大值	均值	中位数	标准差	最小值	最大值	均值	中位数	方差		
EPS	-2.3116	3.3232	0.4763	0.3707	0.6208	0.0704	4.2330	0.6538	0.4648	0.6250	-2.125**	0.034
ROE	-4.1086	0.8879	0.0889	0.1154	0.3599	0.0000	0.7906	0.1408	0.1251	0.1050	-1.030	0.303
ROA	-0.1137	0.3821	0.0728	0.0587	0.0742	-0.0035	0.8477	0.0982	0.0820	0.0960	-1.256	0.209
SGRe	-0.7639	3.1867	0.2222	0.1087	0.4361	-0.4694	3.8675	0.5499	0.1508	0.8146	-2.545**	0.011
CSR	4	18	10.32	10	2.637	3	17	9.79	10	2.783	-3.176***	0.001
LnA	9.7664	20.5822	14.0374	13.4777	2.1647	10.0657	18.4736	12.6020	12.1274	1.6611	-5.249***	0.000
Debtr	0.0767	0.9727	0.5525	0.5537	0.2177	0.0378	2.4008	0.4789	0.4599	0.3130	-2.619***	0.009
P1	0.1080	0.8642	0.4216	0.4258	0.1710	0.0590	0.8060	0.3273	0.3008	0.1603	-3.382***	0.001
P1-2	0.0000	0.7502	0.3389	0.3558	0.1960	0.000	0.7164	0.2120	0.1365	0.1871	-4.505***	0.000
MAR	5.6900	11.3600	9.7616	10.070	1.2694	6.7400	11.3600	10.2831	10.1700	1.0030	-3.378***	0.001
GOV	6.3300	10.9900	9.6923	9.8000	1.0407	6.3400	10.9300	10.0678	10.6200	0.9586	-3.496***	0.000
LAW	2.9800	17.1800	8.7649	7.7000	3.6379	3.8000	17.1800	10.1086	8.4900	3.8896	-3.367***	0.001

注：Z 值是通过 Wilcoxo 秩和检验方法得到，***、**、* 分别表示显著性水平为 1%、5% 和 10%（双尾检验），下表同。

表 5-6　　　　　　　　样本描述统计结果（t 检验差异）

变量	国有控股 (N=170)					非国有控股 (N=111)					t 值	Sig. 2-tailed
	最小值	最大值	均值	中位数	标准差	最小值	最大值	均值	中位数	方差		
EPS	-2.3116	3.3232	0.4763	0.3707	0.6208	0.0704	4.2330	0.6538	0.4648	0.6250	-2.501**	0.014
ROE	-4.1086	0.8879	0.0889	0.1154	0.3599	0.0000	0.7906	0.1408	0.1251	0.1050	-1.528	0.129
ROA	-0.1137	0.3821	0.0728	0.0587	0.0742	-0.0035	0.8477	0.0982	0.0820	0.0960	-1.494	0.138
SGRe	-0.7639	3.1867	0.2222	0.1087	0.4361	-0.4694	3.8675	0.5499	0.1508	0.8146	-3.449***	0.001
CSR	4	18	10.32	10	2.637	3	17	9.79	10	2.783	3.449***	0.001
LnA	9.7664	20.5822	14.0374	13.4777	2.1647	10.0657	18.4736	12.6020	12.1274	1.6611	5.401***	0.000
Debtr	0.0767	0.9727	0.5525	0.5537	0.2177	0.0378	2.4008	0.4789	0.4599	0.3130	1.735*	0.086
P1	0.1080	0.8642	0.4216	0.4258	0.1710	0.0590	0.8060	0.3273	0.3008	0.1603	3.663***	0.0000
P1-2	0.0000	0.7502	0.3389	0.3558	0.1960	0.000	0.7164	0.2120	0.1365	0.1871	5.073***	0.000
MAR	5.6900	11.3600	9.7616	10.070	1.2694	6.7400	11.3600	10.2831	10.1700	1.0030	-3.184***	0.002
GOV	6.3300	10.9900	9.6923	9.8000	1.0407	6.3400	10.9300	10.0678	10.6200	0.9586	-3.715***	0.000
LAW	2.9800	17.1800	8.7649	7.7000	3.6379	3.8000	17.1800	10.1086	8.4900	3.8896	-3.334***	0.001

从表 5-5 和表 5-6 可以看出，就业绩而言，国有控股的 EPS，无论是均值还是中位数均不如非国企，且存在显著性差异，当用 ROE、ROA 表示业绩时，尽管非国有企业业绩好于国有企业，但两者之间没有显著差异；国企的可持续增长指标低于非国企，两者的差异至少在 5% 水平显著；从社会责任的均值看，国企比非国企更愿承担社会责任，两者之间在 1% 的水平显著。国有企业承担的社会责任多，可持续增长指标相对较低，业绩较低；而非国企承担的社会责任少，可持续增长指标相对较高，业绩较好。说明从目前数据来看，业绩与社会责任之间负相关。① 从表 5-5、表 5-6 可以看出，除业绩指标 ROE、ROA 外，无论是 Z 值检验还是 t 检验，国有控股与非国有控股企业的其余指标均存在显著性差异。

（二）相关性分析

将公司业绩、社会责任、可持续增长等指标的相关系数列示于表 5-7-1、表 5-7-2 中。

表 5-7-1　　　　　　　主要变量相关性分析

	EPS	ROE	SGRe	CSR	lnA	Debtr
EPS		0.836***	0.496***	-0.045	0.169***	-0.057
ROE	0.534***		0.406***	-0.005	0.168***	0.011
SGRe	0.244***	0.164**		-0.023	-0.043	-0.176***
CSR	-0.028	-0.017	-0.061		0.217***	0.067
lnA	0.119**	0.009	-0.136**	0.157***		0.527***
Debtr	-0.019	-0.128**	-0.229***	0.042	0.443***	
P1	0.019	0.018	0.043	0.110	0.186***	-0.188***
P1_2	0.000	0.018	0.028	0.114	0.100	-0.202***
MAR	0.008	-0.043	-0.036	-0.126**	-0.130**	-0.006
GOV	-0.090	-0.072	-0.015	-0.025	-0.070	0.001
LAW	0.044	-0.086	0.040	-0.012	0.094	0.011

注：对角线下方为 Pearson 系数、上方为 Spearman 系数。

---

① 杨汉明、邓启稳：《国有企业社会责任与业绩研究——基于可持续增长视角》，《中南财经政法大学学报》，2011 年第 1 期，第 120-127 页。

表 5-7-2

	P1	P1_2	MAR	GOV	LAW
EPS	0.032	0.007	-0.034	-0.093	0.066
ROE	0.046	0.010	-0.023	-0.070	0.084
SGRe	0.017	0.005	-0.071	-0.065	0.028
CSR	0.089	0.098	-0.127**	-0.015	-0.033
lnA	0.164***	0.141**	-0.253***	-0.149**	0.100
Debtr	-0.167***	-0.186***	-0.008	0.005	0.023
P1	1	0.919***	-0.169***	-0.138**	0.058
P1_2	0.924***		-0.212***	-0.161***	0.008
MAR	-0.129**	-0.161***		0.463***	0.309***
GOV	-0.082	-0.109	0.564***		0.740***
LAW	0.029	-0.004	0.714***	0.402***	

从表 5-7-1、表 5-7-2 可以看出：(1) 公司的可持续增长指标与公司业绩 EPS 或 ROE 之间正相关，无论是 Pearson 系数还是 Spearman 系数均在 1% 水平显著，这说明如果公司能够可持续增长，将有利于公司业绩的提升。(2) 无论从 Pearson 系数看，还是从 Spearman 系数看，社会责任指标 CSR 与企业业绩 EPS 或 ROE 负相关，均不显著，说明企业履行社会责任会可能会减少公司业绩。(3) 可持续增长指标与 CSR 负相关，无论是 Pearson 系数还是 Spearman 系数，均不显著。[1] 说明企业在当前的情况下履行社会责任可能影响企业的可持续增长。

(三) 回归分析

1. 企业业绩与社会责任的关系。根据模型 (1)，本章进行总体回归分析，并根据大股东的性质分为国有控股和非国有控股两种情况进行探讨。所得结果列示于表 5-8-1、表 5-8-2、表 5-8-3 中。

---

[1] 杨汉明、邓启稳：《国有企业社会责任与业绩研究——基于可持续增长视角》，《中南财经政法大学学报》，2011 年第 1 期，第 120-127 页。

表 5-8-1 社会责任（CSR）与可持续增长（SGRe）关系

变量	预计符号	全样本					
Const		7.348	7.340①	9.645	7.001	7.335	8.659
SGRe	+	-0.192	-0.261	-0.286	-0.258	-0.261	-0.274
lnA	+	0.181**	0.242**	0.227**	0.242**	0.242**	0.230**
Debt	-		-0.337	-0.309	-0.342	-0.338	-0.325
Top1du			0.105	0.043	0.123	0.100	0.100
P1-2		1.361*	1.761	-1.454	1.789	1.759	1.474
Top1			-1.041	-0.773	-1.072	-1.035	-0.806
MRA				-0.214			-0.329*
GOV					0.032		0.220
LAW						-0.003	-0.016
Yeardu			控制 (-)**	控制 (-)**	控制 (-)**	控制 (-)**	控制 (-)**
Inddu			控制 (+)**	控制 (+)*	控制 (+)**	控制 (+)**	控制 (+)**
adjR^2		0.026	0.038	0.041	0.035	0.035	0.039
DW②		1.453	1.461	1.449	1.449	1.449	1.449
F		3.492**	2.392**	2.330**	2.125**	2.119**	2.204**
VIF		<2	<8	<8	<8	<8	<8
N		281	280	280	280	280	280

表 5-8-2 社会责任（CSR）与可持续增长（SGRe）关系

变量	预计符号	子样本——国有控制					
Const		9.094	9.634	8.050	7.846	9.335	7.574
SGRe	+	0.369	0.234	0.308	0.331	0.289	0.349
lnA	+	0.001	-0.026	-0.020	-0.027	-0.045	-0.029
Debt	-		0.679	0.730	0.700	0.731	0.726
P1-2		3.306***	0.929	1.029	0.862	0.746	0.880

① 表中某些数据与我们发表在《中南财经政法大学学报》2011 年第 1 期上文章中的数据略有区别是因为，前者用的是"进入"，后者用的是"逐步后退"回归方法。
② 表 5-8 中的 DW 值在 2 的附近，才说明随机误差项之间不存在自相关。当存在自相关时，根据回归分析的知识，可用一阶差分方程进行迭代，直到 DW 值符合要求。这种处理不会影响回归方程系数的正负方向，只是影响数值的大小。因为不做预测分析，故未进行相关处理。表 5-9—表 5-12 亦如此。

续表

变量	预计符号	子样本——国有控制					
Top1			2.402	2.452	2.562	2.686	2.603
MRA				0.143			0.057
GOV					0.175		0.134
LAW						0.051	0.010
Yeardu			控制(-)***	控制(-)***	控制(-)	控制(-)***	控制(-)***
Inddu			控制(+)***	控制(+)***	控制(+)	控制(+)***	控制(+)***
adjR²		0.049	0.112	0.110	0.113	0.111	0.103
DW		1.142	1.305	1.302	1.302	1.302	1.302
F		3.873**	4.035***	3.583***	3.688***	3.625***	2.923***
VIF		<2	<9	<9	<9	<9	<9
N		170	169	169	169	169	169

表 5-8-3　社会责任（CSR）与可持续增长（SGRe）关系

变量	预计符号	子样本——非国有控制					
Const		2.913	1.823	6.594	2.213	1.827	5.500
SGRe	+	-0.222	-0.254	-0.247	-0.252	-0.259	-0.274
lnA	+	0.581***	0.630***	0.644***	0.063***	0.622***	0.643***
Debt	-	-0.199	-0.151	-0.198	-0.187	-0.117	
P1-2		-1.485	-4.332	-5.728	-4.412	-4.251	-5.641
Top1			3.566	5.456	3.655	3.379	5.310
MRA				-0.543**			-0.907**
GOV					-0.041		0.451
LAW						0.017	0.029
Yeardu			控制	控制(+)	控制(+)	控制(-)	控制(-)
Inddu			控制	控制(+)	控制(+)	控制(-)	控制(+)
adjR²		0.126	0.098	0.124	0.09	0.090	0.129
DW		1.842	1.828	1.852	1.821	1.821	1.852
F		6.300***	2.714**	2.947***	2.355**	2.360**	2.622***
VIF		<2	<9	<8	<9	<9	<9
N		111	111	111	111	111	111

从表 5-8-1、表 5-8-2、表 5-8-3 可知：(1) 无论是全部样本还是非国有控制公司样本，其社会责任与可持续增长指标负相关，但统计上不显著；然而，在国有控股公司样本中，企业社会责任与可持续增长指标正相关，不显著，假设 1 未通过检验。说明我国大多数上市公司在履行社会责任时，考虑可持续增长指标的不多，在一定程度上反映了我国公司社会责任的履行缺少目标，也许是随意性较大；也许是受外界因素影响较多，如国家政策，但不受当地市场化程度、政府干预和法制化程度的影响。其中，样本整体和非国有控股企业的负相关关系，说明企业履行社会责任会影响企业的可持续发展；国有企业尽管正相关，即履行社会责任不会导致企业可持续增长水平的减少，但统计检验不显著，国有控股企业在履行社会责任方面还须进一步转变观念，从更高的视角看待企业所履行的社会责任，提高其履行社会责任的自觉性。(2) 样本整体与非国有控股企业的社会责任指标与企业规模显著正相关，说明总体上在非国有控股企业中，规模大的企业更愿意承担社会责任；在国有控股企业的样本中，社会责任与企业规模关系不显著，也许反映了国有控股企业履行社会责任的强制性。① 此外，在不考虑第一大股东持股比例和公司外部环境时，样本总体和国有企业的社会责任与企业的股权制衡指标正相关，说明第 2 大股东的制衡作用，有利于企业履行社会责任；样本还显示，企业社会责任在不同年份、不同行业不一样。

2. 社会责任与可持续增长的关系。根据模型二，本章进行总体回归分析，并根据大股东的性质分国有控股和非国有控股两种情况进行探讨。所得结果列示于表 5-9-1、表 5-9-2、表 5-9-3。

表 5-9-1　　　　企业业绩（EPS）与社会责任（CSR）回归结果

变量	预计符号	全样本					
Const		-0.034	-0.045	-0.083	0.581	-0.040	0.673
CSR	+	-0.009	-0.013	-0.013	-0.012	-0.013	-0.010
lnA	+	0.070***	0.076***	0.076***	0.074***	0.076***	0.069***
Debt	+	-0.224	-0.220	-0.221	-0.209	-0.220	-0.199
Top1du	+	-0.258***	-0.260***	-0.259***	-0.292***	-0.262***	-0.271***

---

① 杨汉明、邓启稳：《国有企业社会责任与业绩研究——基于可持续增长视角》，《中南财经政法大学学报》，2011 年第 1 期，第 120-127 页。

续表

变量	预计符号	全样本					
P1-2		0.196	0.201	0.142	0.196		0.159
Top1		-0.178	-0.182	-0.121	-0.176		-0.167
MRA			0.004				0.057
GOV					-0.061		-0.145***
LAW						-0.000	0.026
Yeardu		控制	控制（-）	控制（-）	控制（-）	控制（-）	控制（-）
Inddu		控制	控制（+）	控制（+）	控制（+）	控制（+）	控制（+）
adjR²		0.045	0.036	0.033	0.046	0.033	0.056
DW		1.925	1.922	1.920	1.913	1.920	1.926
F		4.293***	2.307**	2.044**	2.477**	2.044**	2.511**
VIF		<2	<8	<8	<8	<8	<8
N		280	279	279	279	279	279

表 5-9-2　企业业绩（EPS）与社会责任（CSR）回归结果

变量	预计符号	子样本——国有控制					
Const		-0.228	-0.160	0.179	0.574	-0.062	0.484
CSR	+	-0.008	0.001	0.001	0.004	0.002	0.004
lnA	+	0.081***	0.099***	0.097***	0.098***	0.106***	0.099***
Debt	+	-0.644**	-0.852***	-0.853***	-0.836***	-0.859***	-0.833***
P1-2			0.179	0.149	0.186	0.237	0.197
Top1			-0.698	-0.698	-0.741	-0.792	-0.739
MRA				-0.032			0.016
GOV					-0.76		-0.085
LAW						-0.02	0.001
Yeardu			控制（-）	控制（-）	控制（-）	控制（-）	控制（-）
Inddu			控制（-）	控制（-）	控制（-）	控制（-）	控制（-）
adjR²		0.049	0.044	0.041	0.062	0.051	0.051
DW		1.915	1.910	1.910	1.883	1.910	1.883
F		3.881***	2.104**	1.889*	2.384**	2.111**	1.894**
VIF		<2	<8	<9	<9	<9	<9
N		168	168	168	168	168	168

表 5-9-3　　企业业绩（EPS）与社会责任（CSR）回归结果

变量	预计符号	子样本——非国有控制					
Const		-0.251	-0.882	-0.704	-0.204	-0.887	0.416
CSR	+	-0.203	-0.019	-0.020	-0.020	-0.019	-0.017
lnA	+	0.089**	0.114***	0.114***	0.114***	0.111**	0.093**
Debt	+	0.029	0.036	0.039	0.038	0.042	0.065
P1-2			-0.012	—	-0.154	—	-0.050
Top1			0.631	0.627	0.809	0.578	0.485
MRA				-0.018			0.067
GOV					-0.071		-0.197**
LAW						0.007	0.035
Yeardu			控制（-）	控制（-）	控制（-）	控制（-）	控制（-）
Inddu			控制（+）	控制（+）	控制（+）	控制（+）	控制（+）
adjR^2		0.024	0.056	0.048	0.060	0.048	0.071
DW		2.297	2.279	2.279	2.279	2.279	2.352
F		1.904	1.934*	1.947*	1.879*	1.962*	1.841*
VIF		<2	<9	<2	<9	<2	<9
N		111	111	111	111	111	111

从表 5-9-1、表 5-9-2、表 5-9-3 可知：（1）无论是全部样本，还是非国有控制公司样本，企业业绩与社会责任指标负相关，但均不显著。而国有控股企业的样本中，不考虑大股东持股比例及年份、行业控股变量时，企业业绩与社会责任负相关，考虑这些指标后，两者正相关，但都不显著。假设2未通过检验。这说明，就整体、国有控股、非国有控股企业而言，企业履行社会责任并非出于自愿，更多的是来自外界的压力；考虑公司治理的因素后，国有企业的业绩与社会责任正相关也证明了由于大股东性质不同、股权制衡作用不同，企业履行社会责任的效果也不同。（2）不管是全部样本，是分成国有、非国有控股，企业业绩仅与公司规模显著正相关，说明规模大有利于提升企业业绩。而企业业绩与第一大股东持股比例和第一、第二大股东持股比例之差之间的关系不显著。公司治理因素在企业业绩中未发挥作用。[①] 同样，企业业绩与市场化进程指数、政府干预程度和法制环境水平指数之间不相关（除全样本、非国有

---

① 杨汉明、邓启稳：《国有企业社会责任与业绩研究——基于可持续增长视角》，《中南财经政法大学学报》，2011年第1期，第120-127页。

控股子样本同时考虑这三者时,政府干预程度指数外)。在现有的计量方式下,说明在为企业提供良好的经营环境方面,还有需要改进的地方。

3. 公司业绩与社会责任、可持续增长之间的关系。根据模型三所得的回归结果列示在表 5-10-1、表 5-10-2、表 5-10-3 中。

表 5-10-1   公司业绩(EPS)与社会责任(CSR)、
可持续增长(SGRe)回归结果

变量	预计符号	全样本					
Const	+	-0.197	-0.238	-0.382	0.330	-0.232	0.322
CSR	+	-0.007	-0.010	-0.009	-0.009	-0.010	-0.007
SGRe	+	0.223***	0.220***	0.221***	0.214***	0.220***	0.212***
lnA	+	0.068***	0.074***	0.075***	0.073***	0.074***	0.068***
Debt		-0.108	-0.114	-0.115	-0.107	-0.114	-0.100
Top1du		-0.191**	-0.191**	-0.187**	-0.221**	-0.193**	-0.203**
P1-2			0.182	0.200	0.134	0.182	0.164
Top1			-0.213	-0.229	-0.161	-0.211	-0.212
MRA				0.013			0.065
GOV					-0.055*		-0.135***
LAW						-0.001	0.022
Yeardu		控制(-)	控制(-)	控制(-)	控制(-)	控制(-)	控制(-)
Inddu		控制(+)	控制(+)	控制(+)	控制(+)	控制(+)	控制(+)
adjR^2		0.088	0.077	0.074	0.084	0.074	0.095
DW		1.923	1.914	1.923	1.920	1.923	1.933
F		6.374***	3.591***	3.235***	3.564***	3.221***	3.421***
VIF		<2	<8	<8	<8	<8	<8
N		280	279	279	279	279	279

表 5-10-2   公司业绩(EPS)与社会责任(CSR)、
可持续增长(SGRe)回归结果

变量	预计符号	子样本——国有控制					
Const	+	-0.196	-0.094	-0.243	0.314	-0.151	0.037
CSR	+	-0.009	-0.000	-0.002	0.001	-0.000	0.001
SGRe	+	0.306***	0.312***	0.358***	0.326***	0.341***	0.339***
lnA	+	0.075***	0.089***	0.083***	0.084***	0.088***	0.085***
Debt		-0.639**	-0.846***	-0.621**	-0.630**	-0.637**	-0.617**

续表

变量	预计符号	子样本——国有控制					
P1-2		0.003	0.003	0.022	0.051		0.051
Top1		-0.519	-0.379	-0.438	-0.461		-0.43
MRA			0.002				0.040
GOV				-0.055			-0.072
LAW					-0.014		0.001
Yeardu			控制	控制（+）	控制（+）	控制（+）	控制（+）
Inddu			控制	控制（-）	控制（-）	控制（-）	控制（-）
adjR²		0.092	0.089	0.093	0.105	0.099	0.097
DW		1.990	2.004	1.904	1.904	1.904	1.904
F		5.231***	3.042***	2.904***	3.184***	3.042***	2.634***
VIF		<2	<9	<9	<9	<9	<9
N		169	168	168	168	168	168

表5-10-3　公司业绩（EPS）与社会责任（CSR）、可持续增长（SGRe）回归结果

变量	预计符号	子样本——非国有控制					
Const	+	-0.248	-0.981	-0.818	-0.263	-0.980	0.291
CSR	+	-0.023	-0.016	-0.017	-0.016	-0.016	-0.013
SGRe	+	-0.002	0.143*	0.143*	0.147**	0.142*	0.143*
lnA	+	0.089**	0.112***	0.113***	0.112***	0.110**	0.091**
Debt		0.030	0.104	0.105	0.107	0.107	0.131
P1-2			0.059	0.007	-0.090	0.081	0.023
Top1			0.421	0.489	0.605	0.371	0.282
MRA				-0.018			0.073
GOV					-0.075		-0.201**
LAW						0.005	0.033
Yeardu			控制（-）	控制（-）	控制（-）	控制（-）	控制（-）
Inddu			控制（+）**	控制（+）**	控制（+）**	控制（+）*	控制（+）*
adjR²		0.015	0.081	0.072	0.087	0.072	0.096
DW		2.298	2.364	2.364	2.364	2.364	2.429
F		1.417	2.207**	1.955*	2.160**	1.953*	2.067**
VIF		<2	<9	<9	<9	<9	<9
N		111	111	111	111	111	111

从表 5－10－1、表 5－10－2、表 5－10－3 可知，国有控股公司其业绩与社会责任、可持续增长率之间的关系好于非国有控股公司。（1）整体上，国有控股公司业绩与社会责任之间的关系，未考虑公司治理因素（第一大股东持股比例、第二大股东制衡）时，两者负相关，考虑公司治理因素后，两者负相关关系有所减弱，尽管都不显著，在一定程度上显示与非国有控股企业的区别。①特别是考虑政府干预指数时，两者正相关，说明 2007 年、2008 年这两年，我国上市公司特别是国有控股公司，在发挥第二大股东制衡作用，减少政府干预时，如果履行社会责任，不会降低公司的业绩，这为《指导意见》中要求中央企业履行社会责任提供了经验证据。而非国有控股企业业绩与社会责任负相关，无论是否考虑公司治理因素，均不显著，特别是同时考虑社会责任和可持续增长指标以及公司所处的外部环境后，方程的 F 值相对下降了。说明非国有控股企业履行社会责任有降低企业业绩的可能，而引入市场化程度、政府干预指数和法制化程度等变量后，这种负相关关系并没有出现和国有控股企业那样的改变。这在一定程度上，说明非国有控股企业处理社会环境的能力不如国有控股企业。（2）就样本整体、国有控股样本看，公司业绩与可持续增长率指标正相关，在 1% 水平显著，但与社会责任指标的关系均不显著，假设 3 未通过检验，说明公司权益增长保持了适当的水平，有利于提升企业的业绩，但这种可持续增长仅仅是从企业的经济利益方面出发，尚未结合企业的社会责任。在各国政府和大多数发达国家企业界日益重视社会责任的背景下，我国在 2008 年竟然只有不到 300 家上市公司发布社会责任会计报告，说明如何让企业重视其应该承担的社会责任，特别是如何在可持续增长的基础上，协调好社会责任与企业业绩的关系还任重道远。此外，与表 5－9 一样，企业业绩与企业规模显著正相关，说明规模大的企业，其业绩较好。②（3）与表 5－8 中企业社会责任与市场化程度相关不同，企业业绩与政府干预程度相关，说明减少政府干预也许有助于提升企业业绩。

四、内生性分析与稳定性检验

由于本章在分析中使用的是 2007 年和 2008 年两年的社会责任、可持续增长

---

① 杨汉明、邓启稳：《国有企业社会责任与业绩研究——基于可持续增长视角》，《中南财经政法大学学报》，2011 年第 1 期，第 120－127 页。
② 同上。

和业绩指标，这有可能产生内生性问题，具体说来，包括（1）社会责任与可持续增长，（2）企业业绩与社会责任，（3）企业业绩与社会责任、可持续增长三种情况。如可能正好是可持续增长好的企业，其社会责任指数得分均较高；也可能是社会责任好的企业，其绩效较好等，也就是说，这三种情况下，是否是笔者设定的解释变量影响了被解释变量而不是相反。为此，按照 Henk von Eije，William L Megginsion[①]，罗宏、黄文华、杨汉明的做法，笔者考虑滞后 1 期的数据进行了回归分析，以解决变量之间的因果关系试图排除内生性问题。所得结果列示于表 5 – 11、5 – 12 和 5 – 13 中。

从表 5 – 11 看，企业社会责任与可持续增长指标滞后 1 期之间始终是负相关，不显著，可以确认本章认定的因果关系。从表 5 – 12 看，企业业绩与滞后 1 期的企业社会责任始终负相关，不显著，同样，可以确认两者之间的因果关系。这样，就排除了这些因素之间的内生性问题。

表 5 – 11　社会责任（CSR）与可持续增长（SGRe）内生性检验

变量	预计符号	全样本		
Const		7.331	7.155	8.245
SGRelag1	+	-0.000	-0.000	-0.000
lnA	+	0.189**	0.240**	0.231**
Debt	+		-0.220	-0.213
Top1du	+	0.084	0.187	0.184
P1 – 2	-	1.915	1.701	1.438
Top1		-0.830	-1.028	-0.811
MRA				-0.321*
GOV				0.237
LAW				-0.022
Yeardu			控制（-）**	控制（-）**
Inddu			控制（+）**	控制（+）**
adjR^2		0.019	0.035	0.036
DW		1.451	1.449	1.449
F		2.069*	2.271**	1.931**
VIF		<8	<8	<8
N		279	278	278

---

① Henk von Eije, William L Megginson. Dividends and share repurchases in the European Union. Journal of Financial Economics, 2008, 89: 347 – 374.

表 5-12　企业业绩（EPS）与社会责任（CSR）内生性检验

变量	预计符号	全样本		
Const		-0.316	-0.562	-1.027
CSRlag1	+	-0.006	-0.003	-0.002
lnA	+	0.080***	0.080***	0.082***
Debt	+	-0.089	-0.063	-0.069
Top1du	+	-0.245***	-0.239***	-0.225***
P1-2	+	0.4000	0.317	0.376
Top1		-0.503	-0.381	-0.434
MRA				0.044
GOV				-0.003
LAW				0.002
Yeardu			控制（+）**	控制（+）**
Inddu			控制（+）	控制（+）
adjR²		0.074	0.036	0.088
DW		1.784	1.823	1.823
F		4.714***	4.435***	3.428***
VIF		<8	<8	<8
N		279	278	278

表 5-13　公司业绩（EPS）与社会责任（CSR）、可持续增长（SGRe）内生性分析

变量	预计符号	全样本		
Const		-0.332	-0.594	-1.094
CSRlag1		-0.005	-0.003	-0.001
SGRelag1	+	0.023	0.038	0.043
lnA	+	0.080***	0.080***	0.082***
Debt	+	-0.078	-0.046	-0.050
Top1du	+	-0.237***	-0.227***	-0.212***
P1-2		0.399	0.315	0.378
Top1		-0.509	-0.388	-0.444
MRA				0.046
GOV				-0.000
LAW				0.001

续表

变量	预计符号	全样本		
Yeardu		控制（+）**	控制（+）**	
Inddu		控制（+）	控制（+）	
adjR²		0.071	0.089	0.087
DW		1.784	1.823	1.823
F		4.061***	4.000***	3.201***
VIF		<8	<8	<8
N		279	278	278

而从表 5-13 可知，企业业绩与滞后 1 期的社会责任始终负相关，不显著；与滞后 1 期的可持续增长指标始终正相关，不显著。一定程度上确认了是企业社会责任和可持续增长指标影响企业业绩的因果关系，排除其间的内生性问题。

同时，为了保证回归结果的稳定性，本章还进行了如下分析：（1）用 ROE、ROA 作为公司业绩指标；（2）用实际增长率 SGRs 作为可持续增长率的替代变量进行稳定性检验，（3）引入市场化进程、政府干预程度和法制化水平的哑变量。所得结果列示在表 5-14、表 5-15 和表 5-16 中。

表 5-14　　　　社会责任与可持续增长的稳健性检验

变量	预计符号	全样本				
Const		7.296	8.812	8.286	6.810	7.031
SGRe	+					-0.262
SGRs	+	-0.067	-0.068	-0.049	-0.051	
lnA	+	0.189**	0.182**	0.227**	0.259***	0.263***
Debt	-			-0.178	-0.187	-0.332
Top1du		0.057	0.034	0.167	0.117	0.050
P1-2		2.049	1.731	1.517	1.560	1.528
Top1		-0.878	-0.618	-0.815	-0.564	-0.573
MRA			-0.348	-0.321		
GOV			0.228	0.234		
LAW			-0.028	-0.020		
MARdum					0.346	0.318
GOVdum					0.128	0.110
LAWdum					-0.463	-0.468

续表

变量	预计符号	全样本				
Yeardu				控制（-）**	控制（-）**	控制（-）**
Inddu				控制（+）*	控制（+）*	控制（+）*
adjR²		0.020	0.022	0.036	0.035	0.034
DW		1.451	1.452	1.449	1.449	1.449
F		2.125*	1.773*	1.951**	2.125**	1.881**
VIF		<8	<8	<8	<8	<8
N		281	281	279	280	279

表 5-15　企业业绩与社会责任的稳健性检验

变量	预计符号	全样本						
		ROE			EPS	ROA		
Const		0.045	0.152	0.101	-0.097	0.191	0.204	0.193
CSR	+	-0.002	-0.003	-0.004	-0.014	0.001	0.001	0.001
lnA	+	0.018*	0.021**	0.020**	0.085***	-0.012***	-0.011***	-0.011***
Debt	+	-0.186**	-0.196**	-0.187**	-0.231	0.027	0.026	0.026
Top1du	+	-0.065*	-0.092**	-0.069*	-0.280***	-0.020*	-0.022*	-0.019*
P1-2		0.128	0.136		0.159	-0.006	-0.000	-0.005
Top1		-0.149	-0.157		-0.068	0.099	0.092	0.097
MRA							0.009	
GOV							-0.009	
LAW			-0.009*				0.000	
MARdum					0.116			0.005
GOVdum					-0.094			0.003
LAWdum				-0.046	-0.085			-0.003
Yeardu			控制（-）	控制（-）	控制（-）		控制（-）	控制（-）
Inddu			控制（+）	控制（+）			控制（+）	控制（+）
adjR²		0.012	0.023	0.019	0.037	0.078	0.076	0.065
DW		2.033	2.016	2.033	1.920	2.069	2.069	2.069
F		1.554	1.833*	1.774*	1.977**	4.965***	3.098***	2.785***
VIF		<2	<8	<2	<8	<8	<8	<8
N		280	279	279	278	280	279	279

表 5-16　　公司业绩与社会责任、可持续增长的稳健性检验

变量	符号	全样本模型							
		ROE			EPS		ROA		
Const		0.044	0.120	0.118	0.661	-0.102	0.185	0.202	0.193
CSR	+	-0.003	-0.003	-0.003	-0.009	-0.014	0.001	0.001	0.001
SGRe	+	0.056*					0.011		
SGRs	+		0.008	0.006	0.001	0.008		0.001	0.001
lnA	+	0.022**	0.022**	0.019*	0.069***	0.086***	-0.011***	-0.011***	-0.011***
Debt	-	-0.170**	-0.199**	-0.188**	-0.204	-0.234	0.031	0.026	0.025
Top1du		-0.061	-0.071*	-0.070*	-0.266***	-0.276***	-0.018	-0.021*	-0.019
P1-2		0.127			0.152	0.153	-0.000	-0.001	-0.006
Top1		-0.163	-0.029		-0.178	-0.077	0.09	0.091	0.096
MRA		0.004			0.058		0.009	0.009	
GOV					-0.145***		-0.009	-0.009	
LAW		-0.009*	-0.009		0.026		0.000	0.000	
MARdum						0.114			0.005
GOVdum						-0.093			0.003
LAWdum				-0.050		-0.084			-0.003
Yeardu		控制(-)	控制(-)	控制(-)	控制(-)	控制(-)	控制(-)	控制(-)	控制(-)
Inddu		控制(+)	控制(+)		控制(+)	控制(+)	控制(+)	控制(+)	控制(+)
adjR^2		0.027	0.022	0.020	0.054	0.034	0.079	0.074	0.063
DW		2.031	2.016	2.033	1.926	1.920	2.069	2.069	2.069
F		1.698*	1.687*	1.798*	2.317***	1.820**	2.998***	2.847***	2.555***
VIF		<8	<2	<2	<8	<8	<8	<8	<8
		279	279	279	278	278	279	279	279

结果显示，当用 ROE 作为业绩指标时，除表 5-15 中第 1 个回归方程无效，ROA 表示企业业绩时，社会责任指标改变方向、用实际增长率作为持续增长指标的替代变量而变得不显著外，模型中社会责任指标、可持续增长率指标与公司业绩的关系保持了一致性。而在 EPS 作为业绩指标，引入实际增长率作为持续增长指标替代变量时，企业业绩与社会责任、实际增长指标之间的关系不变，只是显著性受到影响，说明本章结果具有较好的稳定性。

五、研究结论与启示

随着社会的发展、企业相互依赖的增强，企业之间、企业与环境、社会、员工之间的交往日益密切，一家只注重经济效益不关心利益关系人利益、环境利益、产品质量和公共利益的企业，注定是不能长久存在的。社会责任的履行应当是以企业业绩为基础的，可持续的业绩增长无疑是企业拥有竞争优势的体现，理应为企业带来利润、创造价值，只有达到价值持续增加的持续增长才是真正意义上的可持续增长。笔者以 2007 年、2008 年我国上市公司的数据为对象，研究结果证实了企业社会责任与可持续增长的不稳定关系，企业业绩与社会责任之间的负相关关系，上市公司业绩与社会责任不相关、与可持续增长率之间的正相关关系。结果显示，这两年里，相对于非国有控股公司而言，国有控股公司的社会责任、可持续增长率有利于提升我国国有控股公司的业绩；考虑公司治理因素后，国有控股企业的社会责任与可持续增长指标，企业业绩与社会责任指标之间正相关，尽管不显著。这一关系告诉我们，企业控股股东性质不同，企业业绩、社会责任、可持续增长指标之间的关系不同。

笔者给出如下政策建议：在目前的环境下，各类企业特别是国有控股企业必须履行社会责任；社会责任的履行是需要经济基础的，因此，企业应该在考虑可持续增长的基础上履行社会责任。基于可持续增长的社会责任履行才能形成企业业绩与社会责任的正相关关系，保持企业的持续发展。①

---

① 杨汉明、邓启稳：《国有企业社会责任与业绩研究——基于可持续增长视角》，《中南财经政法大学学报》，2011 年第 1 期，第 120 – 127 页。

第六章 国有企业社会责任信息披露质量综合评价研究

一、引言

从 2001 年到 2004 年,中国每年仅有几家企业发布报告,2005 到 2007 年,每年有几十家企业发布报告,2008 年,中国企业发布了 169 份报告。2009 年 1 月 1 日至 10 月 31 日,中国发布社会责任报告 582 份。2010 年 1 月到 10 月,中国已经发布 663 份社会责任报告,较 2009 年同期增长 14%。中国企业社会责任信息披露工作进入了持续、较快、稳定的发展轨道。企业的社会责任报告是企业非财务报告的一种,其所包含的信息无论是内容还是形式,与财务报告都有较大区别。我国企业披露社会责任信息主要采用独立的社会责任报告或者可持续发展报告的形式,这给那些习惯了评价规范性较高的财务报告的利益相关者带来了难度[①],本章将对企业社会责任信息披露质量综合评价进行研究,试图从某种程度上降低这种难度。

二、文献综述

企业社会责任信息披露的评价方法主要有 4 种:社会责任会计方法、声誉评分法、内容分析法、指数法。社会责任会计方法是把企业从事社会责任活动所产生影响的项目纳入正式的会计系统中,把社会责任信息分为社会资产、社会负债、社会成本、社会收益等 4 个类别,并对他们分别进行分析。Dierkes 根据德国企业 Stage 所披露的社会责任报告,对其社会资产、社会负债分别进行了

---

① 张川、林玲、甘甜:《企业社会责任信息披露质量评价》,《财会月刊》,2011 年第 5 期,第 22 - 23 页。

分析。① 会计方法分析社会责任信息披露的缺点是衡量社会资产、社会负债等项目的标准无法得到统一。声誉评分法是通过向被调查人发放问卷考察对企业的评价，即对企业各指标打分，企业得分总和就是它的声誉分值。该方法的缺点是评分结果受到企业是否接近大众传媒、问卷应答者经历及偏好等影响。内容分析法根据企业文件或报告披露的信息字数、句子数或页数来衡量信息披露的质量。Zeghal and Ahmed，Campbell，Craven and Shrives 使用字数，Guthrie and Parker 使用页数，Joyce and Ajay，Adhikari and Rasoul 使用字数、页数、句子数。但该方法的可靠性值得怀疑，企业会对有利信息进行充分披露，对不利信息披露很少。指数法是研究企业社会责任信息披露的主要方法，但仅使用指数法不全面，直接加总得分不客观。国内对企业会计年报社会责任信息的内容分析，多采用指数法。如沈洪涛等对年报中的社会责任信息质量采用三值打分法，这种方法考虑了信息数量和信息质量。龚明晓采用内容分析的方法和信息质量特征的概念框架对我国上市企业的会计年报中披露的社会责任信息的质量和决策价值进行了整体评价。② 此研究在信息质量度量方面，以信息质量特征的多维度框架为依据，以专家问卷的结果作为权重赋值。李正用指数分析法对上海证交所 624 家上市企业的年度报告所披露的社会责任信息进行了指数评分，李诗田以 2005—2007 年中国上市企业的社会责任报告作为研究样本，利用内容分析法建立了中国上市企业社会责任信息披露指数。综合来看，国内外研究主要针对会计年报社会责任信息进行评价，采用的方法也比较单一，特别是综合评价时没有考虑到属性得分数据的特性，方法缺乏科学客观性。尤其是国内目前缺少以独立的社会责任报告为对象，并对其信息质量进行深入研究的文献。笔者综合采用指数法和内容分析法对 426 份独立的社会责任报告的不同维度分别进行分析。本章的研究样本量大、覆盖面广。本章的研究选取 14 个不同行业、不同省份、不同规模的企业。在对指标体系中各维度进行评价的基础上，采用潜变量模型对信息披露质量进行综合评价。

三、指标体系

本章的研究将信息披露分为两个层面：第一层面包括信息披露的规范性与

---

① 李正、向锐：《中国企业社会责任信息披露的内容界定、计量方法和现状》，《会计研究》，2007 年第 7 期，第 3–11 页。
② 龚明晓：《企业社会责任信息决策价值研究——基于会计年报信息的分析》，暨南大学 2007 年博士论文。

丰富性，信息披露的规划与设置完整性，信息披露的可信性、可读性和可比性，信息披露的核心内容完备性；第二层面包括利益相关方的信息披露、环境信息披露、政府信息披露以及社会组织信息披露。

(一) 第一层面

1. 信息披露的规范性与丰富性，内容的丰富性，形式的规范性，报告参数信息披露的规范程度，报告参数内容的丰富性。

2. 信息披露的规划与设置完整性：是否有关于社会责任的内容，已经纳入的管理考核指标，社会责任管理机构设置情况，防治商业腐败及贿赂的措施，加入的企业社会责任组织，企业高层管理者对企业社会责任的认识，企业高层管理者对企业社会责任的承诺，企业高层管理者对企业社会责任的主要实践及计划，识别利益相关方，企业所面临的机遇，企业所面临的风险、经济责任、社会责任、环境责任，企业对履行社会责任的规划，下一年度社会责任工作的计划。

3. 信息披露的可信性、可读性、可比性：负面信息披露，中立客观表达，利益相关方评价，企业社会责任专家评价，第三方审验，标注信息来源，信息清晰定位，信息清晰表达，信息饱和度、色彩、版式、跨年度绩效可比，绩效实现程度，行业内可比以及跨行业可比。

4. 信息披露的核心内容完备性：是否包括出资、员工、客户、环境、社区、政府、供应商、同行、社会组织、媒体、金融机构以及监管机构。

(二) 第二层面

1. 员工信息：劳动合同签订情况，工资支付情况，薪酬增加制度建设情况，员工薪酬合理规划倡导情况，提供健康安全用具与设施，健康安全设施与劳保用品的预算和支出，职业健康安全管理体系，研发降低健康安全风险的技术或措施，依法参与社会保障情况，缴纳社会保障费用，符合当地文化习俗的必要福利，对困难员工提供额外帮助，成立工会，工会经费，保障工会在民主管理、重大决策方面的权益，分享工会活动经验，员工培训发展经费，员工技能培训和升迁制度，职业生涯规划和职业教育。

2. 客户信息：产品和服务、产品/服务质量、产品/服务价格、产品/服务质量的制度体系，营销信息，提供产品/服务信息的情况、营销成本情况、信息的渠道情况。

3. 环境信息：环境管理，实施环境影响评价，实施环境成本核算，建立环境管理体系，环境保护意识和能力建设，环境保护意识培训，设立环保培训经费，建立环保培训制度，降污减排，减少垃圾和废弃物的排放，有控制废弃物排放的资金、清污减排制度，资源节约与利用，资源使用和能耗符合国家规定，有支持资源节约与利用的专项资金，资源废弃物品综合再利用制度及措施，生态系统保护，依法保护珍稀动植物物种，生态保护资金，生态系统保护制度。

4. 政府信息：遵守法律法规及政策情况，纳税情况，响应政府倡导的产业投资活动，响应政府号召的慈善公益活动。

5. 社会组织信息：行业标准与规范的遵守情况，实施行业标准与规范的预算，行业标准与规范制定的参与情况，促进行业发展的活动情况，回应民间组织的诉求，与民间组织合作。

四、评价模型

本章的研究选择评价模型坚持如下几条基本原则：变异性、客观性、科学性。

与以往研究不同的是，本章的研究将引入概率信息披露判别模型，以分类潜在变量的方式对信息披露水平进行综合评价。

潜在类别模型的统计学原理建立在概率的多元分析之上。潜在类别模型由外显变量与潜在变量构成，外显变量的不同水平是指实际测量时的各受测者所属的不同类别，潜在变量的不同水平是指估计之后所得的不同潜在类别。潜在变量很好地综合了各项分类变量的信息。对于任何一个观测对象，可归属于潜在变量的若干个潜在类别中的某一水平，各水平是完全互斥且独立，因此，每一个观测数据仅可能被归属于某一水平。模型建立如下：

A、B、C 三个项目的信息披露：

$$\pi_{ijk}^{ABC} = \sum_{t=1}^{T} \pi_t^X \pi_{it}^{AX} \pi_{jt}^{BX} \pi_{kt}^{CX}$$

π_{ijk}^{ABC} 是信息披露联合概率。

π_t^X 表示观察数据属于某一个潜在变量的特定潜在类别的概率。潜在类别变量模型的优点在于处理分类数据，对信息能够更好地综合，具有较直观的意思。即 $p(x=t)$，$t=1, 2, \cdots, T$ 表示企业社会责任信息披露水平概率。利用概率模型进行综合评价更客观。

π_t^{AX} 则表示属于第 T 个潜变量类别，样本对于第 A 个指标上信息披露水平为

i 的概率，即 $p(A=i|x=t)$，$t=1, 2, \cdots, T$ 表示企业社会责任信息披露水平概率。在现实中，我们将根据样本数据求出 $p(x=t|A,B,C)$，$t=1, 2, \cdots, T$。

潜在类别分析的最后步骤是将所有观察值分类到适当的潜在类别当中，即创造一个新的类别变量来说明观察值的后验类别属性。分类的原理是利用贝叶斯定理，分类概率的计算程序如下：

$$\hat{\pi}_{tijk}^{XABC} = \frac{\hat{\pi}_{ijkt}^{ABCX}}{\sum_{t=1}^{T}\hat{\pi}_{ijkt}^{ABCX}}$$

传统的聚类分析原理，是计算观察值在多指标反映上的相似性，高相似性者被视为同一类，但聚类的数目与性质均是未知的，并且聚类分析主要以连续变量为基础；而潜在类别分析的分类则是在一定的概率模型之下，利用概率的估计与比较来进行分类。

基于研究的目的不同，潜在类别模型可以区分为探索性与验证性两种不同的操作形式。其中，探索性模型是指进行潜在类别分析时，对于潜在类别的数目没有预设的假定，对参数也没有特殊的设限，纯粹由观察数据来决定潜在变量模型[1]，以未设定的方式来进行参数估计，因此，又称为数据驱动取向。相对之下，验证性模型则是由研究者基于不同理论观点或特殊需要，在进行分析之前先提出一个先验的假设模型，然后与观察数据进行对比，据此决定研究者的假设模型是否被支持，又被称为理论驱动模型。本章的研究将采用两者相结合的方式，在企业社会责任理论的基础上构建潜在类别模型。

五、实证分析

（一）基础信息综合判别模型（规范性与丰富性）

模型中外显指标包括内容的丰富性、形式的规范性、报告参数信息披露的规范程度、报告参数内容的丰富性，本章的研究将确立潜在类别模型对信息披露的规范性与丰富性进行综合评价。

该综合评价指标分为三类，表示社会责任信息披露总体的基本评价：第一类表示基本符合要求；第二类表示信息披露比较好；第三类表示信息披露表现

---

[1] 刘祖云、毛小平：《中国城市住房分层：基于 2010 年广州市千户问卷调查》，《中国社会科学》，2012 年第 2 期，第 94 – 109 页。

非常令人满意。该指标属于第一层次综合评价的范畴。

规范性与丰富性综合指标与内容的丰富性、形式的规范性、报告参数信息披露的规范程度、报告参数内容的丰富性各指标的相关性分别为 0.8884、0.8981、0.9742、0.9731；对各项显性指标的解释程度分别为 0.8739、0.8870、0.9491、0.9469。该估计结果表明综合得分很好地反映了各项指标的信息，并且具有较好的区分度（见表 6-1）。

表 6-1　　　　　　　　　　潜变量载荷表

载荷	相关性	解释程度
内容的丰富性	0.8884	0.8739
形式的规范性	0.8981	0.8870
报告参数信息披露的规范程度	0.9742	0.9491
报告参数内容的丰富性	0.9731	0.9469

该估计结果表明分别有 0.5031、0.3428、0.1541 的企业规范性与丰富性信息披露质量分属于第一类、第二类、第三类。其中，第一类以 76.96% 的概率内容的丰富性处于水平 2、3；第二类以 86.55% 的概率内容的丰富性处于水平 5、6、7；第三类以 67.21% 的概率内容的丰富性处于水平 2、3。第一类以 87.21% 的概率形式的规范性处于水平 2、3；第二类以 86.66% 的概率形式的规范性处于水平 5、6；第三类以 90% 的概率形式的规范性处于水平 2、3、5。第一类以 99.75% 的概率报告参数信息披露的规范程度处于水平 0；第二类以 98.67% 的概率报告参数信息披露的规范程度处于水平 4、5、6；第三类以 97.55% 的概率报告参数信息披露的规范程度处于水平 2、3。第一类以 99.75% 的概率报告参数内容的丰富性处于水平 0；第二类以 98.67% 的概率报告参数内容的丰富性处于水平 4、5、6；第三类以 97.5% 的概率报告参数内容的丰富性处于水平 2、3（见表 6-2）。

表 6-2　　　　　　　　　分指标信息披露质量判别概率表

	第一类	第二类	第三类
各类占比	0.5031	0.3428	0.1541
分类指标			
内容的丰富性			
0	0.0120	0.0000	0.0063
1	0.0038	0.0000	0.0025

续表

	第一类	第二类	第三类
2	0.3943	0.0145	0.3141
3	0.3653	0.0577	0.3580
4	0.1062	0.0723	0.1280
5	0.0752	0.2203	0.1115
6	0.0411	0.5181	0.0749
7	0.0022	0.1171	0.0048
形式的规范性			
0	0.0126	0.0000	0.0043
1	0.0040	0.0000	0.0020
2	0.6876	0.0353	0.5204
3	0.1845	0.0501	0.2089
4	0.0334	0.0479	0.0566
5	0.0694	0.5263	0.1757
6	0.0085	0.3403	0.0322
报告参数信息披露的规范程度			
0	0.9975	0.0000	0.0109
2	0.0025	0.0000	0.5514
3	0.0000	0.0065	0.4241
4	0.0000	0.2251	0.0136
5	0.0000	0.4148	0.0000
6	0.0000	0.3468	0.0000
7	0.0000	0.0068	0.0000
报告参数内容的丰富性			
0	0.9975	0.0000	0.0109
2	0.0025	0.0000	0.6573
3	0.0000	0.0066	0.3181
4	0.0000	0.2251	0.0136
5	0.0000	0.4080	0.0000
6	0.0000	0.3536	0.0000
7	0.0000	0.0068	0.0000

从图6-1可以看出，企业信息披露的规范性与丰富性，第一类与第二类相比，区分度较高，尤其体现在报告参数信息披露的规范程度、报告参数内容的丰富性这两个指标上；第二类和第三类相比，每一个指标的区分度都比较大；第一类和第三类相比，内容的丰富性、形式的规范性这两个分指标上的区分度较小，而报告参数信息披露的规范程度、报告参数内容的丰富性的区分度较大。总之，该判别方法可以较好地对企业规范性与丰富性信息披露质量进行合理分类。

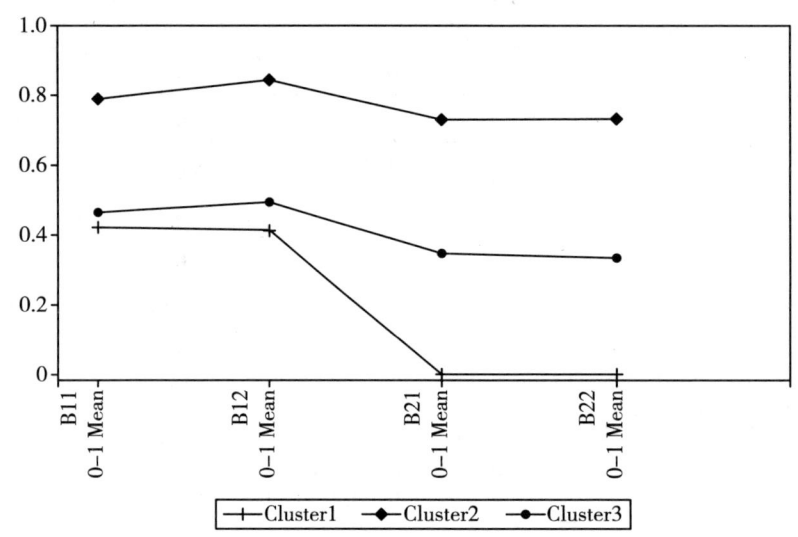

图6-1 分指标分类显示图

（二）基础信息综合判别模型（规划与设置完整性）

此模型中外显指标包括在企业发展战略中，是否有关于社会责任的内容、已经纳入的管理考核指标、社会责任管理机构设置情况、防治商业腐败及贿赂的措施、加入的企业社会责任组织、企业高层管理者对企业社会责任的认识、企业高层管理者对企业社会责任的承诺、企业高层管理者对企业社会责任的主要实践及计划、识别利益相关方、企业所面临的机遇、企业所面临的风险、经济责任、社会责任、环境责任、企业对履行社会责任的规划、下一年度社会责任工作的计划。本章的研究将确立潜在类别模型对信息披露的规划与设置的完整性进行综合评价。

该综合评价标准分为两类，表示社会责任信息披露总体的基本评价：第一类表示基本符合要求；第二类表示信息披露比较好。该指标属于第一层次综合评价的范畴。

该估计结果表明分别有 0.6354、0.3646 的企业规划与设置完整性信息披露质量分属于第一类、第二类。其中，第一类以 96.60% 的概率识别是否有关于社会责任的内容处于水平 1；第二类以 99.99% 的概率识别是否有关于社会责任的内容处于水平 1。第一类以 92.43% 的概率已经纳入的管理考核指标处于水平 0；第二类以 78.3% 的概率识别已经纳入的管理考核指标处于水平 2。第一类以 98.14% 的概率识别社会责任管理机构设置情况处于水平 0；第二类以 69.64% 的概率识别社会责任管理机构设置情况处于水平 1。第一类以 72.59% 的概率识别防治商业腐败及贿赂的措施处于水平 1；第二类以 76.52% 的概率识别防治商业腐败及贿赂的措施处于水平 1。第一类以 97.76% 的概率识别是否加入企业社会责任组织处于水平 0；第二类以 68.34% 的概率识别是否加入企业社会责任组织处于水平 1。第一类以 93.06% 的概率识别企业高层管理者对企业社会责任的认识处于水平 0；第二类以 99.78% 的概率识别企业高层管理者对企业社会责任的认识处于水平 1。第一类以 94.52% 的概率识别企业高层管理者对企业社会责任的承诺处于水平 0；第二类以 99.14% 的概率识别企业高层管理者对企业社会责任的承诺处于水平 1。第一类以 99.92% 的概率识别企业高层管理者对企业社会责任的主要实践及计划处于水平 0；第二类以 96.75% 的概率识别企业高层管理者对企业社会责任的主要实践及计划处于水平 1。第一类以 89.55% 的概率识别利益相关方处于水平 3、4；第二类以 92.09% 的概率识别利益相关方处于水平 4、5、6。第一类以 100% 的概率识别企业所面临的机遇处于水平 0；第二类以 92.98% 的概率识别企业所面临的机遇处于水平 0。第一类以 99.99% 的概率识别企业所面临的风险处于水平 0；第二类以 90.42% 的概率识别企业所面临的风险处于水平 0。第一类以 100% 的概率识别经济责任处于水平 1；第二类以 100% 的概率识别经济责任处于水平 1。第一类以 100% 的概率识别社会责任处于水平 1；第二类以 100% 的概率识别社会责任处于水平 1。第一类以 100% 的概率识别环境责任处于水平 1；第二类以 100% 的概率识别环境责任处于水平 1。第一类以 53.8% 的概率识别企业对履行社会责任的规划处于水平 0；第二类以 56.93% 的概率识别企业对履行社会责任的规划处于水平 1。第一类以 86.33% 的概率识别下一年度社会责任工作的计划处于水平 0；第二类以 53.7% 的概率识别下一年度社会责任工作的计划处于水平 1（见表 6-3、表 6-4）。

表 6-3　　　　　　　　　潜变量载荷表

载荷	相关性	解释程度
是否有关于社会责任的内容	0.7281	0.5164
已经纳入的管理考核指标	0.7434	0.5526
社会责任管理机构设置情况	0.7386	0.5455
防治商业腐败及贿赂的措施	0.7320	0.5010
是否加入企业社会责任组织	0.7223	0.5217
企业高层管理者对企业社会责任的认识	0.9092	0.8267
企业高层管理者对企业社会责任的承诺	0.9217	0.8495
企业高层管理者对企业社会责任的主要实践及计划	0.9656	0.9324
识别利益相关方	0.6859	0.4705
企业所面临的机遇	0.7138	0.5457
企业所面临的风险	0.7508	0.6629
经济责任	0.8000	0.7000
社会责任	0.8000	0.7000
环境责任	0.8000	0.7000
企业对履行社会责任的规划	0.8033	0.7107
下一年度社会责任工作的计划	0.8144	0.7717

表 6-4　　　　　　分指标信息披露质量判别概率表

	第一类	第二类
各类占比	0.6354	0.3646
分类指标		
是否有关于社会责任的内容		
0	0.0440	0.0001
1	0.9560	0.9999
已经纳入的管理考核指标		
0	0.9243	0.1985
1	0.0114	0.0185
2	0.0643	0.7830
社会责任管理机构设置情况		
0	0.9814	0.3036
1	0.0186	0.6964

续表

	第一类	第二类
防治商业腐败及贿赂的措施		
0	0.2741	0.2448
1	0.7259	0.7552
是否加入企业社会责任组织		
0	0.9776	0.3166
1	0.0224	0.6834
企业高层管理者对企业社会责任的认识		
0	0.9306	0.0022
1	0.0694	0.9978
企业高层管理者对企业社会责任的承诺		
0	0.9452	0.0086
1	0.0548	0.9914
企业高层管理者对企业社会责任的主要实践及计划		
0	0.9992	0.0425
1	0.0008	0.9575
识别利益相关方		
2	0.0146	0.0001
3	0.4975	0.0281
4	0.3980	0.2206
5	0.0853	0.4650
6	0.0044	0.2353
7	0.0001	0.0510
企业所面临的机遇		
0	1.0000	0.9298
1	0.0000	0.0702
企业所面临的风险		
0	0.9999	0.9042
1	0.0001	0.0958
经济责任		
0	0.0000	0.0000
1	1.0000	1.0000

续表

	第一类	第二类
社会责任		
0	0.0000	0.0000
1	1.0000	1.0000
环境责任		
0	0.0000	0.0000
1	1.0000	1.0000
企业对履行社会责任的规划		
0	0.5380	0.4307
1	0.4620	0.5693
下一年度社会责任工作的计划		
0	0.8533	0.4630
1	0.1467	0.5370

从图 6-2 可知，信息披露的规划与设置完整性在某些分指标上区分度较低，比如，在企业战略中，是否有关于社会责任的内容、防止商业腐败及贿赂的措施、经济责任、社会责任、环境责任；在已经纳入的管理考核指标、社会责任管理机构设置情况、企业高层管理者对企业社会责任的认识、企业高层管理者对企业社会责任的承诺、企业高层管理者对企业社会责任的主要实践及计划等

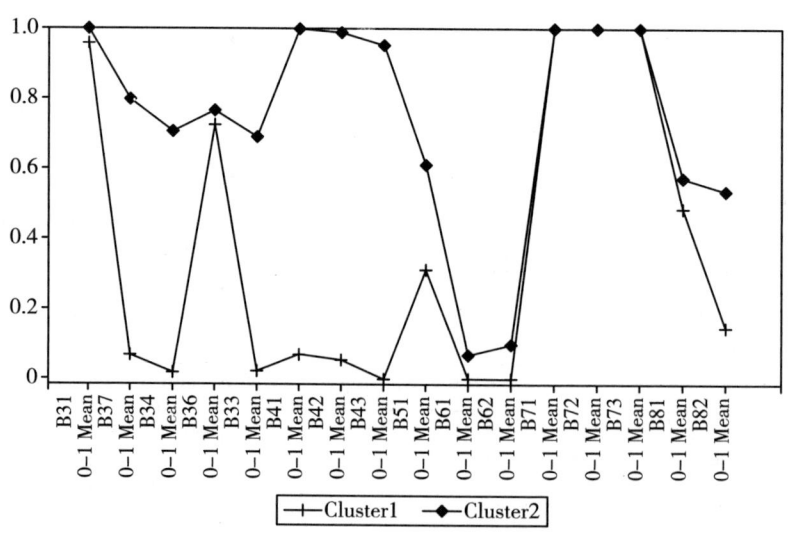

图 6-2 分指标分类显示图

分指标上区分度较高。总之，该判别方法可以较好地对各企业规划与设置完整性信息披露质量进行合理分类。

（三）满足基本原则程度（可信性、可读性、可比性）

模型中的外显指标从信息披露的可信性、可读性、可比性出发，主要包括：负面信息披露，中立客观表达，利益相关方评价，企业社会责任专家评价，第三方审验，标注信息来源，信息清晰定位，信息清晰表达，信息饱和度，色彩，版式，跨年度绩效可比，绩效实现程度，行业内可比以及跨行业可比，本章的研究将确立潜在类别模型对信息披露的满足基本原则程度进行综合评价。

该综合评价指标分为两类，表示社会责任信息披露总体的基本评价：第一类表示基本符合要求；第二类表示信息披露比较好。该指标属于第一层次综合评价的范畴。

如表6-5所示，满足基本原则程度综合指标与负面信息披露、中立客观表达、利益相关方评价、企业社会责任专家评价、第三方审验等各个指标的相关性分别为 0.7000、0.7000、0.7071、0.7792、0.7346、0.8535、0.7344、0.7203、0.6985、0.5947、0.6248、0.9977、0.9977、0.9977、0.9977；对各项显性指标的解释程度分别为 0.6000、0.6000、0.6429、0.6438、0.6012、0.7235、0.5393、0.5188、0.4879、0.3536、0.3904、0.9953、0.9953、0.9953、0.9953。该估计结果表明综合得分很好地反映了各项指标的信息，并且具有较好的区分度。

表6-5　　　　　　　　　　潜变量载荷表

载荷	相关性	解释程度
负面信息披露	0.7000	0.6000
中立客观表达	0.7000	0.6000
利益相关方评价	0.7071	0.6429
企业社会责任专家评价	0.7792	0.6438
第三方审验	0.7346	0.6012
标注信息来源	0.8535	0.7235
信息清晰定位	0.7344	0.5393
信息清晰表达	0.7203	0.5188
信息饱和度	0.6985	0.4879

续表

载荷	相关性	解释程度
色彩	0.5947	0.3536
版式	0.6248	0.3904
跨年度绩效可比	0.9977	0.9953
绩效实现程度	0.9977	0.9953
行业内可比	0.9977	0.9953
跨行业可比	0.9977	0.9953

该估计结果表明分别有 0.5314 和 0.4686 的企业满足基本原则程度信息披露质量分属于第一类和第二类。其中，第一类以 100% 的概率识别负面信息披露处于水平 0；第二类以 100% 的概率识别负面信息披露处于水平 0。第一类以 100% 的概率识别中立客观表达处于水平 1；第二类以 100% 的概率识别中立客观表达也处于水平 1。第一类以 91.24% 的概率识别利益相关方评价处于水平 0；第二类以 99.99% 的概率识别利益相关方评价处于水平 0。第一类以 72.40% 的概率识别企业社会责任专家评价处于水平 0；第二类以 99.47% 的概率识别企业社会责任专家评价处于水平 0。第一类以 99.04% 的概率识别第三方审验处于水平 0；第二类以 99.60% 的概率识别第三方审验处于水平 0。第一类以 90.80% 的概率识别标注信息来源处于水平 0；第二类以 98.00% 的概率识别标注信息来源处于水平 0。第一类以 78.69% 的概率识别信息清晰定位处于水平 4、5、6；第二类以 90.73% 的概率识别信息清晰定位处于水平 2、3。第一类以 76.39% 的概率识别信息清晰表达处于水平 4、5、6；第二类以 91.11% 的概率识别信息清晰表达处于水平 2、3。第一类以 99.53% 的概率识别信息饱和度处于水平 3、4、5、6；第二类以 91.95% 的概率识别信息饱和度处于水平 3。第一类以 71.38% 的概率识别色彩处于水平 2、6；第二类以 87.80% 的概率识别色彩处于水平 2。第一类以 78.18% 的概率识别版式处于水平 3、5、6；第二类以 96.19% 的概率识别版式处于水平 2、3。第一类以 99.90% 的概率识别跨年度绩效可比处于水平 1；第二类以 99.87% 的概率识别跨年度绩效可比处于水平 0。第一类以 99.90% 的概率识别绩效实现程度处于水平 1；第二类以 99.87% 的概率识别绩效实现程度处于水平 0。第一类以 99.90% 的概率识别行业内可比处于水平 1；第二类以 99.87% 的概率识别行业内可比处于水平 0。第一类以 99.90% 的概率识别跨行业可比处于水平 1；第二类以 99.87% 的概率识别跨行业可比处于水平 0（见表 6-6）。

表6-6　　　　　　　分指标信息披露质量判别概率表

	第一类	第二类
各类占比	0.5314	0.4686
分类指标		
负面信息披露		
0	1.0000	1.0000
1	0.0000	0.0000
中立客观表达		
0	0.0000	0.0000
1	1.0000	1.0000
利益相关方评价		
0	0.9124	0.9999
1	0.0876	0.0001
企业社会责任专家评价		
0	0.7240	0.9947
1	0.2760	0.0053
第三方审验		
0	0.9904	0.9960
1	0.0060	0.0031
2	0.0036	0.0009
标注信息来源		
0	0.9080	0.9800
1	0.0920	0.0200
信息清晰定位		
2	0.0124	0.4038
3	0.1482	0.5035
4	0.2207	0.0780
5	0.3782	0.0139
6	0.1880	0.0007
7	0.0526	0.0000
信息清晰表达		
2	0.0359	0.5364
3	0.1652	0.3747
4	0.1986	0.0683
5	0.3649	0.0190
6	0.2004	0.0016

续表

	第一类	第二类
7	0.0351	0.0000
信息饱和度		
2	0.0003	0.0594
3	0.2200	0.9195
4	0.2450	0.0206
5	0.3066	0.0005
6	0.2237	0.0000
7	0.0044	0.0000
色彩		
2	0.3224	0.8780
3	0.0921	0.0846
4	0.0310	0.0096
5	0.1285	0.0135
6	0.3914	0.0138
7	0.0347	0.0004
版式		
2	0.1004	0.5975
3	0.3147	0.3644
4	0.1134	0.0256
5	0.2407	0.0106
6	0.2264	0.0019
7	0.0044	0.0000
跨年度绩效可比		
0	0.0010	0.9987
1	0.9990	0.0013
绩效实现程度		
0	0.0010	0.9987
1	0.9990	0.0013
行业内可比		
0	0.0010	0.9987
1	0.9990	0.0013
跨行业可比		
0	0.0010	0.9987
1	0.9990	0.0013

从图6-3可知，信息披露满足基本原则程度在某些分指标上区分度较低，如负面信息披露、中立客观表达、第三方审验；在信息清晰定位、跨年度绩效可比、绩效实现程度、行业内可比、跨行业可比等分指标上区分度较高。总之，该判别方法可以较好地对各企业满足基本原则程度信息披露质量进行合理分类。

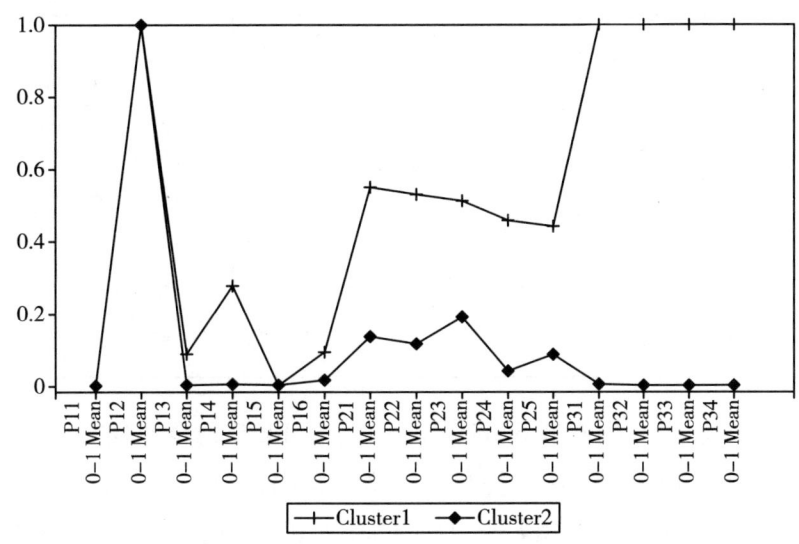

图6-3 分指标分类显示图

（四）核心内容完备性

模型中外显指标包括出资人、员工、客户、环境、社区、政府、供应商、同行、社会组织、媒体、金融机构以及监管机构。本章的研究将确立潜在类别模型对信息披露的核心内容完备性进行综合评价。

该综合评价指标分为三类，表示社会责任信息披露总体的基本评价：第一类表示基本符合要求；第二类表示信息披露比较好；第三类表示信息披露表现非常令人满意。该指标属于第一层次综合评价的范畴。

如表6-7所示，核心内容完备性综合指标与出资人、员工、客户、环境、社区等各个指标的相关性分别为0.9867、0.9971、0.9971、0.9765、0.9765、0.9480、0.9480、0.6986、0.9353、0.7839、0.7537、0.8202，对各项显性指标的解释程度分别为0.9737、0.9941、0.9941、0.9536、0.9536、0.8987、0.8987、0.4880、0.8748、0.6146、0.5681、0.6728。该估计结果表明综合得分很好地反映了各项指标的信息，并且具有较好的区分度。

表 6-7　　　　　　　　　　　潜变量载荷表

载荷	相关性	解释程度
出资人	0.9867	0.9737
员工	0.9971	0.9941
客户	0.9971	0.9941
环境	0.9765	0.9536
社区	0.9765	0.9536
政府	0.9480	0.8987
供应商	0.9480	0.8987
同行	0.6986	0.4880
社会组织	0.9353	0.8748
媒体	0.7839	0.6146
金融机构	0.7537	0.5681
监管机构	0.8202	0.6728

该估计结果表明分别有 0.6705、0.1838、0.1456 的企业核心内容完备性信息披露质量分属于第一类、第二类和第三类。其中，第一类以 99.96% 的概率识别出资人处于水平 0；第二类以 99.71% 的概率识别出资人处于水平 1；第三类以 96.45% 的概率识别出资人处于水平 1。第一类以 99.96% 的概率识别员工处于水平 0；第二类以 99.72% 的概率识别员工处于水平 1；第三类以 99.64% 的概率识别员工处于水平 1。第一类以 99.96% 的概率识别客户处于水平 0；第二类以 99.72% 的概率识别客户也处于水平 1；第三类以 99.64% 的概率识别客户处于水平 1。第一类以 99.96% 的概率识别环境处于水平 0；第二类以 99.72% 的概率识别环境处于水平 1；第三类以 99.64% 的概率识别环境处于水平 1。第一类以 99.96% 的概率识别社区处于水平 0；第二类以 94.65% 的概率识别社区处于水平 1；第三类以 99.64% 的概率识别社区处于水平 1。第一类以 99.96% 的概率识别政府处于水平 0；第二类以 87.06% 的概率识别政府处于水平 1；第三类以 99.63% 的概率识别政府处于水平 1。第一类以 99.96% 的概率识别供应商处于水平 0；第二类以 87.06% 的概率识别供应商处于水平 1；第三类以 99.63% 的概率识别供应商处于水平 1。第一类以 99.99% 的概率识别同行处于水平 0；第二类以 94.15% 的概率识别同行处于水平 0；第三类以 59.79% 的概率识别同行处于水平 1。第一类以 99.99% 的概率识别社会组织处于水平 0；第二类以 99.85% 的概率识别社会组织处于水平 0；第三类以 89.37% 的概率识别社会组织处于水平

1。第一类以 99.29% 的概率识别媒体处于水平 0；第二类以 99.28% 的概率识别媒体处于水平 0；第三类以 69.47% 的概率识别媒体处于水平 1。第一类以 99.99% 的概率识别金融机构处于水平 0；第二类以 99.96% 的概率识别金融机构处于水平 0；第三类以 60.73% 的概率识别金融机构处于水平 1。第一类以 98.93% 的概率识别监管机构处于水平 0；第二类以 58.05% 的概率识别监管机构处于水平 1；第三类以 93.07% 的概率识别监管机构处于水平 1（见表 6-8）。

表 6-8　　　　　　　　分指标信息披露质量判别概率表

	第一类	第二类	第三类
各类占比	0.6705	0.1838	0.1456
分类指标			
出资人			
0	0.9996	0.0029	0.0355
1	0.0004	0.9971	0.9645
员工			
0	0.9996	0.0028	0.0036
1	0.0004	0.9972	0.9964
客户			
0	0.9996	0.0028	0.0036
1	0.0004	0.9972	0.9964
环境			
0	0.9996	0.0535	0.0036
1	0.0004	0.9465	0.9964
社区			
0	0.9996	0.0535	0.0036
1	0.0004	0.9465	0.9964
政府			
0	0.9996	0.1294	0.0037
1	0.0004	0.8706	0.9963
供应商			
0	0.9996	0.1294	0.0037
1	0.0004	0.8706	0.9963
同行			
0	0.9999	0.9415	0.4021
1	0.0001	0.0585	0.5979

续表

	第一类	第二类	第三类
社会组织			
0	0.9999	0.9985	0.1063
1	0.0001	0.0015	0.8937
媒体			
0	0.9929	0.9928	0.3053
1	0.0071	0.0072	0.6947
金融机构			
0	0.9999	0.9996	0.3927
1	0.0001	0.0004	0.6073
监管机构			
0	0.9893	0.4195	0.0693
1	0.0107	0.5805	0.9307

从图6-4可以看出，核心内容完备性的第一类和第二、三类相比区分度较高。而第二类和第三类相比较，某些分指标的区分度较低，如出资人、员工、客户，尤其是员工、客户这两个分指标；相反，在同行这一分指标上的区分度较高。总之，该判别方法可以较好地对各企业核心内容完备性信息披露质量进行合理分类。

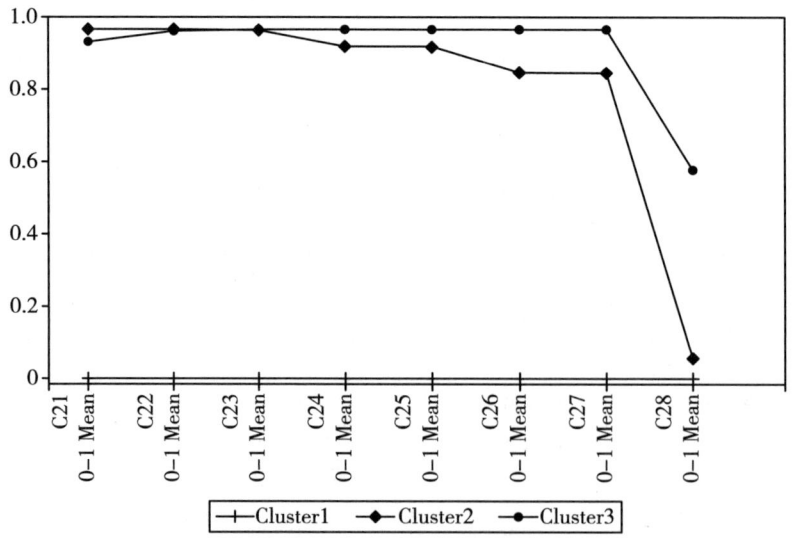

图6-4 分指标分类显示图

(五) 员工

此模型中外显指标包括劳动合同签订情况、工资支付情况、薪酬增加制度建设情况、员工薪酬合理规划倡导情况、提供健康安全用具与设施、健康安全设施与劳保用品的预算和支出、职业健康安全管理体系、研发降低健康安全风险的技术或措施、依法参与社会保障情况、缴纳社会保障费用、符合当地文化习俗的必要福利、对困难员工提供额外帮助、成立工会、工会经费、保障工会在民主管理和重大决策方面的权益、分享工会活动经验、员工培训发展经费、员工技能培训和升迁制度、职业生涯规划和职业教育。本章的研究将确立潜在类别模型对利益相关者——员工的信息披露进行综合评价。

该综合评价指标分为两类，表示社会责任信息披露总体的基本评价：第一类表示基本符合要求；第二类表示信息披露比较好。该指标属于第二层次综合评价的范畴。

如表 6-9 所示，利益相关者——员工的信息披露这一综合指标与劳动合同签订情况、工资支付情况、薪酬增加制度建设情况等各个指标的相关性分别为 0.7290、0.7595、0.7434……，对各项显性指标的解释程度分别为 0.6008、0.6254、0.6206……。该估计结果表明综合得分很好地反映了各项指标的信息，并且具有很好的区分度。

表 6-9　　　　　　　　　潜变量载荷表

载荷	相关性	解释程度
劳动合同签订情况	0.7290	0.6008
工资支付情况	0.7595	0.6254
薪酬增加制度建设情况	0.7434	0.6206
员工薪酬合理规划倡导情况	0.7787	0.6319
提供健康安全用具、设施	0.7969	0.6881
健康安全设施、劳保用品的预算和支出	0.8468	0.7202
职业健康安全管理体系	0.7094	0.6438
研发降低健康安全风险的技术或措施	0.7420	0.6202
依法参与社会保障情况	0.7469	0.6022
缴纳社会保障费用	0.7323	0.6010
符合当地文化习俗的必要福利	0.8017	0.70103
对困难员工提供额外帮助	0.8340	0.7180

续表

载荷	相关性	解释程度
成立工会	0.9936	0.9872
工会经费	0.7729	0.6299
保障工会在民主管理、重大决策方面的权益	0.9832	0.9667
分享工会活动经验	0.6045	0.3654
员工培训发展经费	0.8263	0.7160
员工技能培训，升迁制度	0.8584	0.7251
职业生涯规划，职业教育	0.6234	0.5005

该估计结果表明分别有 0.5108 和 0.4892 的利益相关者——员工信息披露质量分属于第一类、第二类。其中，第一类以 73.07% 的概率识别劳动合同签订情况处于水平 1；第二类以 70.46% 的概率识别劳动合同签订情况处于水平 1。第一类以 52.5% 的概率识别工资支付情况处于水平 1；第二类以 68.12% 的概率识别工资支付情况处于水平 1。第一类以 47.56% 的概率识别薪酬增加制度建设情况处于水平 1；第二类以 61.84% 的概率识别薪酬增加制度建设情况处于水平 1。第一类以 77.22% 的概率识别员工薪酬合理规划倡导情况处于水平 1；第二类以 90.43% 的概率识别员工薪酬合理规划倡导情况处于水平 1。第一类以 57.13% 的概率识别提供健康安全用具、设施处于水平 1；第二类以 84.24% 的概率识别提供健康安全用具、设施处于水平 1。第一类以 96.41% 的概率识别健康安全设施、劳保用品的预算和支出处于水平 0；第二类以 69.06% 的概率识别健康安全设施、劳保用品的预算和支出处于水平 0。第一类以 57.55% 的概率识别职业健康安全管理体系处于水平 0；第二类以 63.36% 的概率识别职业健康安全管理体系处于水平 1。第一类以 97.26% 的概率识别研发降低健康安全风险的技术或措施处于水平 0；第二类以 90.48% 的概率识别研发降低健康安全风险的技术或措施处于水平 0。第一类以 86.4% 的概率识别依法参与社会保障情况处于水平 1；第二类以 88.56% 的概率识别依法参与社会保障情况处于水平 1。第一类以 86.4% 的概率识别缴纳社会保障费用处于水平 1；第二类以 87.61% 的概率识别缴纳社会保障费用处于水平 1。第一类以 76.72% 的概率识别符合当地文化习俗的必要福利处于水平 0；第二类以 67.61% 的概率识别符合当地文化习俗的必要福利处于水平 0。第一类以 73.52% 的概率识别对困难员工提供额外帮助处于水平 1；第二类以 60.95% 的概率识别对困难员工提供额外帮助处于水平 1。第一类以

99.89%的概率识别成立工会处于水平 0；第二类以 99.46%的概率识别成立工会处于水平 1。第一类以 99.99%的概率识别工会经费处于水平 0；第二类以 94.29%的概率识别工会经费处于水平 0。第一类以 98.46%的概率识别保障工会在民主管理、重大决策方面的权益处于水平 0；第二类以 99.88%的概率识别保障工会在民主管理、重大决策方面的权益处于水平 1。第一类以 97.58%的概率识别分享工会活动经验处于水平 0；第二类以 57.5%的概率识别分享工会活动经验处于水平 1。第一类以 76.28%的概率识别员工培训发展经费处于水平 0；第二类以 86.17%的概率识别员工培训发展经费处于水平 0。第一类以 94.99%的概率识别员工技能培训、升迁制度处于水平 1；第二类以 99.99%的概率识别员工技能培训、升迁制度处于水平 1。第一类以 67.52%的概率识别职业生涯规划、职业教育处于水平 1；第二类以 66.31%的概率识别职业生涯规划、职业教育处于水平 1（见表 6–10）。

表 6–10　　　　　　　　分指标信息披露质量判别概率表

	第一类	第二类
各类占比	0.5108	0.4892
分类指标		
劳动合同签订情况		
0	0.2693	0.2954
1	0.7307	0.7046
工资支付情况		
0	0.4750	0.3188
1	0.5250	0.6812
薪酬增加制度建设情况		
0	0.5244	0.3816
1	0.4756	0.6184
员工薪酬合理规划倡导情况		
0	0.2278	0.0957
1	0.7722	0.9043
提供健康安全用具、设施		
0	0.4287	0.1576
1	0.5713	0.8424
健康安全设施、劳保用品的预算和支出		
0	0.9541	0.6906
1	0.0459	0.3094

续表

	第一类	第二类
职业健康安全管理体系		
0	0.5755	0.3664
1	0.4245	0.6336
研发降低健康安全风险的技术或措施		
0	0.9726	0.9048
1	0.0274	0.0952
依法参与社会保障情况		
0	0.1460	0.1144
1	0.8540	0.8856
缴纳社会保障费用		
0	0.1460	0.1239
1	0.8540	0.8761
符合当地文化习俗的必要福利		
0	0.7672	0.6761
1	0.2328	0.3239
对困难员工提供额外帮助		
0	0.2648	0.3905
1	0.7352	0.6095
成立工会		
0	0.9989	0.0054
1	0.0011	0.9946
工会经费		
0	0.9999	0.9429
1	0.0001	0.0571
保障工会在民主管理、重大决策方面的权益		
0	0.9846	0.0012
1	0.0154	0.9988
分享工会活动经验		
0	0.9758	0.4250
1	0.0242	0.5750
员工培训发展经费		
0	0.7628	0.8617

续表

	第一类	第二类
1	0.2372	0.1383
员工技能培训，升迁制度		
0	0.0501	0.0001
1	0.9499	0.9999
职业生涯规划，职业教育		
0	0.3248	0.3469
1	0.6752	0.6531

从图6-5可知，企业利益相关者——员工的信息披露质量在某些分指标上区分度较低，比如：劳动合同签订情况，研发降低健康安全风险的技术或措施，依法参与社会保障情况，缴纳社会保障费，职业生涯规划，职业教育；而在某些分指标上区分度较高，比如：健康安全设施及劳保用品的预算和支出，成立工会，保障工会在民主管理和重大决策方面的权益等。总之，该判别方法可以较好地对各企业利益相关者——员工信息披露质量进行合理分类。

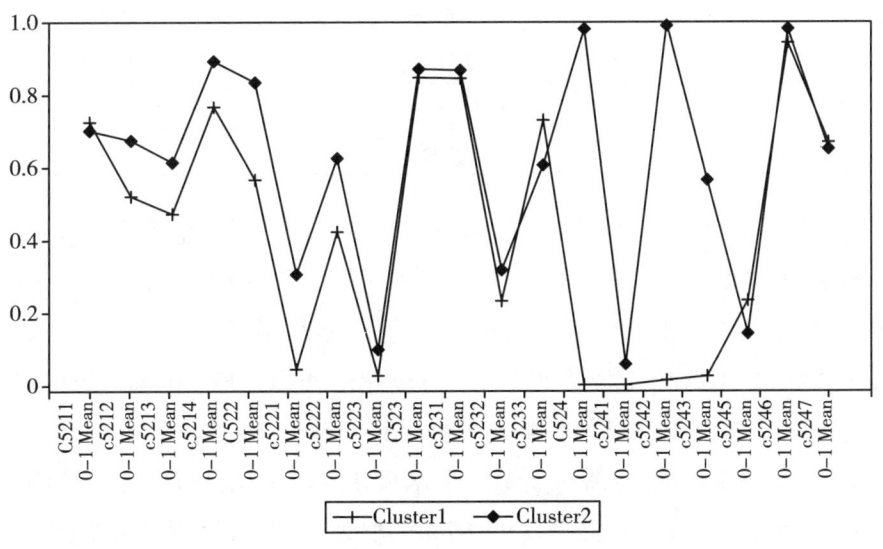

图6-5 分指标分类显示图

（六）客户

模型中外显指标包括产品和服务、产品/服务质量、产品/服务价格、产品/服务质量的制度体系、营销信息、提供产品/服务信息的情况、营销成本情况、信息的渠道情况。本章的研究将确立潜在类别模型对客户信息披露进行综合评价。

该综合评价指标分为三类，表示社会责任信息披露总体的基本评价：第一类表示基本符合要求；第二类表示信息披露比较好；第三类表示信息披露表现非常令人满意。该指标属于第二层次综合评价的范畴。

客户综合指标与产品和服务、产品/服务质量、产品/服务价格、产品/服务质量的制度体系、营销信息、提供产品/服务信息的情况、营销成本情况、信息的渠道情况各指标的相关性分别为 0.8970、0.7025、0.8172、0.6063、0.6956、0.7000、0.9605、0.8751；对各项显性指标的解释程度分别为 0.7576、0.6105、0.6679、0.3676、0.4839、0.6003、0.9226、0.7657。该估计结果表明综合得分很好地反映了各项指标的信息，并且具有较好的区分度（见表 6-11）。

表 6-11　　　　　　　　　　潜变量载荷表

载荷	相关性	解释程度
产品和服务	0.8970	0.7576
产品/服务质量	0.7025	0.6105
产品/服务价格	0.8172	0.6679
产品/服务质量的制度体系	0.6063	0.3676
营销信息	0.6956	0.4839
提供产品/服务信息的情况	0.7000	0.6003
营销成本情况	0.9605	0.9226
信息的渠道情况	0.8751	0.7657

该估计结果表明分别有 0.5737、0.3073、0.1190 的企业客户信息披露质量分属于第一类、第二类、第三类。其中，第一类以 99.99% 的概率识别产品和服务处于水平 1；第二类以 99.99% 的概率识别产品和服务处于水平 1；第三类以 82.43% 的概率识别产品和服务处于水平 1。第一类以 100% 的概率识别产品/服务质量处于水平 0；第二类以 98.49% 的概率识别产品/服务质量处于水平 0；第三类以 100% 的概率识别产品/服务质量处于水平 0。第一类以 97.59% 的概率识别产品/服务价格处于水平 1；第二类以 99.97% 的概率识别产品/服务价格处于水平 1；第三类以 80.33% 的概率识别产品/服务价格处于水平 0。第一类以 54.58% 的概率识别产品/服务质量的制度体系处于水平 1；第二类以 98.39% 的概率识别产品/服务质量的制度体系处于水平 1；第三类以 98.08% 的概率识别产品/服务质量的制度体系处于水平 0。第一类以 77.16% 的概率识别营销信息处于水平 0；第二类以 99.86% 的概率识别营销信息处于水平 1；第三类以 64.45% 的概率识别营销信息处

于水平 0。第一类以 100% 的概率识别提供产品/服务信息的情况处于水平 0；第二类以 100% 的概率识别提供产品/服务信息的情况处于水平 0；第三类以 100% 的概率识别提供产品/服务信息的情况处于水平 0。第一类以 99.96% 的概率识别营销成本情况处于水平 0；第二类以 94.67% 的概率识别营销成本情况处于水平 1；第三类以 99.81% 的概率识别营销成本情况处于水平 0。第一类以 96.15% 的概率识别信息的渠道情况处于水平 0；第二类以 92.47% 的概率识别信息的渠道情况处于水平 1；第三类以 97.72% 的概率识别信息的渠道情况处于水平 0（见表 6 – 12）。

表 6 – 12　　　　　　　　分指标信息披露质量判别概率表

	第一类	第二类	第三类
各类占比	0.5737	0.3073	0.1190
分类指标			
产品和服务			
0	0.0001	0.0001	0.1757
1	0.9999	0.9999	0.8243
产品/服务质量			
0	1.0000	0.9849	1.0000
1	0.0000	0.0151	0.0000
产品/服务价格			
0	0.0241	0.0003	0.8033
1	0.9759	0.9997	0.1967
产品/服务质量的制度体系			
0	0.4542	0.0161	0.9808
1	0.5458	0.9839	0.0192
营销信息			
0	0.7716	0.0014	0.6445
1	0.2284	0.9986	0.3555
提供产品/服务信息的情况			
0	1.0000	1.0000	1.0000
1	0.0000	0.0000	0.0000
营销成本情况			
0	0.9996	0.0533	0.9981
1	0.0004	0.9467	0.0019
信息的渠道情况			
0	0.9515	0.0753	0.9772
1	0.0485	0.9247	0.0228

从图 6-6 可知，客户信息披露质量的第一类与第二类相比较，在某些分指标上区分度较低，如产品/服务质量、产品/服务价格、产品/服务质量的制度体系、向客户提供产品/服务营销成本情况；而在某些分指标上区分度较高，如提供产品/服务信息的情况、向客户提供产品/服务信息的渠道情况、引导客户责任消费等。客户信息披露质量的第二类与第三类相比，在产品/服务价格、向客户提供产品/服务营销成本情况这两个分指标上区分度较低；在研发可持续、产品/服务、向客户提供产品/服务信息的渠道情况、引导客户责任消费等分指标上的区分度较高。总之，该判别方法可以较好地对各企业客户信息披露质量进行合理分类。

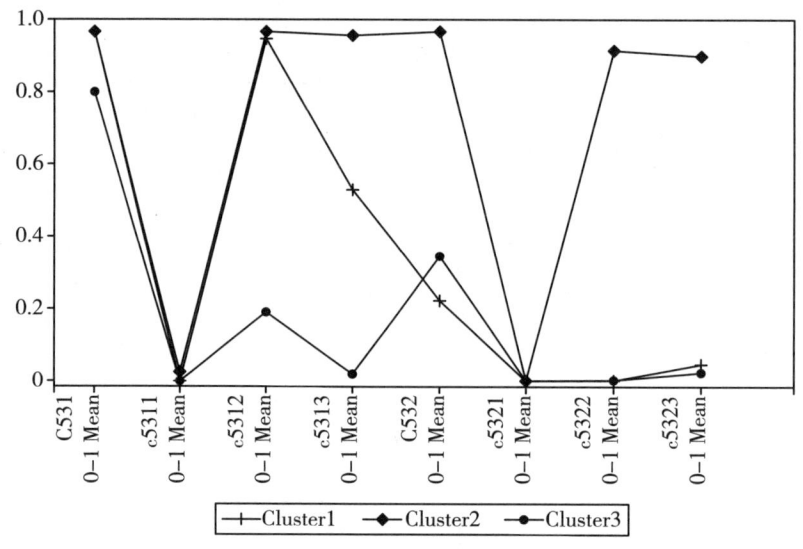

图 6-6　分指标分类显示图

（七）环境

模型中外显指标包括环境管理、实施环境影响评价、实施环境成本核算、建立环境管理体系、环境保护意识和能力建设、环境保护意识培训、设立环保培训经费、建立环保培训制度、降污减排、减少垃圾和废弃物的排放、有控制废弃物排放的资金、清污减排制度、资源节约与利用、资源使用和能耗符合国家规定、有支持资源节约与利用的专项资金、资源废弃物品综合再利用制度及措施、生态系统保护、依法保护珍稀动植物物种、生态保护资金、生态系统保护制度。本章的研究将确立潜在类别模型对环境信息披露进行综合评价。

该综合评价标准分为两类，表示社会责任信息披露总体的基本评价：第一类表示基本符合要求；第二类表示信息披露比较好。该指标属于第二层次综合评价的范畴。

环境综合指标与环境管理、实施环境影响评价、实施环境成本核算、建立环境管理体系、环境保护意识和能力建设、环境保护意识培训、设立环保培训经费、建立环保培训制度、降污减排、减少垃圾和废弃物的排放、有控制废弃物排放的资金、清污减排制度、资源节约与利用、资源使用和能耗符合国家规定、有支持资源节约与利用的专项资金、资源废弃物品综合再利用制度及措施、生态系统保护、依法保护珍稀动植物物种、生态保护资金、生态系统保护制度各指标的相关性分别为 0.8233、0.8668、0.5098、0.8419、0.5111、0.6800、0.5935、0.6318、0.7000、0.6513、0.7385、0.7898、0.7000、0.5971、0.5232、0.6598、0.6762、0.4158、0.7416、0.6776；对各项显性指标的解释程度分别为 0.6778、0.7514、0.2599、0.7088、0.2612、0.4624、0.3523、0.3991、0.6000、0.4242、0.6192、0.6081、0.6000、0.3566、0.4045、0.4353、0.15416、0.1729、0.6167、0.4592。该估计结果表明综合得分很好地反映了各项指标的信息，并且具有较好的区分度（见表6–13）。

表6–13　　　　　　　　　　潜变量载荷表

载荷	相关性	解释程度
环境管理	0.8233	0.6778
实施环境影响评价	0.8668	0.7514
实施环境成本核算	0.5098	0.2599
建立环境管理体系	0.8419	0.7088
环境保护意识和能力建设	0.5111	0.2612
环境保护意识培训	0.6800	0.4624
设立环保培训经费	0.5935	0.3523
建立环保培训制度	0.6318	0.3991
降污减排	0.7000	0.6000
减少垃圾和废弃物的排放	0.6513	0.4242
有控制废弃物排放的资金	0.7385	0.6192
清污减排制度	0.7898	0.6081
资源节约与利用	0.7000	0.60000
资源使用和能耗符合国家规定	0.5971	0.3566
有支持资源节约与利用的专项资金	0.5232	0.4045

续表

载荷	相关性	解释程度
资源、废弃物品综合再利用制度及措施	0.6598	0.4353
生态系统保护	0.6762	0.15416
依法保护珍稀动植物物种	0.4158	0.1729
生态保护资金	0.7416	0.6167
生态系统保护制度	0.6776	0.4592

该估计结果表明分别有 0.6361、0.3639 的企业环境信息披露质量分属于第一类、第二类。其中，第一类以 87.08% 的概率识别环境管理处于水平 0；第二类以 97.83% 的概率识别环境管理处于水平 1。第一类以 96.30% 的概率识别实施环境影响评价处于水平 0；第二类以 89.61% 的概率识别实施环境影响评价处于水平 1。第一类以 52.30% 的概率识别实施环境成本核算处于水平 0；第二类以 97.90% 的概率识别实施环境成本核算处于水平 1。第一类以 88.20% 的概率识别建立环境管理体系处于水平 0；第二类以 98.51% 的概率识别建立环境管理体系处于水平 1。第一类以 84.49% 的概率识别环境保护意识和能力建设处于水平 0；第二类以 66.76% 的概率识别环境保护意识和能力建设处于水平 1。第一类以 99.96% 的概率识别环境保护意识培训处于水平 0；第二类以 57.58% 的概率识别环境保护意识培训处于水平 1。第一类以 94.48% 的概率识别设立环保培训经费处于水平 0；第二类以 58.89% 的概率识别设立环保培训经费处于水平 1。第一类以 89.00% 的概率识别建立环保培训制度处于水平 0；第二类以 73.01% 的概率识别建立环保培训制度处于水平 1。第一类以 100% 的概率识别降污减排处于水平 1；第二类以 100% 的概率识别降污减排处于水平 1。第一类以 86.53% 的概率识别减少垃圾和废弃物的排放处于水平 0；第二类以 78.94% 的概率识别减少垃圾和废弃物的排放处于水平 1。第一类以 94.88% 的概率识别有控制废弃物排放的资金处于水平 1；第二类以 99.99% 的概率识别有控制废弃物排放的资金处于水平 1。第一类以 97.80% 的概率识别清污减排制度处于水平 0；第二类以 100% 的概率识别清污减排制度处于水平 0。第一类以 100% 的概率识别资源节约与利用处于水平 1；第二类以 100% 的概率识别资源节约与利用处于水平 1。第一类以 81.40% 的概率识别资源使用和能耗符合国家规定处于水平 0；第二类以 79.59% 的概率识别资源使用和能耗符合国家规定处于水平 1。第一类以 63.95% 的概率识别有支持资源节约与利用的专项资金处于水平 1；第二类以 93.20% 的概率识别有支持资源

节约与利用的专项资金处于水平 1。第一类以 82.67% 的概率识别资源、废弃物品综合再利用制度及措施处于水平 0；第二类以 86.00% 的概率识别资源、废弃物品综合再利用制度及措施处于水平 1。第一类以 96.21% 的概率识别生态系统保护处于水平 0；第二类以 69.47% 的概率识别生态系统保护处于水平 0。第一类以 98.14% 的概率识别依法保护珍稀动植物物种处于水平 0；第二类以 69.94% 的概率识别依法保护珍稀动植物物种处于水平 0。第一类以 88.78% 的概率识别生态保护资金处于水平 0；第二类以 59.41% 的概率识别生态保护资金处于水平 0。第一类以 87.49% 的概率识别生态系统保护制度处于水平 0；第二类以 80.62% 的概率识别生态系统保护制度处于水平 1（见表 6-14）。

表 6-14　　　　　　　　　分指标信息披露质量判别概率表

	第一类	第二类
各类占比	0.6361	0.3639
分类指标		
环境管理		
0	0.8708	0.0217
1	0.1292	0.9783
实施环境影响评价		
0	0.9630	0.1039
1	0.0370	0.8961
实施环境成本核算		
0	0.5230	0.0210
1	0.4770	0.9790
建立环境管理体系		
0	0.8820	0.0149
1	0.1180	0.9851
环境保护意识和能力建设		
0	0.8449	0.3424
1	0.1551	0.6576
环境保护意识培训		
0	0.9996	0.4242
1	0.0004	0.5758
设立环保培训经费		
0	0.9448	0.4111
1	0.0552	0.5889

续表

	第一类	第二类
建立环保培训制度		
0	0.8900	0.2699
1	0.1100	0.7301
降污减排		
0	0.0000	0.0000
1	1.0000	1.0000
减少垃圾和废弃物的排放		
0	0.8653	0.2106
1	0.1347	0.7894
有控制废弃物排放的资金		
0	0.0512	0.0001
1	0.9488	0.9999
清污减排制度		
0	0.9780	1.0000
1	0.0220	0.0000
资源节约与利用		
0	0.0000	0.0000
1	1.0000	1.0000
资源使用和能耗符合国家规定		
0	0.8140	0.2041
1	0.1860	0.7959
有支持资源节约与利用的专项资金		
0	0.3605	0.0680
1	0.6395	0.9320
资源、废弃物品综合再利用制度及措施		
0	0.8267	0.1500
1	0.1733	0.8500
生态系统保护		
0	0.9621	0.6947
1	0.0379	0.3053

续表

	第一类	第二类
依法保护珍稀动植物物种		
0	0.9814	0.6994
1	0.0186	0.3006
生态保护资金		
0	0.8878	0.5941
1	0.1122	0.4059
生态系统保护制度		
0	0.8749	0.1938
1	0.1251	0.8062

从图6-7可知，环境信息披露质量在某些分指标上区分度较低，如减少垃圾和废弃物的排放、清污减排制度、追求生产和运营的零排放、资源使用和能耗符合国家规定；而在某些分指标上区分度较高，如实施环境影响评价、实施环境成本核算、为行业提高管理水平贡献经验等。总之，该判别方法可以较好地对各企业环境信息披露质量进行合理分类。

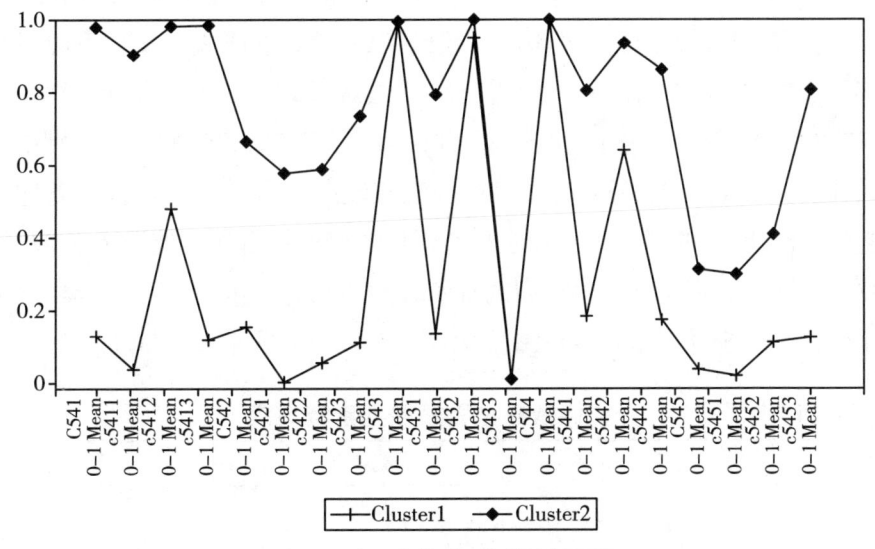

图6-7　分指标分类显示图

（八）政府

模型中外显指标包括遵守法律法规及政策情况、纳税情况、响应政府倡导的产业投资活动、响应政府号召的慈善公益活动。本章的研究将确立潜在类别模型对信息披露的政府进行综合评价。

该综合评价标准分为两类，表示社会责任信息披露总体的基本评价：第一类表示基本符合要求；第二类表示信息披露比较好。该指标属于第二层次综合评价的范畴。

政府综合指标与遵守法律法规及政策情况、纳税情况、响应政府倡导的产业投资活动、响应政府号召的慈善公益活动各指标的相关性分别为 0.0898、0.2452、0.8255、0.1880；对各项显性指标的解释程度分别为 0.0081、0.0601、0.6815、0.0353。该估计结果表明综合得分很好地反映了各项指标的信息，并且具有较好的区分度（见表 6-15）。

表 6-15　　　　　　　　　　潜变量载荷表

载荷	相关性	解释程度
遵守法律法规及政策情况	0.0898	0.0081
纳税情况	0.2452	0.0601
响应政府倡导的产业投资活动	0.8255	0.6815
响应政府号召的慈善公益活动	0.1880	0.0353

该估计结果表明分别有 0.8885、0.1115 的企业政府信息披露质量分属于第一类、第二类。其中，第一类以 96.01% 的概率识别遵守法律法规及政策情况处于水平 1；第二类以 89.99% 的概率识别遵守法律法规及政策情况处于水平 1。第一类以 66.77% 的概率识别纳税情况处于水平 1；第二类以 72.13% 的概率识别纳税情况处于水平 0。第一类以 98.33% 的概率识别响应政府倡导的产业投资活动处于水平 1；第二类以 82.81% 的概率识别响应政府倡导的产业投资活动处于水平 0。第一类以 88.97% 的概率识别响应政府号召的慈善公益活动处于水平 1；第二类以 68.71% 的概率识别响应政府号召的慈善公益活动处于水平 1（见表 6-16）。

表 6-16　　　　　　　　分指标信息披露质量判别概率表

	第一类	第二类
各类占比	0.8885	0.1115
分类指标		
遵守法律法规及政策情况		
0	0.0399	0.1001
1	0.9601	0.8999

续表

	第一类	第二类
纳税情况		
0	0.3423	0.7213
1	0.6577	0.2787
响应政府倡导的产业投资活动		
0	0.0167	0.8281
1	0.9833	0.1719
响应政府号召的慈善公益活动		
0	0.1103	0.3129
1	0.8897	0.6871

从图6-8可知，政府信息披露质量在以上4个分指标上的区分度都比较高，尤其是纳税情况、响应政府提倡的产业投资活动。可见，该判别方法可以较好地对各企业环境信息披露质量进行合理分类。

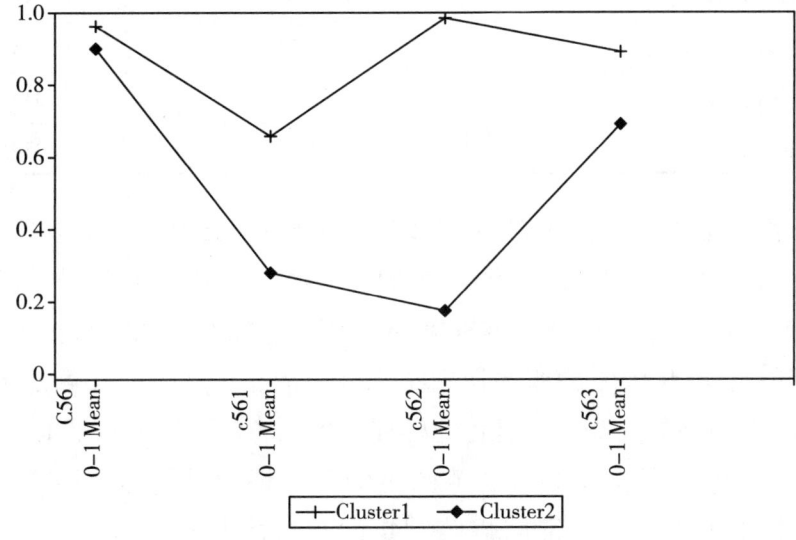

图6-8 分指标分类显示图

（九）社会组织

模型中外显指标包括行业标准与规范的遵守情况、实施行业标准与规范的预算、行业标准与规范制定的参与情况、促进行业发展的活动情况、回应民间组织的诉求、与民间组织合作。本章的研究将确立潜在类别模型对信息披露的社会组织进行综合评价。

该综合评价标准分为两类，表示社会责任信息披露总体的基本评价：第一类表示基本符合要求；第二类表示信息披露比较好。该指标属于第二层次综合评价的范畴。

社会组织综合指标与行业标准与规范的遵守情况、实施行业标准与规范的预算、行业标准与规范制定的参与情况、促进行业发展的活动情况、回应民间组织的诉求、与民间组织合作各指标的相关性分别为0.9384、0.9711、0.9960、0.4862、0.1870、0.1819；对各项显性指标的解释程度分别为0.8805、0.9431、0.9919、0.2364、0.0350、0.0331。该估计结果表明综合得分很好地反映了各项指标的信息，并且具有很好的区分度（见表6–17）。

表6–17　　　　　　　　　　潜变量载荷表

载荷	相关性	解释程度
行业标准与规范的遵守情况	0.9384	0.8805
实施行业标准与规范的预算	0.9711	0.9431
行业标准与规范制定的参与情况	0.9960	0.9919
促进行业发展的活动情况	0.4862	0.2364
回应民间组织的诉求	0.1870	0.0350
与民间组织合作	0.1819	0.0331

该估计结果表明分别有0.7496、0.2504的企业社会组织信息披露质量分属于第一类、第二类。其中，第一类以97.21%的概率识别行业标准与规范的遵守情况处于水平0；第二类以98.73%的概率识别行业标准与规范的遵守情况处于水平1。第一类以99.96%的概率识别实施行业标准与规范的预算处于水平0；第二类以96.79%的概率识别实施行业标准与规范的预算处于水平1。第一类以99.96%的概率识别行业标准与规范制定的参与情况处于水平0；第二类以99.51%的概率识别行业标准与规范制定的参与情况处于水平1。第一类以91.02%的概率识别促进行业发展的活动情况处于水平0；第二类以54.11%的概率识别促进行业发展的活动情况处于水平1。第一类以87.27%的概率识别回应民间组织的诉求处于水平1；第二类以99.96%的概率识别回应民间组织的诉求处于水平1。第一类以87.89%的概率识别与民间组织合作处于水平1；第二类以99.96%的概率识别与民间组织合作处于水平1（见表6–18）。

表6-18　　　　　　　　分指标信息披露质量判别概率表

	第一类	第二类
各类占比	0.7496	0.2504
分类指标		
行业标准与规范的遵守情况		
0	0.9721	0.0127
1	0.0279	0.9873
实施行业标准与规范的预算		
0	0.9996	0.0421
1	0.0004	0.9579
行业标准与规范制定的参与情况		
0	0.9996	0.0049
1	0.0004	0.9951
促进行业发展的活动情况		
0	0.9102	0.4589
1	0.0898	0.5411
回应民间组织的诉求		
0	0.1273	0.0004
1	0.8727	0.9996
与民间组织合作		
0	0.1211	0.0004
1	0.8789	0.9996

从图6-9可知，社会组织信息披露质量在以上各项指标上的区分度都比较高，尤其是在行业标准与规范的遵守情况、实施行业标准与规范的预算、行业标准与规范制定的参与情况这几个指标上。可见，该判别方法可以较好地对各企业环境信息披露质量进行合理分类。

结论：

（1）实证分析发现，整体而言，通过概率信息披露判别模型，以分类潜在变量的方式对信息披露水平进行综合评价以及对两个层面信息披露进行评价，相对于传统方法可以更好地满足变异性、客观性、科学性原则。

（2）第一层面中信息披露的规范性与丰富性指标被分为三类，区分度较高，尤其体现在报告参数信息披露的规范程度、报告参数内容的丰富性这两个指标

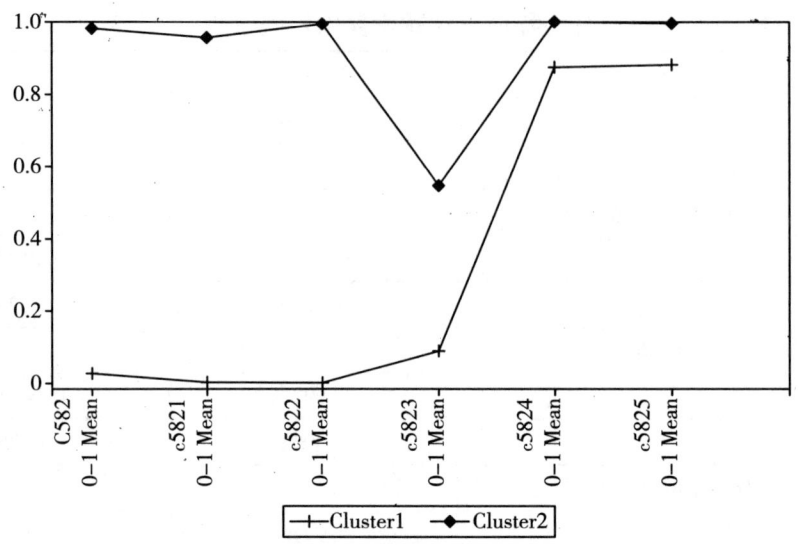

图 6-9 分指标分类显示图

上；信息披露的规划与设置完整性价标准分为两类，信息披露的规划与设置完整性在较少分指标上区分度较低；信息披露的可信性、可读性和可比性指标分为两类，信息披露满足基本原则程度在较多分指标上区分度较低；信息披露的核心内容完备性指标分为三类，核心内容完备性的第一类和第二、三类相比，区分度较高。而第二类和第三类相比，指标的区分度较低。第二层面包括利益相关方、环境信息披露、政府信息披露以及社会组织信息披露评价分为两类标准，大部分指标拥有较好的区分度。信息披露评价标准基本都是分为两类或三类，这一方面是由于数据的属性特征，另一方面也是方法的原因造成了评价过粗的问题，但这是该方法显得客观公正的原因。评价标准相当部分区分度比较高，而且不同类之间区分度也是如此。

（3）分层次、多指标的评价方法，更细致地展现了企业对于不同指标的披露表现程度，而这与分类潜变量模型相结合更好地展示了企业对于不同指标的重视程度，这相较于以往的研究是一种进步，同时，也让研究者知道综合指标往往会忽略重要的信息。

参考文献

一、中文部分

[1] F. A. 哈耶克：《致命的自负》，冯克利，胡晋华，译，北京：中国社会科学出版社，2000年版。

[2] 白世秀、章金霞：《社会责任会计目标的探讨》，《商业研究》，2007年第10期。

[3] 曹玉珊：《企业可持续增长财务问题研究的经济学基础——启示与假设》，《管理学动态》，2009年第2期。

[4] 陈辉：《中国农业企业社会责任信息披露研究——基于国内外农业企业的对标》，《宏观经济研究》，2010年第10期。

[5] 陈辉：《中外钢铁联合企业社会责任信息披露案例比较研究》，《工业技术经济》，2012年第1期。

[6] 陈今池：《现代会计理论》，上海：立信会计出版社，1998年版。

[7] 陈留彬：《中国企业社会责任理论与实证研究》，山东大学2006年博士学位论文。

[8] 陈英、孙玉萍、王晓光等：《企业社会责任理论与实践》，北京：经济管理出版社，2009年4月版。

[9] 陈玉清、马丽丽：《我国上市公司社会责任会计信息市场反应实证分析》，《会计研究》，2005年第11期。

[10] 迟德强：《海外企业社会责任信息披露制度及借鉴》，《证券市场导报》，2008年第8期。

[11] 崔浩敏、曹利军：《企业社会责任与企业可持续发展》，《科技情报开发与经济》，2006年第14期。

[12] 崔玉秀：《企业社会责任审计评价初探》，《中小企业管理与科技》，2008年第1期。

[13] 邓凤姣：《国有企业社会责任信息披露完备性影响因素分析》，《武汉

金融》，2012 年第 10 期。

[14] 邓启稳：《我国上市公司社会责任信息披露研究》，中南财经政法大学 2009 年博士学位论文。

[15] 邓启稳：《企业社会责任会计目标及实现研究》，《中国海洋大学学报（社会科学版）》，2010 年第 6 期。

[16] 邓启稳：《西方社会责任信息披露特点、规制和实践研究——基于法国、美国、英国的经验》，《生态经济》，2010 年第 11 期。

[17] 邓启稳：《经济转型背景下的企业绿色审计探讨》，《未来与发展》，2011 年第 3 期。

[18] 樊刚、王小鲁：《中国市场化指数（2010）》，北京：经济科学出版社，2010 年版。

[19] 樊行健、郭晓燚：《企业可持续增长模型的重构研究与启示》，《会计研究》，2007 年第 5 期。

[20] 方拥军：《基于可持续发展的财务问题研究》，中南财经政法大学 2009 年博士学位论文。

[21] 龚明晓：《企业社会责任信息决策价值研究——基于会计年报信息的分析》，暨南大学 2007 年博士学位论文。

[22] 郭红玲：《基于消费者需求的企业社会责任供给与财务绩效的关联性研究》，西南交通大学 2006 年博士学位论文。

[23] 郭泽光、郭冰：《企业增长财务问题探讨》，《会计研究》，2002 年第 7 期。

[24] 韩利琳、张力：《环境信息披露制度研究》，《安全与环境工程》，2006 年第 3 期。

[25] 胡大力：《企业竞争力论》，北京：企业管理出版社，2001 年版。

[26] 胡孝权：《企业可持续发展与企业社会责任》，《重庆邮电学院学报（社会科学版）》，2004 年第 2 期。

[27] 黄晓波：《泛资本会计理论研究》，中南财经政法大学 2007 年博士学位论文。

[28] 蒋学洪、王亚妮：《我国上市公司社会捐赠影响因素之实证研究》，《新会计》，2010 年第 12 期。

[29] 姜启军、顾庆良：《企业社会责任和企业战略选择》，上海：上海人民

出版社，2008 年版。

［30］雷吉娜·巴特，弗兰齐斯卡·沃尔夫：《企业社会责任在欧洲：现实与梦想》．许家林主译，武汉：华中科技大学出版社，2011 年版。

［31］李凯：《欧洲政府企业社会责任公共政策》，北京：知识产权出版社，2009 年 11 月版。

［32］李立清、李燕凌：《企业社会责任研究》，北京：人民出版社，2005 年 8 月版。

［33］李锐、卫平英：《国有企业社会责任信息披露行为与监督评价机制探析》，《财政研究》，2009 年第 10 期。

［34］李锐、赵妍：《国有企业社会责任信息披露的有效性研究》，《统计与决策》，2013 年第 8 期。

［35］李心合：《嵌入社会责任与扩展公司财务理论》，《会计研究》，2009 年第 1 期。

［36］李雄平、沈梅：《网络条件下会计信息披露模式探析》，《财会月刊（综合）》，2007 年第 3 期。

［37］李亚群、蒋昕：《企业社会责任及其信息披露》，《林业财务与会计》，1998 年第 10 期。

［38］李勇：《中国证券市场"内部人"交易的信息披露模式研究》，厦门大学 2003 年博士学位论文。

［39］黎友焕等：《企业社会责任实证研究》，广州：华南理工大学出版社，2010 年版。

［40］李占举、杨先举：《现代企业管理学》，北京：中国人民大学出版社，1991 年版。

［41］李正：《构建我国企业社会责任信息披露体系研究》，《经济经纬》，2006 年第 6 期。

［42］李正：《企业社会责任信息披露影响因素实证研究》，《特区经济》，2006 年第 8 期。

［43］李正：《企业社会责任信息披露》，厦门大学 2007 年博士学位论文。

［44］李正、向锐：《中国企业社会责任信息披露的内容界定、计量方法和现状研究》，《会计研究》，2007 年第 7 期。

［45］李正：《企业社会责任信息披露的国际经验与借鉴——以德国、法国为

例》,《中国会计学会高等工科院校分会 2007 年学术年会暨第十四届年会论文集》。

[46] 李正:《法、美、日三国社会责任披露的经验与借鉴》,《财务与会计(综合)》,2008 年第 2 期。

[47] 刘长翠、孔晓婷:《社会责任会计信息披露的实证研究——来自沪市 2002 年—2004 年度的经验数据》,《会计研究》,2006 年第 10 期。

[48] 刘建红、杨亚娥:《西方国家社会责任会计信息披露及其对我国的启示》,《西安财经学院学报》,2004 年第 1 期。

[49] 刘立燕:《企业社会责任会计:内涵、目标与计量》,《财会通讯·学术版》,2006 年第 7 期。

[50] 刘舵:《社会责任下公众公司治理结构与信息披露的互动调适》,《河南商业高等专科学校学报》,2003 年第 1 期。

[51] 刘藏岩:《刍议企业社会责任与竞争力》,《商业时代·理论》,2005 年第 23 期。

[52] 刘祖云、毛小平:《中国城市住房分层:基于 2010 年广州市千户问卷调查》,《中国社会科学》,2012 年第 2 期。

[53] 鲁慧慧:《浅谈社会责任会计计量问题》,《北方经贸》,2004 年第 4 期。

[54] 罗伯特·C. 希金斯:《财务管理分析(第 5 版)》,沈艺峰等译,北京:北京大学出版社,1998 年版。

[55] 罗金明、管洲:《企业社会责任披露的探讨》,《经济师》,2003 年第 7 期。

[56] 罗金明:《企业社会责任信息披露制度研究》,《经济纵横》,2007 年第 6 期。

[57] 马连福、赵颖:《上市公司社会责任信息披露影响因素研究》,《证券市场导报》,2007 年第 3 期。

[58] 梅山、郑春美:《"进入会计"——用户导向型的会计信息披露模式》,《财会通讯(学术)》,2004 年第 3 期。

[59] 孟晓俊、肖作平、曲佳莉:《企业社会责任信息披露与资本成本的互动关系——基于信息不对称视角的一个分析框架》,《会计研究》,2010 年第 9 期。

[60] 孟振平:《新的"回归":大型国企的社会责任》,《中国电力企业管

理》，2006 年第 12 期。

［61］缪朝炜、伍晓奕：《基于企业社会责任的绿色供应链管理》，《经济管理》，2009 年第 2 期。

［62］牟涛、袁蕴：《利益相关者导向的企业社会责任信息披露构想——中石化社会责任报告的启示》，《财会通讯（综合）》，2008 年第 7 期。

［63］上海证券交易所：《上海证券交易所上市公司环境信息披露指引》，2008 年。

［64］沈洪涛、杨熠、吴奕彬：《公司治理、合规性与社会责任信息披露》，《中国会计学会 2008 年学术年会论文集》。

［65］沈洪涛、金婷婷：《我国上市公司社会责任信息披露的现状分析》，《审计与经济研究》，2006 年第 3 期。

［66］沈洪涛、沈艺峰：《公司社会责任思想起源与演变》，上海：上海人民出版社，2007 年版。

［67］沈洪涛、杨熠：《公司社会责任信息披露的价值相关性研究》，《当代财经》，2008 年第 3 期。

［68］沈洪涛：《公司社会责任与公司财务业绩关系分析——基于相关利益者理论的分析》，厦门大学 2005 年博士学位论文。

［69］沈洪涛：《公司特征与公司社会责任信息披露——来自我国上市公司的经营证据》，《会计研究》，2007 年第 2 期。

［70］沈洪涛：《公司社会责任和环境会计的目标与理论基础——国外研究综述》，《会计研究》，2010 年第 3 期。

［71］申玲：《企业社会责任信息披露：基于英国 OFR 的研究》，《会计之友》，2010 年第 8 期（上）。

［72］深圳市劳动保障局、深圳市委政研室：《深圳应推进企业履行社会责任——全球企业社会责任运动对深圳影响与对策》，《经济前沿》，2006 年 Z1 期。

［73］深圳证券交易所：《深圳证券交易所上市公司社会责任指引》，2006 年。

［74］时卫干：《上市公司业绩增长可持续吗?》，《第一财经日报》，2007 年 7 月 26 日第 A07 版。

［75］宋献中、龚明晓：《社会责任信息的质量与决策价值评价——上市公司会计年报的内容分析》，《会计研究》，2007 年第 2 期。

［76］宋献中、李皎予：《企业社会责任会计》，北京：中国财政经济出版

社，1992年版。

［77］宋献中：《论社会责任会计的目标》，《财会通讯》，1997年第7期。

［78］汤谷良、游尤：《可持续增长模型的比较分析与案例验证》，《会计研究》，2005年第8期。

［79］田虹：《企业社会责任及其推进机制》，北京：经济管理出版社，2006年版。

［80］田虹：《企业社会责任与核心竞争力》，《商业研究》，2006年第19期。

［81］田园、裘丽娅：《社会责任会计对传统会计创新发展》，《合作经济与科技》，2007年8月号（上）。

［82］田钊平：《国有企业的社会责任成本分析》，《兰州学刊》，2004年第2期。

［83］田志伟、葛遵峰：《企业社会责任的竞争优势观》，《贵州社会科学》，2007年11期。

［84］王凌飞、陈亚楠：《德国企业社会责任信息披露制度及对我国的启示》，《中国集体经济》，2009年第10期。

［85］王氩：《增值表——第四张会计报表》，《广西会计》，2003年第3期。

［86］王幼军：《新型市场条件下的企业管理公司治理视角》，成都：西南财经大学出版社，2006年版。

［87］王玉春、花贵如：《从财务视角审视上市公司可持续增长——来自信息技术上市公司的实证研究》，《会计研究》，2007年第2期。

［88］王则斌：《社会责任会计与企业可持续发展》，《经济管理》，2006年第23期。

［89］温素彬、方苑、王洁：《企业社会责任与财务绩效关系的实证研究——利益相关者视角》，中国2008年会计学术年会论文。

［90］中国企业家调查系统：《企业家对企业社会责任的认识与评价》，《管理世界》，2006年第6期。

［91］邬娟：《社会责任会计信息披露问题研究》，东北财经大学2006年硕士学位论文。

［92］吴磊：《社会责任会计及其披露相关问题的研究》，东北财经大学2004年硕士学位论文。

［93］吴清：《社会责任信息披露的理论分析》，《中国乡镇企业会计》，

2008 年第 7 期。

［94］吴树畅：《论企业社会责任：一种可持续增长的价值观》，《南京财经大学学报》，2008 年第 1 期。

［95］肖桂波：《试论互动式会计信息披露模式》，《财会研究》，2006 年第 1 期。

［96］肖舒楠：《逾 8 成受调查者认为我国企业应加强社会责任》，2008 年 12 月 4 日，news.sina.com.cn/c/。

［97］谢良安：《社会责任会计理论研究：回顾、综述与思考》，《财会通讯（学术）》，2007 年第 7 期。

［98］邢海玲：《增值表——对外财务报告体系新成员》，《财务与会计》，1996 年第 2 期。

［99］邢冀源：《企业社会责任与交易费用理论浅谈》，《当代经理人》，2006 年第 21 期。

［100］邢俊：《社会责任会计理论结构探讨》，《合作经济与科技》，2007 年 8 月号（下）。

［101］徐波：《企业社会责任信息披露的设想》，《企业改革与管理》，2008 年第 7 期。

［102］许家林、刘海英：《我国央企社会责任信息披露现状研究——基于 2006—2010 年间 100 份社会责任报告的分析》，《中南财经政法大学学报》，2010 年第 6 期。

［103］徐莉萍、辛宇、祝继高：《媒体关注与上市公司社会责任之履行——基于汶川地震捐赠的实证研究》，《管理世界》，2011 年第 3 期。

［104］梁能：《公司治理结构：中国的实践与美国的经验》，北京：中国人民大学出版社，2000 年版。

［105］杨海燕：《英国企业社会责任信息披露机制启示及借鉴》，《财会通讯》，2010 年第 3 期（下）。

［106］杨海燕、许家林：《企业社会责任报告第三方审验主要标准述评》，《证券市场导报》，2009 年第 12 期。

［107］杨汉明：《股权结构与公司综合业绩的实证研究》，《中南财经政法大学学报》，2006 年第 2 期。

［108］杨汉明：《国企分红、可持续增长与公司业绩》，《财贸经济》，2009

年第 6 期。

[109] 杨汉明、邓启稳：《国有企业社会责任与业绩研究——基于可持续增长视角》，《中南财经政法大学学报》，2011 年第 1 期。

[110] 阳秋林、陈秀梅：《我国实施社会责任会计的难点分析和对策》，《南华大学学报（社会科学版）》，2004 年第 2 期。

[111] 阳秋林：《我国社会责任会计信息披露模式的架构》，《当代财经》，2005 年第 6 期。

[112] 杨熠、沈洪涛：《我国企业对社会责任信息披露的认识和实践》，《审计与经济研究》，2008 年第 4 期。

[113] 杨忠英、邹双梅：《关于我国企业社会责任会计信息披露的思考》，《齐鲁论坛》，2006 年第 1 期。

[114] 姚正海、孙自愿：《社会责任会计基本理论初探》，《内蒙古煤炭经济》，2003 年第 5 期。

[115] 油晓峰、王志芳：《财务可持续增长模型及其应用》，《会计研究》，2003 年第 6 期。

[116] 袁蕴、牟涛：《企业社会责任信息披露研究综述》，《财会月刊（理论）》，2007 年 9 期。

[117] 岳彦芳、袁晋芳：《循环经济下社会责任成本信息揭示》，《中央财经大学学报》，2005 年第 8 期。

[118] 詹姆斯·C. 范霍恩：《财务管理与政策（第十一版）》，刘志远主译，大连：东北财经大学出版社，2000 年版。

[119] 张楚堂、杨志强：《新会计准则与社会责任会计创新》，2008 年中国会计学会年会参会交流论文。

[120] 张川、林玲、甘甜：《企业社会责任信息披露质量评价》，《财会月刊》，2011 年第 5 期。

[121] 张春敏、刘文纪：《从国有企业的性质看国有企业的社会责任》，《前沿》，2007 年第 12 期。

[122] 张明：《入世后我国企业社会责任研究——基于和谐的观点》，复旦大学 2007 年博士学位论文。

[123] 张宁：《基于利益相关者理论的企业社会责任信息披露问题研究》，中国海洋大学 2017 年硕士学位论文。

[124] 张萍：《我国企业社会责任信息披露研究》，《消费导刊》，2008年第12期。

[125] 赵相华：《对企业社会责任会计信息披露模式的思考——增值表编制方法分析》，《财政监督》，2008年第3期。

[126] 赵相华：《中国社会责任会计的产生、发展与展望》，《财政监督》，2008年第10期。

[127] 赵颖、马连福：《海外企业社会责任信息披露研究综述及启示》，《证券市场导报》，2007年8月号。

[128] 郑菲、陈辉：《企业社会责任信息披露与财务绩效研究》，中国会计学会"环境会计与企业社会责任"2011学术年会会议论文。

[129] 郑海东：《企业社会责任行为表现：测量维度、影响因素及对企业绩效的影响》，浙江大学2007年博士学位论文。

[130] 郑孟状、潘霞蓉：《论企业的社会责任》，《浙江学刊》，2003年第3期。

[131] 中国纺织工业协会：《中国纺织服装企业社会责任报告纲要（2008年版）》。

[132] 中国劳动科学研究所课题组：《企业社会责任运动应对策略研究》，《中国劳动》，2004年第9期。

[133] 中国证监会：《公开发行股票公司信息披露的内容与格式准则第六号（法律意见书的内容与格式）修订》，2004年。

[134] 中国证监会：《公开发行证券的公司信息披露内容与格式准则第一号——招股说明书》，2003年。

[135] 中国证监会和国家经贸委制定并颁布上市公司治理准则，2002年。

[136] 钟宏武、孙孝文、张蒽等：《中国企业社会责任报告编写指南（CASS-CSR 1.0）》，北京：经济管理出版社，2009年版。

[137] 周祖城、王旭、韦佳园：《中国企业社会责任信息披露的现状分析与对策思考》，《软科学》，2007年第4期。

[138] 庄莹：《基于企业社会责任的增值表》，《会计之友（中）》，2006年第12期。

二、英文部分

[1] Aaronson S, J Reeves. The European response to public demands for global

corporate responsibility. Washington, D. C.: National Policy Association, 2002a.

[2] Aaronson S, J Reeves. Corporation responsibility in the global village: The role of public policy. Washington, D. C.: National Policy Association, 2002b.

[3] Abbott W F, Monsen R J. On the measurement of corporate social responsibility: Self-report disclosure as a method of measuring social involvement. Academy of Management Journal, 1979, 22: 501-515.

[4] ADL, Arthur D. The business case for corporate responsibility. Cambridge, 2003.

[5] Alison Mackey, Tyson B, Mackey, et al. Corporate social responsibility and firm performance: investor performance and corporate strategies. Academy of Management Review, 2007, 32 (3): 817-835.

[6] Anne Marie Francesco, Barry Allen Gold. Ethics andsocial responsibility, International Organizational Behavior, 2003, 10.

[7] Arcelor Mittal Company. Corporate social responsibility report 2008, 2009, 7.

[8] Arcelor Mittal Company. Corporate social responsibility report 2009, 2010, 5.

[9] Archie B Carroll. A commentary and an overview of key questions on corporate social performance. Business and society, 2000, 39: 466-478.

[10] Aupperle K E, Carroll A B, Hatfield J D. An empirical examination of the relationship between corporate social responsibility and profitability. Academy of Management Journal, 1985, 28 (2): 446-463.

[11] Ball, E, Fare R, Grosskopf S, et al. Accounting for externalities in the meaurement of productivity growth: the malmquist cost productivity measure. Structural Change and Economic Dynamics, 2005, 16 (3): 374-394.

[12] Bai, Chong En, Jiangyong Lu, Zhigang Tao. The multitask theory of state enterprise reform: empirical evidence from China. American Economic Review, 2006: 353-357.

[13] Bai, Chong En, David D Li, et al. 2000, AMultitask theory of state enterprise reform. Journal of Comparative Economics, 2000: 716-738.

[14] Ball E, Fare R, Grosskopf S, et al. Accounting for externalities in the meaurement of productivity growth: the malmquist cost productivity measure. Structural Change and Economic Dynamics, 2005, 16 (3): 374-394.

[15] Barnett, Michael L, Robert M, et al. Beyond dichotomy: the curvilinear relationship between social responsibility and financial performance. Strategic Management Journal, 2006, 27: 1101 – 1122.

[16] Baron D. Private politics, corporate social responsibility and integrated strategy. Journal of Economics and Management Strategy, 2001, 10: 7 – 45.

[17] Belkaoui A, Karpik P G. Determinants of the corporate decision to disclose social information, Accounting. Auditing and Accountability Journal 1989, 2 (1): 36 – 51.

[18] Berger P, Hann R. Segment profitability and the proprietary and agency costs ofdisclosure. The Accounting Review, 2007.

[19] Bivins T H. Ethical implications of the relationship of purpose to role and function in public relations. Journal of Business Ethics, 1989, 8: 65 – 73.

[20] Blackburn V, Doran M, Shrader C. Investigating the dimensions of social responsibility and the consequences for corporate financial performance. Journal of Managerial Issues, 1994, 6 (2): 195 – 218.

[21] Bowen, Howard R. Social responsibilities of the businessman. New York: Harper & Row, 1953.

[22] Bowen, Howard R. Rationality, legitimacy, responsibility: search for new directions in business and society. Epstein, 1978.

[23] Carroll A B. A three – dimensional conceptual model of corporate performance. Academy of Management Review, 1979, 4 (4): 497 – 505.

[24] Carroll A B. The four faces of corporate citizenship. Business and Society Review, 1998, 100 (1): 1 – 7.

[25] Carroll A B. Corporate social responsibility. Business and Society, 1999, 38 (3): 268 – 296.

[26] Carroll A B. The pyramid of corporate social responsibility: toward the moral management of organizational stakeholders. Business Horizons, 1991 (34): 39 – 48.

[27] Chapple W, Morrison Paul, C J, Harris R. Manufacturing and corporate environmental responsibility: cost Implications of voluntary waste minimization. Structural Change and Economic Dynamics, 2005, 16 (3): 347 – 373.

[28] Clark C E. Differences between public relations and corporate social respon-

sibility: An analysis. Public Relations Review, 2000, 26 (13): 363 – 381.

[29] Cochran P L, Wood R A. Corporate social responsibility and financial performance. Academy of Management Journal, 1984, 27 (1): 42 – 56.

[30] Abagail McWilliams. Corporate social responsibility and financial performance: correlation or misspecification? . Donald Siegel Strategic Management Journal, 2000, 21 (5): 603 – 609.

[31] Darren D Lee, Robert W Faff, Kim Langfied – Smith. Revisiting the vexing question: Does superior corporate social performance lead to improved financial performance? . Australian Journal of Management, 2009, 34 (1): 21 – 49.

[32] Davidson J. The case for corporate cooperation community affairs. Business and Society Review, 1994, 90: 29 – 30.

[33] Davis K, Blomstrom R L. Business and society: environment and responsibility. New York: McGraw – Hill, 1975.

[34] Davis, Keith. Understanding thesocial responsibility puzzle: what dose the businessman owe to society? . Business Horizon, 1967, Winter: 45 – 50, 46.

[35] Deborah Leipiger, SA8000. The definitive guide to the new social standard. Financial Times Hall, 2001.

[36] Deutscher Bundestag. B'firgerschaftleches Engagement: auf dem Weg in einezukurfftsf'tiihege B'urgergesellsehaft Bencht der Enquete—Kommission " zukunft des B'firgerschaftlechen Engagements'. Drucksache 14/8900. Berlin: Deutscher Bundestag, 2002.

[37] Diane L. Swanson toward an integrative theory of business and society: a research strategy for corporate social performance. The Academy of Management Review, 1999, 24 (3): 506 – 521.

[38] Dowell G, Hart S, Yeung B. Do corporate global environmental standards create or destroy market value? . Management Science, 2000, 46 (8): 1059 – 1074.

[39] Epstein E M. The corporate social policy process: Beyond business ethics, corporate social responsibility, and corporate social responsiveness. California Management Review, 1987, 29 (3): 99 – 114.

[40] Ernst and Ernst, Beresford D R. Social responsibility disclosure – 1976 survey of Fortune 500 annual reports, 1976.

[41] Esrock S L, Leichty G B. Social responsibility and corporate web pages: self-presentation or agenda-setting? . Public Relations Review, 1998, 24 (3): 305-319.

[42] Friedman M. Capitalism andfreedom. Chicago: University of Chicago Press, 1962.

[43] Friedman M. The social responsibility of business is to increase profits. The New York Times Magazine, 1970, 9: 32-33.

[44] Gibbins M, Richardson A, Waterhouse J. The management of corporate financial disclosure: opportunism, ritualism, policies and processes. Journal of Accounting Research, 1990, 28 (1): 121-143.

[45] Global Reporting Initiative. Sustainability reporting guidelines. Boston: GRI, 2002.

[46] Gray R, Kouhy R Lavers S. Corporate social and environmental reporting: a review of the literature and a longitudinal study of UK disclosure. Accounting, Auditing and Accountability Journal, 1995a, 8 (2): 47-77.

[47] Gray R, Kouhy R, Lavers S. Methodological themes: constructing a research database of social and environmental reporting by UK companies. Accounting, Auditing and Accountability Journal, 1995b, 8 (2): 78-101.

[48] Greening D W, Turban D B. Corporate social performance as a competitive advantage in attracting a quality workforce. Business and Society, 2000 (39): 254-280.

[49] Griffin J J, Mahon J F. The corporate social performance and corporate financial performance Debate: twenty-five years of cncomparable research. Business and Society, 1997, 36 (1): 5-31.

[50] Haigh M. What counts in social investment: evidence from an international survey. Advances in Public Interest Accounting Journal, forthcoming, 2005.

[51] Heath R L, Ryan M. Public relations' role in defining corporate social responsibility. Journal of Mass Media Ethics, 1989, 4 (1): 21-38.

[52] Heinze D C. Financial correlates of a social involvement measure. Akron Business and Economic Review, 1976, 7 (1): 48-51.

[53] Hendry, John. Economic contracts rersus social relationships as a founda-

tion for normative stakeholder theory. Business Ethics: A European Review, 2001, 10 (3): 223 – 232.

[54] Hicks J, Wan H, Pfau M. Corporate social responsibility: Do people really hold corporations responsible for their actions? Paper presented at the annual conference of AEJMC, New Orleans, 1999.

[55] James R, Martin. World Competitiveness Reports Summary, http://www.imd.ch/wcy.

[56] Jensen M C, Meckling W H. Theory of the firm: managerial behavior, agency costs and ownership structure. Journal of Financial Economics, 1976, 3: 305 – 360.

[57] John Peloza, Lisa Papania. The missing link between corporate social responsibility and financial performance: stakeholder sailence and identification. Corporate Reputation Review, 2008, 11 (2): 169 – 181.

[58] Joyner B E, Payne D. Evolution and implementation: a study of values, business ethics and corporate social responsibility. Journal of Business Ethics, 2002, 41 (4): 297 – 312.

[59] Kaplan R S, Norton D P. The strategy – focused organization. Harvard Business School Press, Boston, MA, 2001.

[60] Keith Davis, Robert L. Blomstrom, business and society: enviornment and responsibility. New york: McGraw – Hill, 1975.

[61] Kolk A. Trends in sustainability reporting by the For – tune Global 250. Business Strategy and the Environment, 2003, 12 (5): 279 – 91.

[62] KPMG. KPMG International survey of corporate responsi – bility reporting, 2005.

[63] Luijk, Henk J L. Businessethics in western and Northern Europe: a search for effective alliances. Journal of Business Ethics, 1997, 9: 1579 – 1587.

[64] Margolis, Joshua D, Walsh, et al. Social enterprise series No. 19—misery loves companies, whither social initiatives by business? . Harvard Business School, Working paper, Series, 2001: 1 – 58.

[65] Mathews M R. Twenty – five years of social and environmental accounting research, is there a silver jubilee to celebrate? . Accounting, Auditing and Accounta-

bility, 1997, 10 (4): 481 -531.

[66] Matten D, Moon J. A conceptual framework for understanding CSR. In Habisch A, Jonker J, Wegner M, Schmidpeter R. Corporate social responsibility across Europe. Berlin: Springer, 2005: 335 -356.

[67] McGuire J, Sundgren A, Schneeweis T. Corporate social responsibility and firm financial performance. The Academy of Management Journal, 1988, 31 (4): 85 -472.

[68] McWilliams A, Siegel D. Corporate social responsibility and financial performance: correlation or misspecification? . Strategic Management Journal, 2000, 21: 603 -609.

[69] Milton Friedman. The social responsibility of business is to increase its profits. The New York Times Magazine, 1970 (9): 32 -33, 122 -126.

[70] Milton Friedman. Capitalism and freedom. Chicago: University of Chicago Press, 1962.

[71] Monsanto Company. 2008—2009corporate responsibility and sustainability report, 2009.

[72] Moskowitz M. Choosing socially responsible stocks. Business and Society Review, 1972, 1: 71 -75.

[73] Oliver Sheldon. The philosophy of management. London: Sir Isaac Pitman and Sons Ltd. , first published 1924, reprinted 1965: 70 -79.

[74] Orlitzky M, Schmidt F L, Rynes S L. Corporate social and financial performance: a meta - analysis. Organization Studies, 2003, 24 (3): 403 -441.

[75] Pava M L, Krausz J. The association between corporate social - responsibility and financial performance: the paradox of social cost. Journal of Business Ethics 1996, 15 (3): 321 -357.

[76] Patten D M. Exposure, legitimacy, and social disclosure. Journal of Accounting and Public Policy, 1991, 10 (4): 297 -308.

[77] Power, Gavin. Advancing corporate citizenship in China. CSR & Accountability, Thirteenth Edition, 2005: 21 -22.

[78] Ramanathan K V. Toward a theory of corporate social accounting. The Accounting Review, 1976, 51 (3): 516 -518.

[79] Roman R M, Hayibor S, Agle B R. The relationship between social and financial performance. Business & Society, 1999, 38: 109 – 125.

[80] Simon Zadak, Peter Pruzan, Richard Evans. Buliding corporate account ability. New Economic Foundation, London, 1997.

[81] Spence, Michael. Market signaling: informational transfer in hiring and related processes, Cambridge: Harvard University Press, 1974.

[82] Tsoutoura M. Corporate social responsibility and financial performance. University of California at Berkeley, 2004.

[83] US Department of Commerce. Corporate social reporting in the United States and Western Europe. Washington: Task Force on Corporate Social Performance, 1979.

[84] Utting P. Corporate responsibility and the movement of business. Development in Practice, 2005, 15 (3/4): 375 – 388.

[85] Vance S C. Are socially responsible corporations good investment risks?. Management Review, 1975, 64 (8): 18 – 24.

[86] Waddock S, Graves S. The corporate social performance-financial performance link. Strategic Management Journal, 1997, 18 (4): 303319.

[87] Waddock S A, Samuel B, Graves. The corporate social performance-financial performance link. Strategic Management Journal, 1997, 18 (4): 303 – 319.

[88] Wartick S L, Cochran P L. The evolution of the corporate social performance model. Academy of Management Review, 1985, 10 (4): 758 – 769.

[89] Willums J O. Voluntary partnerships as a social asset. In Habisch A, Jonker J, Wegner M, et al. Schmidpeter (eds) corporate social responsibility across Europe. Berlin: Springer, 2005.

[90] Wood D J. Corporate social performance revisited. Academy of Management Review, 1991, 16 (4): 691 – 718.

[91] Wood D J. Social issues in management: theory and research in corporate social performance. Journal of Management, 1991, 17 (2): 383 – 406.